정의보다 더
소중한 것

NANAM
나남출판

송호근의 시대진단

정의보다 더 소중한 것

2021년 2월 15일 발행
2021년 2월 15일 1쇄

지은이   송호근
발행자   조완희
발행처   나남출판사
주소   10881 경기도 파주시 회동길 193, 4층(문발동)
전화   (031) 955-4601(代)
FAX   (031) 955-4555
등록   제 406-2020-000055호(2020.5.15)
홈페이지   http://www.nanam.net
전자우편   post@nanam.net

ISBN 979-11-971279-5-3
ISBN 979-11-971279-3-9 (세트)

책값은 뒤표지에 있습니다.

송호근의 시대진단

/

정의보다 더
소중한 것

NANAM
나남출판

촛불은 왜 격류가 되었나

문재인 정권이 출범한 지 어언 4년이 돼 간다. 필자도 촛불광장에 나갔다. 시민들의 함성과 주권 회복의 열망에 동참했다. 기대가 컸다. 익명의 시민들이 옹기종기 모여 촛불을 점화하는 광경을 북악산이 굽어보고 있었다. 수십만 개의 촛불이 저녁 어둠을 밀어 올렸다. 한나 아렌트(H. Arendt)의 말처럼 시민 불복종의 지류(支流)가 모여 대하(大河)를 이뤘다. 시민주권의 명령에 의해 권력은 교체됐다. 그리고 4년이 흘렀다.

격류(激流)였다, 지난 4년은. 문재인 정권은 그 정권교체를 '촛불혁명'으로 명명했다. 민주주의와 주권 회복을 향한 시민적 열망을 역사적 차원으로 승격하는 존경심이 들어 있다. 정권교체의 원류가 된 그 사건을 혁명으로 치장하는 것은 정권의 자율적 선택이다. 정치적 레토릭은 어떤 정권이든 발명하는 것이니까.

문재인 대통령은 청와대 입성을 기념하여 임옥상 화백의 촛불 그림을 벽에 걸었다. 촛불정신을 절대로 잊지 않는다는 약속이었다. 촛불정신이란 무엇인가? 시민주권에의 한없는 존중, '사람이 먼저'라는 인간중심주의, 그리고 피아(彼我)를 끌어안는 광장의 열린 정신이다.

대통령과 정권 실세는 아직도 촛불정신을 시시때때로 내세우지만 4년이 흐른 이 시점에서 그 장대한 이미지는 촛농처럼 녹아내렸고, 마음의 울림도 잔불처럼 사그라들었다. 기대보다 우려가, 희망보다 좌절이, 환성보다 비난이 커진 것이다. 5년 차 정권이 겪는 일반적 현상이라고 치부하기에는 출발이 장대했고 기백(氣魄)이 정의로웠기에 실망감은 그 어느 정권보다 깊고 크다. 이유는 자명하다.

사회사상과 정치이론의 보편 명제를 원용하면 이렇다.

- 진보는 제도보다 사람을 더 믿는다. 그런데 문재인 정권은 사람에게 거듭날 기회를 주기보다 내치기를 선호했다. 감옥에 간 사람, 평생 죄의식을 안고 살아갈 사람이 급증했다.
- 진보는 과거보다 미래를 논한다. 과거를 덮는 방식이 아니라 미래 구상 속에 과거의 오류를 녹여 낸다. 그런데 과거를 이렇게 샅샅이 파헤쳐 단죄한 정권은 없었다. 용서와 관용이

아니라 치죄(治罪)와 내쫓기로 시간을 다 보냈다. 미래 담론을 들어 본 적이 있었나?

- 진보는 이질성의 연대, 다종족의 유대를 본질로 하는데 우리의 진보는 동종교배(同種交配)와 동종단합(同種團合)을 일삼았다. 과거 박근혜 정권도 그랬지만 동종교배와 그들끼리의 단합은 현 정권에서 더욱 두드러졌다. 청와대는 그들끼리의 단합으로 난공불락의 성(城)이 됐다.
- 진보는 서민층, 힘없는 사람들, 하층과 패자(敗者), 취약 계층에 생존력을 불어넣는다. 우리의 진보는 정책구상에서 그런 행보를 예외 없이 취했지만 결과는 예외 없이 그들의 생존기반을 망가뜨렸다. 의도치 않은, 예상하지 못한 폭격이었다.

말하자면 진보●의 무능력이 여지없이 드러났다. 그러나 정책 노선을 수정할 생각도 없다. 이 점에 대해서는 더 논할 가치가 없다. 실상이 그랬고, 실제 경험이 증명하고 있기에. 운동권 세력의 고집은 유별나다. '의도가 정의로우면 결과도 정의롭다'는 지극히 초보적인 신념이 진보 세력의 집단 무의식에 박혀 있다고밖에 달리 설명할 길이 없다.

● 이 책에서는 진보와 좌파를 구분 없이 썼다. 문맥에 따라 혼용했음을 밝힌다.

정의(正義)의 강(江)은 천천히 흐른다. 정권의 임기보다 더 오래 흐른다. 시민들의 생명은 임기보다 몇십 배 더 길고, 격류든 서류(徐流)든 감당해야 한다. 평범한 시민들은 제발 격류가 아니기를, 삶의 터전을 송두리째 휩쓰는 성난 물줄기가 아니기를 바라며 산다. 그러나 격류였다, 지난 4년은. 민심을 익사시킬 만큼 빠르고 거센 격류였다. 격류라고 정의를 빠르게 세운다는 보장은 없다. 필자가 이렇게 말한다면 독자들은 세간의 평가를 떠올릴 것이다. 사람들은 필자를 보수논객으로 분류한다. 보수니까 뭐 당연한 소리 아닌가? 이 책 첫 부분 어딘가에 자평(自評)했지만 필자는 보수논객이 아니다. 영역과 대상에 따라 좌우를 진자(振子)운동하는 자유부동적 인간이다. 어떤 정권에 내 인생을 송두리째 바치는 이타적 유형이 아니다. 다만 진자운동하는 그 폭이 중도를 기점으로 좌우 얼마쯤에 걸쳐 있을 뿐이다. 중도파라 불러 주면 고맙다.

좌파정권이 집권하면 중도우파로, 우파정권이면 중도좌파로 변신을 거듭했다. 현 정권이 출범했을 때 나는 기꺼이 기대를 걸었고 동시에 중도우측으로 입지를 옮겼다. '거리두기'는 코로나 시대의 생존법인데, 필자처럼 칼럼을 쓰는 공공지식인(public intellectual)에게 정권과의 거리두기는 필수적 규범이다. 그러니까, 원초적 보수, 태생적 보수가 아니라는 뜻이다.

기대를 잔뜩 갖고 있었던 공공지식인의 성찰, "정의는 하루아침에 이뤄지지 않는다.” 누군가 놓은 주춧돌에 돌 한 개를 더 올려놓을 뿐이다. 지리멸렬한 보수에게 기대를 거는 것은 아니다. 그곳엔 인물도 없지만 인물난을 겪는 한국의 정치판에서 인물은 더 이상 중요하지 않다. 시민들의 넓은 공감을 얻는 시대진단을 통해 진부한 구상과 낡은 행보를 쇄신할 정치집단의 출현이 시급하다. 서서히, 진중하게 실천하는 그런 집단 말이다. 무엇보다 분노의 정치, 척결의 정치를 ‘적폐 쓰레기통’에 처박는다고 다짐하는 집단의 출현을 고대한다. ‘한풀이 정치’와 단호히 결별하는 그런 집단 말이다. 젊은 세대라면 더욱 환영이다.

현 정권이 좌파정권인지도 헷갈린다. 사람 내치고, 동종교배하고, 하층을 더욱 어렵게 만들고, 과거에 집착한 정권이 좌파인가? 게다가 친북(親北), 반일(反日) 노선을 고수해야 좌파인가? 좌파가 아니라 1980년대 반독재 투쟁의 가치관을 그대로 연장한 ‘저항운동 정권’ 혹은 ‘운동권 정치’라 해야 맞다.

유럽에서 보듯, 진정한 좌파, 진정한 진보는 아직 태어나지도 않았다. 좌파라면 ‘고용’을 모든 정책의 중심에 놓아야 한다. 고용안정과 고용증대! 유럽처럼 ‘완전고용’은 아니더라도 고용과 소득안정에 정치적 생명을 건다. ‘재정·분배·고용’의 황금삼각형(golden triangle)이 그렇게 해서 나왔고, 3자의 선순환을 위해 유연안정성(flexicurity)을 정책의 제1원칙으로 설정했다. 유연성(시장)과 안정(보장)의 적정 혼합이 좌파 정책의 관건인 것이다.

소득증대(최저임금 인상)를 위해 고용주를 쥐어짜는 것은 좌파로서는 자살행위다. '주 52시간 노동제'를 전격 시행하면 잔여노동이 실직자에게 돌아가 고용증대가 일어날 것이라 믿는 좌파는 없다. 고용주의 반격을 예상하기 때문이다. 복지(분배)를 공짜로 주지는 않는다. 피고용인의 기본 책무를 다해야 한다.

유럽에서 노동조합은 좌파의 정치적 파트너다. 그들은 임금격차 해소를 위해 임금인상을 자제하고, 그 대가로 저임금 노동자에게 더 많은 혜택이 돌아가도록 고용주를 압박한다. 한국처럼 임금생활자 중 소득 상위 5%에 속하는 노조가 자신들의 임금인상을 목적으로 파업에 돌입하는 것을 좌파정당은 방관하지 않는다. 그런 노조가 있다면 사회적 신뢰를 잃는다.

이런 조건을 다지는 것을 전제로 좌파정당은 고용주와 사업주에게 고율의 세금을 요구한다. 소득세, 법인세, 사회보장세가 재정의 근간인데, 적재적소의 재정지출은 곧 분배(복지)와 고용증대로 이어진다. 고용주에겐 고용유지(확대)와 세금부담의 책무를 지우고 다른 모든 요건은 좌파정당이 채워 준다. 황금삼각형의 원리다.

한국에는 '기울어진 운동장' 논리가 있다. 기울어진 지형을 바로잡으면 고용증대와 소득안정이 부지불식(不知不識)간에 성취되리라 믿었다. 그래서 고용주와 사업주를 쥐어짰다. 54조 원을 쏟아붓는다는 조건으로 말이다. 재정악화를 방지하려 각종 세금을 인상했고, 최근에는 기업규제 3법에 중대재해법을 통과시켰다. 54조 원은 밑 빠진 독에 물 붓기, 결과는 고용악화, 실직자 급증, 경기침체였다.

　문재인 대통령이 취임 초기 집무실에 설치했던 고용상황판은 구석에 처박혔다. 강성노조의 목소리는 더욱 커졌다. 탈(脫) 원전 정책에 의해 세계 최고의 원전산업은 주저앉았고, 각종 규제를 남발하는 바람에 신사업은 엄두도 못 냈다. 신규투자가 이뤄질 리 만무하다. 집값을 잡으려 24번의 주택정책을 내놨지만 결과는 임대인, 저소득층, 청년에겐 폭탄이었다. 전국 집값이 골고루 평등하게 올라 자산 불평등이 하층민의 운명을 결정하게끔 됐다. 청년들은 변두리로 밀려났다. 그래도 복지를 늘려야 했다. 종부세, 재산세, 증여세, 상속세, 소득세를 올려 돈 있는 사람의 투자의욕을 결빙(結氷) 시켰다. 코로나가 덮치는 바람에 이 모든 실정(失政) 은 가려졌다.

　이 을씨년스러운 풍경이 진보정권의 행보인가? 아니다. 진보로 치장한 '운동권 정치'의 무능의 결과다. 무능함을 인지하지도 못하는 운동권 정치가 촛불광장의 주권(主權) 을 독점하고 서두른 탓이다. '운동권 정치를 해고'하고 싶은 심정이다. 세계 10위 경제대국에 1980년대 세계관을 대입하고, AI와 디지털경제가 주역인 21세기에 30년 전 경제논리, 낡은 계급논리를 아무런 성찰 없이 자신만만하게 들이댄 시대착오적 통치다. 겪어 보니 그렇다.

운동권 정치의 통치양식은 정확히 군부독재의 대척점(對蹠點)이다. 군부독재를 강성권위주의라고 한다면, 운동권 정치는 민주적 가치에 부합할까? 적어도 민주주의에 속하는 것은 틀림없는데, 운동권 정치의 가치관 속에 내재된 자유, 민주 개념은 의심스럽다. 이 의구심은 얼마 전 헌법 조문에 명시된 '자유민주주의'에서 '자유'를 삭제해도 된다는 주장을 떠올린다.

민주주의는 자유를 포함하므로 민주주의만으로 족하다는 논리는 '발생 토양이자 전제조건으로서의 자유'에 대한 역사인식 결핍증의 소산이다. 자유에서 민주주의가 발아(發芽) 했다는 역사적 사실을 외면한 사시(斜視)적 역사관의 결과다. 자유를 경시한 민주주의는 파시즘, 포퓰리즘과도 어울릴 수 있다. 히틀러의 국가사회주의는 바이마르 민주주의 선거에 의해 태어났다. 북한도 조선민주주의인민공화국이라 자칭해서 민주국가임을 천명하고 있다.

강조하건대, 자유 없이는 민주주의는 불가다. 운동권 정치가 자유를 하위 개념으로 간주한다는 명백한 증거다. 적어도 집권 실세의 집단 무의식에 이런 관념이 암묵적으로 깔려 있다고 봐야 한다.

왜 그럴까? 자유보다 민주에 비중을 두는 가치관은 1980년대 각인된 저항적 생체지식(bio-knowledge)에서 비롯되었다. 운동권은 군부정권이 가한 극한의 물리적 폭력 — 감금, 고문, 투옥,

인권침해 등 ─ 을 견디면서 그 반대편에 민주주의라는 기둥을 세웠다. 그 기둥은 마치 청년시절의 분투(奮鬪)가 부정될 수 없듯 어떤 세력에 의해서도 부정돼서는 안 되는 성스러운 이념의 표식이었다.

자유와 자유주의는 부정과 긍정, 지지와 저항의 충돌을 허용한다는 것을 학습할 여유가 없었다. 저항운동의 성공, 체제변혁을 위해서 개별 자유는 집단의 성스런 사명에 복무해야 한다는 논리는 청년시절부터 내면화됐다. 개별 자유보다 집단 의사가 중요했다.

그것은 공화주의(republicanism)의 극단적 유형과 흡사한데, 자유주의(liberalism)가 취약한 공화주의는 국가 독단으로 흐른다는 역사적 교훈을 알고 싶지도 않았다. 촛불광장의 시민적 저항을 동력으로 태어났으면서도 시민저항, 이의제기, 반발과 도전을 변혁의 적, 공공의 적으로 여기는 태도가 여기서 발원했다.

시민 불복종, 시민적 저항의 에너지를 정권교체의 동력으로 변환하는 것은 운동권 정치의 장기(長技)다. 그리하여 정의로운 민주정권을 탄생시켰다. 어떤 정권보다 민주를 주창할 자격요건은 충분했고 그 열기도 충만했다. 광장의 열망을 집약한 정권의 정당성은 그 자체 어떤 항의와 도전, 이의제기에도 흔들리지 않을 정도로 굳건하고 단단하다고 믿었다. 문재인 정권의 등극은 사실상 민주화 이후 여섯 차례의 정권처럼 '정권교체'에 해당하나 한급 올려 촛불혁명, 즉 '체제변혁'으로 격상했던 이유다. 체제변혁은 독재에서 민주주의로 전환한 1987년 사태에 해당한다.

그리하여 정의와 민주를 독점한 운동권 정권이 출현했다. 자유의 학습과 인지가 결핍된 탓에 시민 불복종은 언제든지 발생한다는 사실을 인정할 수 없었다. 그런 의미에서 태극기부대는 저항적 생체지식의 악몽을 들쑤시는 악마였고, 그들의 민주주의를 방해하고 냉소하는 혁명의 적(敵)이었다. 필자는 태극기부대의 외침에 동의하지 않지만, 이것은 시민 불복종의 한 줄기다.

정의와 민주를 독점한 권력이 뜻밖의 저항세력과 조우할 때 대화의 창구를 만드는 것이 소통이다. 이의제기, 경쟁자의 자유의지를 존중하는 통치양식이다. 그들을 냉소하고 배제할 때 권력은 곧 폭력으로 변질한다. 소통 없는 통치와 폭력은 동종동문(同種同門)이다. 광화문광장에 진입할 입장권, 정권에 동참할 초청권을 선별적으로 배분하는 권력은 소통을 거부하는 폭력이 된다. 현 정권에서 권력, 권리, 폭력, 소통, 시민, 계약, 법 등의 주요 개념들이 일관성 없게 헝클어진 것도 이 때문이다.

자신들의 의로운 양심(良心)에 비춰 타인의 양심은 위험한 것이 되었다. 운동 권력은 그들의 정의와 그들의 민주를 독점함으로써 애초부터 도전세력과 비판적 목소리에 대한 폭력적 배제를 내장하고 있었다고 봐야 한다.

법치(法治)의 자의적 해석이 전형적이다. 통치양식에 맞지 않으면 법치도 등지는 비민주적 행태가 속출했다. 이명박, 박근혜 전직 대통령 재판에서 운동권 정치는 실정법이 허용하는 상한선까지 파고들어 그 죄를 물었다. 박근혜 대통령에게는 18가지 혐의를 적용했다. 법치에 대한 극한적 존중의 결과였다. 그러나 윤석열 검찰총장 징계 건이 사법부의 무효판결로 끝나자 '사법 쿠데타'라는 레토릭을 구사했다. 검찰·사법 엘리트 카르텔의 조직적 저항이라고도 했다. 민주국가를 지키는 가장 본질적 정신인 법치(法治)가 통치의 수족일 뿐이라는 운동권 정치의 의식을 잘 드러내 주는 대목이다. 악법도 법이다. 그게 걸린다면 합의정치를 통해 혁파하면 된다.

필자는 윤석열 총장이 검찰의 기존 장단점을 다 가진 대한민국 검사의 전형이라고 생각하는 사람이다. 인구에 회자(膾炙)되는 영화 대사, "까라면 까고 덮으라면 덮는 게 검사야!"를 연상시킨다. 그는 정치인이 아니다. 그렇게 몰렸다. 아무튼, 사법부와 검찰개혁은 권력집중을 분산한다는 뜻도 있으나 코드인사를 통해 통치의 목적에 맞게 순치(馴致)하겠다는 정치적 전술이 돋보인다.

현 정권이 국가의 주요 기구를 거의 장악한 것은 통치 효율성을 높이는 명분과 더불어 정의와 민주의 독점, 시민 불복종의 불허를 겨냥하고 있음을 의미한다. 공영방송, 선거관리위원회, 국정원, 경찰과 검찰, 국세청, 국민권익위원회, 대법원과 헌법재판소, 공정거래위원회 등, 정치·경제를 감독하는 기관의 수장은 모두 바뀌었다. 국공(國公) 기관의 주요 보직은 낙하산 인사가 차지했다. 감사원장과 검찰총장이 시민저항에 귀를 기울이는 최후의 보루로 남았을 뿐이다.

그러는 동안 조국, 윤미향 사태와 박원순 시장 사건으로 도덕적 자원을 다 까먹었다. 지난 21대 총선에서 짝퉁 정당을 만들어 민의를 분산시키고, 거대여당이 면허증을 받은 듯 독주를 행하고, '광화문 시대'의 문을 닫아 버림으로써 민주 자원을 탕진했다. 스탠퍼드대 교수 래리 다이아몬드(L. Diamond)가 민주주의의 위기를 경고했듯, 현 정권은 통치 독점권을 마음껏 발휘해 포퓰리즘으로 가는 길을 열었다.

시대진단에 해당하는 이 책은 좌파연(然)하는 현 정권의 실정을 밝혀 미래 진로와 희망을 되찾아야 한다는 절박한 각오에서 출발했다. 귀책(歸責) 사유는 한껏 기대를 가졌던 필자에게 있다. 이 책을 공공지식인의 반성적 고백이라고 생각해 주시면 더없이 고맙겠다.

이 책의 저본(底本)은 박근혜 탄핵시기에서 최근까지 〈중앙일보〉에 게재한 칼럼이다. 수십 편의 칼럼을 주제와 논리흐름에 맞춰 분류하고 대폭 수정해서 하나의 일관된 스토리를 만들었다. 독서는 스토리를 따라 감흥을 즐기는 것이다. 마치 좋아하는 산책길에서 뜻밖의 소소한 행복을 만나듯 말이다.

이 책이 다듬어 낸 산책길에서 불쑥 고개를 내미는 예기치 않은 사건들을 만날지 모른다. 칼럼은 현장성이 뚜렷한 글쓰기 장르라서 전체적 스토리텔링에 시제와 강약을 조절하기가 힘들었다. 불쑥 튀어나온 어떤 글이 독서를 방해하면 건너뛰어도 무방하다.

필자에게 17년간 칼럼을 마음껏 쓰게 해준 〈중앙일보〉에 이 자리를 빌려 감사의 말씀을 올린다. 〈중앙일보〉에만 430편가량을 썼는데, 1990년대 초반 이후 여러 지면에 발표한 칼럼을 다 합하면 약 550편 정도 된다. 정성껏 쓴 칼럼은 시대진단이고, 그것을 체계화하면 시대진단학(時代診斷學)이 된다. 이 책은 문재인 정권에 대한 시대진단학이다. 비판은 발전의 동력이다.

2021년 1월 20일
송호근 배

차 례

1부

/

문재인 정권의
정신구조

'곡학아세'라고?

일본 교수들이 자주 하는 질문이 있다. '한국의 교수들은 정계진출도 잘하고 요직에도 발탁되는데 일본에서는 상상하기 어렵다. 왜 그런가?' 부러움과 함께 냉소가 섞인 질문이다. 교수를 천직으로 알고 정치나 관직에는 곁눈을 팔지 않는다는 직업의식이 깔려 있다. 너희는 왜 그런데? 눈빛에 냉소가 더 많다. 답은 '지식국가'다. 사무라이 국가 일본, 사대부 국가 조선.

　일본은 백성을 무력(武力)으로 다스렸고 조선은 지식(知識)으로 다스렸다. 칼과 붓의 차이는 매우 크다. 일본인들은 권력자 앞에서 말을 하지 못한다. 목이 날아갈 수가 있다. 순응 기질이 거기서 나왔다. 지도자가 택한 길에 토(吐)를 달지 못한다. 순응은 일사불란한 단합을 낳는다. 반면 조선은 지식통치다. 칼 찬 사대부를 본 일이 있는가? 사대부는 성리학으로 무장한 학자 관료다. 백성의 오류를 논리와 학문으로 심판하는 사람이다. 백성에게 논박의 기회가 열려 있다. 지식이 모자란 백성은 대체로 논쟁에서 패하고 죄를 달게 받는다. 치죄는 무장(武將)의 몫이다.

칼 찬 무장은 문관이 내린 판결의 집행관. 지식국가에서 학자는 관료이자 양반, 즉 3개의 중대한 사회적 자원을 독점한 계급이었다. 재산(property), 지위(prestige), 권력(power). 이런 나라가 지구상에는 없다.

그래서 학자가 존중받는다. 학구열이 세계 최고인 까닭도 이와 연관된다. 어쨌든 배우고 보자는 무의식적 전통이 현실이 됐다. 재산, 지위, 권력이 분화하는 과정이 바로 현대의 사회변동이다. 학구열의 상징인 교수는 3대 자원을 더 이상 독점할 수 없지만, '마음만 달리 먹으면' 사회적 지위를 딛고 권력계급으로 발돋움할 수 있다. 기회의 창이 열린다.

일본과는 달리 권력의 속성이 여전히 식자층을 요청한다. 대선을 겨냥해 유력정치인 주변에 결성되는 캠프의 일원이 되면 권력집단으로 상승이동이 가능하다. 과거에는 SKY 중심의 명문대 교수들이 각광을 받았지만, 노무현 정권은 지방대학으로 눈길을 돌렸다. 그리하여 지방대 출신 교수가 청와대와 정부 요직에 발을 들여놨다. 인간 노무현의 이미지에 꼭 들어맞았다. 정책적 성과는 엇비슷했다. 명문대 교수라고 딱히 걸출한 성과를 내지는 않는다.

캠프 근처를 어슬렁거리는 교수들을 꼴사납게 볼 필요는 없다. 폴리페서(polifessor)나 텔레페서(telefessor)는 나름 기여하는 바가 크다. 자신의 전문지식을 제대로만 활용한다면 말이다. 이런 지식인들이 긍정적 기여를 한다면 권력이든 인기든 보상을 받는 것은 공정하다. 그런데 대체로 이들에게 곱지 않은 시선이 가해지는 게 한국의 풍경이다. 지식국가 한국에서 정치와 공론(公論)의 수준 향상이 절실함에도 곱지 않은 시선이 팽배하는 것을 설명하기가 조금 어렵다.

곡학아세(曲學阿世)! 바르지 못한 학문으로 대중에 영합하는 행위! 자신과 주장이 다른 공공 지식인에게 쏟아붙이는 욕설이 곡학아세인데, 특정 정파를 옹호하거나 특정 논리를 주창하는 지식인들은 이런 비난에 자주 당면한다. '너 한 자리 하고 싶지?'는 보통이고, 한 옥타브 높여 '너 팽당해서 이러지?'까지 모두 곡학아세의 변종들이다.

필자는 칼럼을 쓰는 동안 이런 비난을 수도 없이 들었다. 1989년 교수가 되고 나서 지금까지 30여 년을 썼으니 SNS에 난무하는 온갖 비난을 다 들었다. 줄잡아 550편은 될 거다. 초창기에는 의기소침했으나 지금은 아무렇지도 않다. 오히려 비난과 욕설이 많을수록 반갑다. 관심이 많다는 증거! 그러나 날이 갈수록 악성 댓글이 증가하는 현상은 조금 걱정스럽다.

공론장(公論場)이 댓글 기획단에 의해 난도질당할 우려가 있다. 박근혜 탄핵 이후 국정원 댓글사건이 치죄를 받았고, 현 정권에서도 김경수 경남지사가 연루된 드루킹 사건이 세간의 주목을 끌었다. 킹크랩처럼 사건 명칭도 재미있고 이국적이라 대중적 관심은 더했겠는데, 댓글이 달리는 순서와 내용을 주목하면 댓글 기획단의 존재가 어렴풋이 감지되기는 한다. 특정 칼럼에 대해 동의와 비난이 뒤죽박죽이라면 평범한 독자들의 반응이다. 그러다가 갑자기 욕설이 단체로 급증하면 댓글부대가 활약을 개시했다고 봐야 한다. 댓글부대(혹, 있다면)는 반응이 특별한 글에 한해서 작동한다. '좋아요'가 수백 개 달린 글, 댓글에서 난상토론이 벌어지는 글이라면 댓글 기획단의 방문을 예상해도 좋겠다.

곡학아세! 반드시 따라붙는 개념이다. 누군가 블로그에서 퍼나른 신상 관련 가짜뉴스도 반드시 등장하고야 만다. '너 MB나 박근혜한테 팽당했잖아!'도 따라붙고, '한자리하고 싶어 안달복달이군!', '너한테 배우는 학생이 불쌍타!', '뭐라 지껄인대. 이제 그만 절필하시지?'는 다반사다.

SNS가 개인 견해를 피력하게 해준다는 점에서 긍정적이나, 수준 높은 공론의 형성을 방해한다는 점에서는 부정적이다. 최근 정치학계는 부정적 평가로 많이 기울었다. SNS는 민주주의를 포퓰리즘(populism)으로 타락시키는 강력한 기제라는 것. ●

● 최근에 민주주의의 타락에 경종을 울리는 저서들이 많이 출간되었다. 스티븐 레비츠키 외(박세연 역), 《어떻게 민주주의는 무너지는가?》, 어크로스, 2018; 야스차 뭉크(함규진 역), 《위험한 민주주의》, 와이즈베리, 2018; 데이비드 런시먼(최이현 역), 《쿠데타, 대재앙, 정보권력》, 아날로그, 2020.

이제 연식도 꽤 됐고 발탁될 염려도 없으니 필자가 겪은 저간의 사정을 진솔하게 말해도 되겠다. 고백하건대, 청와대와 대선 캠프로부터 통틀어 네 번 정도 호명을 받았다. 50대 중반, 청와대에서 걸려온 첫 번째 전화는 가슴을 설레게 만들었다. 세간의 인정을 받았다는 느낌, 뭔가 해냈다는 감동에 더해 권력제일주의를 설파하셨던 부친의 꿈도 겹쳤다. 아들의 출세로 대리만족을 꿈꾸셨던 부친의 용의주도한 세뇌에 시큰둥했던 젊은 시절 나의 불효를 만회할 기회이기도 했다. 하루가 지나자 자가발전 감격은 사라지고 걱정이 몰려왔다. 공직은 나의 자유정신과 상극임을 깨닫는 데에 하루도 걸리지 않았던 거다.

박근혜 대선 때에는 아예 도를 넘었다. 거의 당선이 확실한 시점이었다. 직접 전화를 받았다. 예를 갖춰 물러나왔다. 정권 초기에는 이런저런 소문이 돌았고 발탁 예정자로 매스컴에 오르내렸다. 이른 봄이었는데 나는 아예 휴대폰을 끄고 은신처로 피신했다. 불려갈지 모른다는 불안감과 기대감이 교차했다. 은신처는 산골 집필실이었는데 앞마당이 걱정됐다. 원래 밭(田)이었던 땅의 20평 정도를 잔디밭으로 조성했는데, 혹시 피치 못하게 불려 간다면 토지용도 불법변경 파렴치한이 될 우려가 있었다. 잔디밭을 파고 급히 사과나무 묘목을 심었다. 서운하게도 초여름까지 전화는 없었다. 묘목은 모두 냉해를 입었고 한 그루만 살아남아 꽃을 피웠다. 사과나무가 아니라 보리수였다. 보리수가 자라는 동안 박근혜는 수인(囚人)이 됐고, 보좌진들의 인생은 쑥대밭이 됐다. 보리수 열매를 딸 때마다 아슬아슬했던 그 순간이 떠오른다.

문재인 정권의 탄생과정은 감동적이었다. 촛불시위에 몇 번 나갔고 군중의 물결에 몸을 맡겼다. 군중의 함성에 감전된 인상기를 르포로 썼다. 강원도 화천에서 왔다는 고령의 할머니가 사람들을 부여잡고 울분을 토하는 장면은 민주주의의 벅찬 원동력이었다. 주권이 광장에 내려앉는 광경은 지금도 눈에 선하다. 구중궁궐에 틀어박혀 주권을 그냥 뭉개던 박근혜에 대한 대중의 분노는 하늘을 찔렀고, 그런 정치를 보좌한 주변 정치인들과 청와대 실세를 성토하는 울분은 강(江)을 이뤘다. 일사불란한 시위 스케줄, 퍼포먼스, 군중이 일제히 합창한 구호 등을 유심히 뜯어보면 촛불기획단의 존재를 어렴풋이 감지할 수 있었겠지만, 당시에 그것은 관심 밖의 일이었다. 탄핵이 목표였고 명분도 충분했다.

촛불시위의 감동이 누그러진 2017년 봄 대선정국에서 필자는 냉정을 회복했다. 문재인 후보의 당선은 불 보듯 뻔했다. 누가 감히 대적할 수 있으랴. 그런데 의구심이 몰려왔다. '인간 문재인'은 신뢰가 갔지만, '대통령 문재인'은 어딘지 낯설었다. 잘 해낼까? 기존 정치가 빠졌던 함정을 피할 수 있을까? 준비는 됐나?

무엇보다 문재인의 권력기획단 586세대, 필자가 혁명세대라고 명명했던 586세대(50대 연배, 80년대 학번, 60년대 태생)의 세계관에 대한민국을 내맡기기엔 불안했다. 혹시 586세대가 청년시절 고난을 한풀이하는 난장이 되지는 않을까? 운동권 수장들이 배수진을 친 문(文) 정권의 향방을 가늠하기가 그리 어렵지는 않았지만 그래도 불통정권을 부수고 '소통정권'을 구축한다는데 믿지 않을 도리가 없었다. 국민과 함께 '나라다운 나라', '정의와 공정이 가득한 세상'을 만든다고 거듭 말했고, 청와대 관저를 버리고 '광화문 시대'를 열겠다고 공언했다. 저항운동에 청춘을 바친 탓에 지성은 조금 부족해도 풍부한 현장 경험과 각성이 민주 가치를 배반하지는 않을 듯했다. 정권은 2017년 5월 10일 출범했다. 정국수습이 급선무였기에 대통령 인수위도 생략됐다. 준비는 됐을까, 여전히 의구심이 일었는데 1980년대부터 지금껏 배양한 혁명세대의 정치적 역량이라면 까짓 인수위가 대수랴 싶었다. 지금 생각하면 의구심이 맞았다. 희망사고가 현실감각을 마비시킨 탓이다.

　문 정권 출범 직후인 6월 하순경이었다. 학회 참석차 연세대 회의실에 있었는데 휴대폰이 진동했다. 평소 잘 알고 지내는 교수였다. 그의 목소리는 우렁찼다. 샘솟는 의욕이 전파를 타고 내 귀를 때렸다. 내용은 대통령의 전갈이었다. "같이 일합시다!" 같이 일하자고, 나를? 혁혁한 장수들이 즐비한데 왜 나야? 나의 첫 반응은 이랬다. 이명박의 호출을 받았고, '적폐정권' 박근혜의 부름을 받을 정도로 세간에는 보수인사로 치부된 나를? 그때까지 장관 자리 중 두 개가 비어 있었는데 이미 진보인사들이 진을 친 내각에 보수인사인 필자를 채워 넣는다? 이건 뭐지? 합치를 위한 포장용인가, 아니면 진정인가? 생각할 시간을 달라고 했다. 하루가 지난 뒤 인사수석에게서 전화가 왔다. 결단을 내리면 심사용 인사서류와 청문회용 준비리스트를 보낸다고 했다. 이미 내 마음은 냉정한 상태를 회복한 뒤였다. 정말 예의를 갖춰 거절해야 했다. 아마 대통령이 직접 전화를 했어도 응하지 않았을 것이다.

내각에서 정책의지를 관철하려면 집권 실세 내에 어느 정도 권력적 기반을 갖춰야 한다는 사실쯤은 이미 터득한 나이였고, 무엇보다 나의 자유 기질을 저버리고 싶지 않았고, 정년을 앞둔 전환기에 나의 인생을 특정 권력에 송두리째 바치고 싶은 마음은 더욱 없었다. 그 제의를 수락했다면 필자는 지금쯤 코로나와 싸우고 있었을 것이다. 정은경 질병관리청장과 베이스캠프를 차리고 일 년을 야전생활로 보냈을 것이다.

그보다 더 중대한 자각은 나의 학문 인생에 특정 정파의 스탬프가 찍힌다는 점이다. 내 인생을 586세대 정치에 바쳐야 할 이유는 없었다. 이기심의 발로였지만 정권과의 거리두기라는 지식인의 본질 사수가 더 중요했다.

기왕에 얘기가 나왔으니 한마디 하자. 필자를 보수논객으로 간주하는 세간의 평은 선입견이다. 나는 기질상 어느 한쪽만 일관되

게 편드는 것을 싫어한다. 태극기부대에 합류했다고 그 사람이 항상 우측으로 걸어가는 것이 아니듯 말이다. 가족관과 결혼관은 진보적이고, 국가관은 보수적일 수 있다. 사안에 따라 지그재그로 입지가 엇갈린다. 나의 경우, 경제관은 우측, 사회관은 좌측, 문화적 관점은 중도 좌측, 노동관은 좌측에서 우측으로 이동, 이런 식이다. 대체로 중도로 보면 무리가 없겠으나 쟁점과 시점에 따라 이념적 입지점이 달라진다. 중요한 것은 좌파 정권에는 우측으로, 우파 정권에는 좌측으로 부단히 옮겨 간다는 점이다. 객관적 거리두기의 철칙이다. 그렇지 않으면 투항(投降) 해야 한다. 투항은 지식인 생명의 종언이다.

이렇게 질문할 수 있겠다. 항간에 활동하는 좌파 지식인, 우파 지식인들은 어떻게 된 셈인가? 지식인의 생명을 끝장낸 것인가? 아니다. 그들의 선택이다. 나는 우파와 좌파 진자(振子) 운동을 나의 존재이유로 설정했을 뿐이다.

그러니, 곡학아세? 당치 않은 비난이다. 세상에 아부하는 것은 광고(廣告) 가 노리는 바, 지식인은 세상과의 객관적 거리가 중요하다. 독일 사회학자 칼 만하임(K. Mannheim) 의 개념대로, 지식인은 자유부동적(free-floating) 이다. 그리 살았는데 뭐가 아쉬워 권력에 투항하겠는가? 아세(阿世) 가 아니라 질세(叱世) 다. 세상을 꾸짖는 것으로 자신의 정체성을 구축하는 일, 그것이다. 그러려면 학문이 높아야 한다.

곡학(曲學)은 바르지 못한 학문 또는 학문을 왜곡하는 일이겠는데, 학문이 모자를 수는 있어도 삐뚜로 가기는 쉽지 않다. 삐뚜로 가려고 학문하는 사람은 없다. 삐뚜로 가는 자는 치세(治世)는커녕 혹세무민(惑世誣民) 한다. 지금에야 말이지만, 문 정권이 시행한 정책들은 대체로 부작용이 커서 세간의 불만을 자아내는 그런 유의 것이었다. 여느 정권이 그랬듯이 준비가 안 된, 급조한 정책들이다. 일 년 꾸린 캠프에서 어떻게 정교한 정책이 나오며, 5년 단임제에서 정책 시뮬레이션을 할 여유가 있겠는가?

필자는 2018년 서울대에서 현역교수로 석좌(碩座) 교수 명예를 얻었다. '획득했다'라고 말해야 되겠지만, 아무튼 석좌교수는 교수로서 얻을 수 있는 최고의 명예다. 서울대 교수 2,200명 가운데 석좌교수 타이틀을 수여받은 사람은 십여 명 정도다. 세계적 프로골퍼 박세리가 명예의 전당에 이름을 올리듯, 서울대 학문의 전당에 이름을 올린 턱이다. 세상에 아부할 일 없고, 바르지 못한 학문을 한 것도 아니다. 그러니 '곡학아세'는 천만부당한 비난이자 모름지기 덕식(德識)이 부족한 사람들의 푸념에 불과하다. ●

● 필자는 석좌교수가 된 지 한 학기 만에 포항 소재 포스텍으로 전직했다. 정말 우연하게 진행된 일이었는데 그것 때문에 서울대 교수들로부터 '먹튀'(먹고 튀었음) 별명을 얻었다. 명예 외에 별다른 특별대우는 없었지만, 아무튼 명예라도 먹고 튄 것만은 분명하다.

동원의 정치와
순백(純白)사회

장광설을 늘어놓은 이유는 궁색하지만 자명하다. 권력의 호출을 모조리 거절했고, 학문에 평생 매진해 온 교수가 고민 끝에 내놓는 대중 칼럼은 그런대로 귀담아 들어 줄 진정성이 있다. 왜 정치학자들은 SNS가 위험하다고 입을 모아 경고하는가? 자신의 논리와 맞지 않는다고 무작정 감정적, 원색적인 비난을 쏟기 일쑤고, 거기에 돌출한 소소한 구절을 꼬투리 잡아 욕설조의 반론을 늘어놓기 때문이다.

요즘 각광받는 논객인 진중권 교수의 칼럼에 수백 개의 댓글이 달렸다.● 문 정권을 프로파간다 정치로 규정했고, 거대여당 인사들은 물론, 이낙연 전 총리, 이재명 지사, 유시민, 방송인 김어준이 낙인찍기와 운동권 프레임을 적절히 구사한다고 했다. 댓글에는 공방전이 치열했는데, 그중 두 개만 골라 보자.

● 진중권, "선동정치의 역습, 올 1월 중도층은 여(與) 떠났다", 〈중앙일보〉, 2021년 1월 6일 자. 진 교수는 이 글에서 문재인 정권이 선동정치의 전형이라고 조목조목 비판했다. 너무 나간 감이 있지만 그런대로 핵심을 짚었다.

"너는 인격은 없고 지식만 자랑하는 망나니다. 이런 인간은 사회에 득보다 해악이 더 크다."

"남남 갈등 부추겨 출세욕에 사로잡힌 짝눈~ 프로파간다. 그래, 다 좋은데 짝눈한테 궁금한 것은 뚱열이 모녀 공갈사기단, 마누라 주가조작, 측근 봐주기 수사 등등 수사하기는 하는 것이여?"

이 정도 되면 댓글은 욕설 휴지통, 배설구다. 분풀이 난장을 즐길 수 있음은 확실히 긍정적인데 결과는 핵심 쟁점의 소멸.
　외국의 공론장도 별 차이는 없지만 SNS가 세계 최고로 발달한 한국의 공론장은 더욱 극심하다. 여론동향 탐지기능도 댓글 기획단이 들이닥치면 엉망이 된다. 거듭 고민한 글에는 그래도 귀를 기울여야 한다. 이 책의 논지를 그래도 한 번쯤은 음미해 달라는 읍소다.

광화문 시대?

문 정권에는 문빠, 대깨문(대○리가 깨져도 문재인)으로 불리는 팬덤이 극성이다. 자발적 댓글 기획단이자 핵심 지지층이다. 정치 팬덤이 형성되는 것은 좋은 현상이다. 연예인처럼 인기를 몰고 다닌다. 엄청난 정치적 지지기반이기도 하다. 그러나 연예인은 스캔들이 아닌 다음에야 사회에 해악을 미치지 않지만, 정치 팬덤은 시비를 가려야 할 사안을 흐릿하게 만들고 진실을 자주 은폐한다. 문 정권이 후반기에 들어선 이후에도 지지율 급락이 나타나지 않는 이유는 팬덤이 넓고 단단하기 때문이다. 어떤 일이 있어도 지지를 철회하지 않는 층들은 주로 젊은 세대에 분포해 있다.

조국사태가 급진전된 2019년 가을, 서초동 법원거리에는 광화문 태극기집회에 대적하는 격려집회가 여러 번 열렸다. 멋지게 그려진 조국 초상을 들고 열렬히 응원하는 사람들은 대부분 30~40대 젊은 층이었고, 5060은 눈에 띄지 않았다. 예술의전당 거리에는 이들이 타고 온 관광버스가 사당동까지 늘어설 정도였다.

문 정권은 '동원의 자원'이 풍부하다. 자발적 동원에 더해 호출을 기다리는 시민운동단체가 널려 있다. 보수정권 10년 동안 주변부로 밀려났던 시민단체들이 이제 광장의 한가운데로 진입했으니 호출 없이도 팬덤에 합류한다. 보수에 신물이 난 세대가 진보에 자신들의 미래를 걸었다. 현 정권이 이명박을 부패정권, 박근혜를 불통정권으로 낙인찍고 그 자리에 '공정과 소통'을 새겨 넣었으니 일반 서민들이 열광할 정서적 기반은 단단했다.

취임 후 첫 발성인 '광화문 시대'는 소통의 상징이었다. 탁현민의 감각을 거친 이 화려한 언술은 불통정권의 기억을 순식간에 묻었다. 문재인 대통령은 취임사에서 광화문 시대의 개막을 선언했다. ● 구중궁궐 청와대를 시민에게 반납하고 대국민 토론의 안테나를 광화문광장에 세우겠다고 말이다. 이 평범한 말 한마디가 왜 그리도 힘들었을까.

4년 6개월 만에 청와대가 생기를 찾았다. 배식판을 들고 줄 선 대통령에게 직원들은 감격 어린 시선을 보냈다. 오찬 후 비서진과 커피회동을 하는 격의 없는 모습은 광화문 시대의 가능성을 엿보게 한 가슴 뛰는 풍경이었다.

시민들은 광장에서 여러 사람을 두루 만나고 늘 곁에 있는 대통령을 보고 싶었다. 야당을 찾아 협치를 부탁하는 모습은 신선했고, 친노(親盧)와 친문(親文)이 아닌 몇몇 인재 발탁도 일단 합격점을 받았다. 광화문 시대란 '시민 주권의 시대'를 의미했다. 헌법재판소의 역사적 판결과 함께 굉음을 울리며 광화문광장에 내려앉은 시민주권호(號).

그 조종사에 임명된 신임 대통령은 이렇게 화답했다. '주요 사안은 직접 브리핑하고 퇴근길에 마주치는 시민과 소주 한잔 나누겠다'고. 그런데 실행이 문제다. 집권 초기 그렇게 말하지 않은 대통령은 없으므로.

필자는 의구심이 일었다. 대통령의 초심은 지속될까? 노무현 정권의 실수를 통렬히 깨달았을까? 노무현 정권은 '참여정부'란

● "'광화문 시대'로 출근하는 대통령", 〈중앙일보〉, 2017년 5월 16일 자.

명패에 맞게 시민 참여의 문을 활짝 열었다. 그런데 참여 자격을 부여받은 대상은 이념적 친화성을 지닌 단체와 조직들이었다. 마치 보수가 그러했듯이, 역방향의 동종교배가 일어났다. 토론정치는 상대의 이해와 설득 없이 정해진 목표로 행군하는 요식행위였다. 결과는 참여민주주의라는 시대사적 구도를 망가뜨린 특정 이념의 '과잉대변'.

이분법적 구획과 선별적 동원은 여섯 차례 민주정권이 반복적으로 빠져든 덫이다. 청산과 혁파를 내세워 좌충우돌하다가 정권 후반기 예외 없이 정당성 고갈에 빠진 가장 중대한 이유다. 이념 대립과 양극화 정치의 극복이 진보정치의 뇌관이라면 정작 경계의 대상은 내부에 있었다. 강성노조와 진보단체, 급진적 사회단체가 광화문광장의 입장권을 독점하면 동원의 정치는 불통으로 직행한다. 우려한 대로 문 정권은 좌파 과잉대변, 이분법적 구획, 선별적 동원으로 초심을 배반했다. 불통의 장벽이 높아지자 다시 광장은 전장(戰場)으로 변해 갔다.

배반의 뿌리는 운동권 세력의 세계관에 깊이 박혀 있었다. 군부가 가한 폭력, 육체가 견디지 못할 정도의 모진 경험, 이른바 저항적 생체지식은 세상을 우리와 그들, 민주와 반민주, 엘리트와 민중의 이분법 구도로 갈라놓았다. 그것도 민주주의를 명분으로 말이다. 말은 협치였지만, 보수의 경로를 더욱 강도 높게 답습했다. 반민주세력을 뿌리 뽑는다는 높은 기상 속에는 반민주세포가 꾸물거렸고, 엘리트 카르텔을 사회개혁 방해세력으로 지목해 척결하려 했던 것은 노무현 정권의 호명(呼名) 정치와 꼭 닮았다. 한국처럼 초밀도 네트워크 사회에서는 사회지도층, 엘리트 간 친밀도는 매우 짙고 단단하다. 그걸 끊는 것이 사회개혁이겠으나, 그렇다고 교체세력이 부패와 비리에 현혹되지 않는다는 법은 없다.

이인영 민주당 원내대표가 패권(霸權) 교체를 당차게 명했다. ●
2019년 4월 총선용 발언이긴 했지만 득의만만했다. 이제 '사회적 패권을 교체하겠다'고, 타깃을 적시했다. 사회적 패권? 그의 말에 따르면, '재벌, 특정 언론, 편향적 종교, 왜곡된 지식인, 누구를 일방적으로 매도하는 세력'이다. 그런데 거기엔 연령상 이미 586세대가 주류다. 아무튼, 비판언론은 몇 안 남았고, 지식인은 반역이 업(業)이다. 종교는 보편을 향해 편향을 걷는다. 재벌해체? 국민연금 지분을 늘리는 순간 공기업, 즉 정권의 수족이 된다. 패권교체라?

지배층의 독점과 패악(悖惡)을 다스리겠다면 환영이다. 가난의 대물림을 막고, 지배층 갑질이 없는 사회를 만든다면 환영이다. 그런데, 그들을 갈아치우고, 거기에 진보세력을 밀어 넣겠다면 큰일이다. 명패만 남은 한심한 보수를 옹호함이 아니다. 세대

● "어르신 추우세요?", 〈중앙일보〉, 2020년 1월 6일 자.

교체, 권력교체는 시간이 흐르면 그런대로 일어난다. 개혁은 그 시간을 조금 당길 뿐이다. 반면 혁명은 완전히 뒤집는 것이다. 지난 대선, 문재인 후보가 말한 '시대교체'는 뉴 리치(new rich), 뉴 하이(new high)가 사회적 책임을 솔선하는 포괄적 변혁 개념이었다.

패권은 안토니오 그람시(A. Gramsci)의 '헤게모니론'에서 나왔다. '패권교체'는 혁명이다. 민주주의를 '패권'으로 인지하는 운동권 정치의 위험이 여기에 선명하게 드러난다. 민주주의는 합의정치다. 그런데 패권교체란 말에는 '참회하라'는 명령이 어른거린다. 그리하여 정권이 지목하는 자는 공공의 적, 척결 대상이 되었다.

패권교체는 '민주의 공적'을 척결해 순백사회를 만든다는 혁명적 발상이다. 그런데 그것이 민주정치의 생명인 합의정치 내지 협치의 가능성을 일소(一掃)한다는 점에서 우려를 자아냈다. 초기의 약속인 소통정치와 광화문 시대는 그것으로 문이 닫혔다. 순백사회는 동지로 규합된 순도 100%, 적(敵)은 얼씬도 하지 못하는 그들만의 사회다. 문 정권이 출범한 지 일 년도 채 되지 않은 시점이었다.

순백사회! 대통령은 청와대에 깊이 몸을 감췄고, 내각조차 청와대와 소통단절 상태임이 시시각각 드러났다. 박근혜처럼, 폐쇄회로가 또 형성된 것이다. 나는 칼럼을 쓰면서 박완서의 소설을 떠올렸다. 꽃샘추위가 한창인 4월 봄이었다.

순백사회의 역설

매서운 찬바람에도 꽃이 피었다.● 성미 급한 꽃은 떨어졌고, 소심한 꽃은 망울 속에 숨었다. 남도 산촌에는 겨울을 참아 낸 아낙들이 집을 비웠을 것이다. 진홍색 꽃잎 화전(花煎)을 부쳐 먹으며 한 해를 다짐하고 있으리라. 진달래는 달짝지근하고, 민들레는 쌉쌀하다. 지천에 피는 꽃들은 궁핍한 시장기를 달래는 봄 선물이다.

　일제 말기, 황해도 개풍에서 서울 달동네로 이주한 소녀 박완서는 서울 동무들도 꽃을 따 먹는 장면이 신기했다. 어린 그녀도 아카시아 꽃을 송이째 따 먹었다. 비릿하고 들척지근했다. 헛구역질이 났다. 새콤달콤한 속살로 상한 비위를 가라앉힐 마디풀, 싱아를 찾았다.

　"나는 마치 상처 난 몸에 붙일 약초를 찾는 짐승처럼 조급하고도 간절하게 산속을 찾아 헤맸지만 싱아는 한 포기도 없었다. 그 많던 싱아는 누가 다 먹었을까?"(박완서)

　꼭 일 년 전, 탐스런 꽃을 송두리째 따 먹은 우리에게도 싱아가

● "순백사회의 역설", 〈중앙일보〉, 2018년 4월 17일 자.

필요하다. 아이들 손 잡고, 친구, 동료와 광장에 나가 '주권재민' (主權在民)을 외쳤을 때 굳건히 닫힌 청와대가 활짝 열릴 줄 알았다. 아니, '나라다운 나라'를 돌려주겠다는 맹약이 권력의 폐쇄회로를 쳐부술 줄 알았다. 초기에는 그런 기미에 환호했건만 날이 갈수록 지난 정권과 닮아 가는 낭패감에 생물학적 거부감이 유발되기에 이르렀다. 헛구역질 말이다.

문재인 정권의 보도(寶刀), 적폐청산(積弊淸算)은 강력한 표백제다. 얼룩을 지우고 악취를 제거해 비리제로 사회, '순백(純白)사회'를 만들고자 한다. 관료들은 혹시 자신이 오점이 될까 두려워 납작 엎드렸다. 자신의 행적이 적폐로 찍힐까 무서워 기업, 대학, 공공기관도 몸을 잔뜩 움츠렸다. 순백사회에서 최고의 행동수칙은 안전제일, 복지부동이다. 몸을 사리지 않는 전사(戰士)는 바보다. 그래서 '노 리스크, 노 리턴', 되는 일이 없다. 정의와 공정을 위해 생기와 활력을 반납한 결과다. 적폐청산이 꼭 거쳐야 할 눈물의 협곡이라 해도 집권 1년 '미래 담론의 유실'이 더 큰 화근을 불러올지 모른다.

민심은 아니라는데, 금감원장은 꼭 김기식이 아니면 안 됐는가? 약탈적 헤지펀드가 한반도 상공을 맴돌며 먹이를 노리는 판에 참여연대 출신 '방탄규제단'만이 적격인가? 남북정상회담이 코앞인데, 인사충돌로 전력을 소모해야 했는가? 인사는 민심과 동떨어져 독주 상태였다. 내각도 마찬가지였다. 한반도 명운이 걸린 정상회담 준비위에서 외교부 장관은 왜 존재감이 없는가? 4 강 실무자와 막후협상을 해도 부족한 때에 어느 대학 강연에 나가 TPP(환태평양경제동반자협정) 가입을 운운하고 있으니 말이다. 온갖 수모를 당하고 장관에 오른 명사들은 아예 뉴스거리도 안 될 지경에 이르렀다.

시정(市井)은 과격한 개혁조치에 적응하느라 아우성인데 그 많은 장관들은 다 어디로 갔을까.

장관들이 청와대 폐쇄회로에서 아예 소외됐다. 청와대 비서실 장과 수석들의 수족이 된 탓이다. 개헌안 설명을 왜 민정수석이 해야 하고, 국민투표법 개정 발의를 왜 비서실장이 나서야 하는가? 법무부 장관이 구경꾼이듯, 재활용 비닐이 동네에 쌓이는 걸 보고만 있는 환경부 장관도 한심하긴 마찬가지다. 실업률이 치솟아도 노동부 장관은 정부지원금만 외치고, 세금을 헬리콥터 방화수처럼 살포해도 복지부 장관은 재정 걱정을 아예 끊었다. 선남선녀도 그 정도는 한다. 산자부와 노동부 장관, 도산해야 마땅할 공장에 공적 자금 수조 원을 퍼붓는 그 무지한 조치는 당신들의 뜻인가? 수능평가안을 줄줄이 늘어놓고 고르라는 정말 한심한 교육부에 근본적 교육개혁을 주문할 수 있는가? 어선이 충돌하고 전복해도 해수부는 절간이고, '접시꽃 시인' 문체부 장관은 최저임금도 못 받는 시인, 비정규직 작가, 연극인의 활로를 고민하고는 있는가?

내각의 실종은 미래 100년을 좌우할 개헌안 심의에서 최고조에 달했다. 취지 설명에서 의결까지 불과 3시간, 개헌안은 원안대로 통과됐다. 묻고 싶다. 장관들이 개헌안을 꼼꼼하게 살펴봤는지를 말이다. 기존 헌법과 개정안을 대조하는 데에 적어도 반나절이 걸리고, 반대집단을 설득할 논리 개발에는 족히 한 달이 소요된다. 4대 권력기관 수장을 간택하는 대통령 권한은 철옹성임에도 격론이 없었는가? 개헌안에서 대통령제 유지와 4년 연임제 조항에 만장일치 박수로 화답했는가?

그럼에도 공정과 정의 개념은 이제 청와대 담벼락을 넘지 않는다. '청와대 1번지' 인터넷 민원창구 뒤에 편견과 독단이 어른거린다. 광장에 섰던 사람들은 주권의 기억이 다시 아득해져 속이 울렁거린다. 메스꺼움을 달래 줄 싱아는 어디에 있는가? 누가 벌써 다 먹어치웠을까? 순백사회의 역설(逆說)이다.

뒤끝 정치와 적폐청산

순백사회로의 행군은 이미 촛불시위에 내장돼 있었다. 문재인 정권은 그것을 '촛불혁명'으로 격상시켰다. 대통령을 쫓아냈으니 혁명에 가깝다. 그러나 엄밀히 말하면 그것은 '정권교체'이지 체제변혁(regime change)은 아니다. 민주주의 체제(democratic regime) 내에서 발생한 정권교체이자, 민주정치의 발전과 질적 향상을 위한 정치변동에 해당한다. 체제변혁은 군부독재에서 민주주의로 전환한 1987년에 발생했다. 체제 유형이 바뀐 것이다. 이후 34년간 등장한 여섯 차례의 정권은 대체로 민주정(民主政)에 속한다. 좌우파가 선거라는 합법적 절차로 지지율과 권력 경쟁을 해나가는 체제다. 정치학자 아담 쉐보르스키(A. Prezeworski)의 개념대로 '합법적 과정에 의해 패배한 정당이 다시 집권당으로 등극할 수 있는 유일한 마을(the only town)'이 민주주의다.

그런데 한국에서는 정권교체를 '체제변혁'으로 격상한다는 것이 특이점이자 문제다. 급격한 발전을 이루겠다는 과욕의 발로이기도 하고, 기존 정권과의 차별성을 높여 정치적 정당성을 최대화해 온 한국정치의 내적 법칙이기도 하다. 그 덕에 민주주의의 제도적, 질적 개선은 빠르게 일어났다. 민주주의의 발전 정도를 측정하는 프리덤 하우스(Freedom House)의 공식 발표에 의하면, 세계 200여 개 국가 중 한국은 30~35위를 기록했다. 아시아에서 민주주의가 가장 발전된 국가로 꼽힌다. 심지어 일본보다 한 수 위다. 그 대가는 만만치 않다.

체제변혁적 에너지를 자가발전해 한국정치 지형을 혁명적으로 바꾸려 한다. 실권을 장악한 집권당의 총공세는 주로 인물과 제도를 겨냥하는데, 우선 전직 대통령과 실세집단을 단죄(斷罪)하는 것으로 시작한다. 그와 함께 이전 정권이 일궜던 주요 제도를 철폐하고 새로운 것으로 갈아 끼운다. 대통령은 감옥 담장을 걷는 사람이라는 서글픈 얘기가 나오는 이유다. 오늘의 권력 실세들도 안심할 수 없다. 정권교체가 일으킨 태풍에 의해 언제 삼수갑산으로 유배당할지 모른다.

전직 대통령과 권력 실세를 겨냥한 치죄(治罪)정치에는 일종의 한풀이가 개입한다. 좌파가 우파에, 우파가 좌파에 가한 해코지 리스트는 너무나 길어서 집권 5년 동안 줄곧 되갚아도 다 못할 정도다. 한풀이 정치, 뒤끝 정치다. 한국정치에서 좌·우파를 막론하고 뒤끝은 작렬한다. 노무현 대통령을 자살에 이르게 한 우파의 죄는 문재인 정권에 천추의 한(恨)이다. 이걸 어찌 잊으랴. 체제변혁이 아니라 혁명적 수단을 동원해서라도 한풀이를 해야 했다. 뒤끝 정치는 박근혜 대통령 탄핵에 이미 내장되어 있었다.

두 개의 시나리오

2017년 탄핵 결심(結審)을 앞둔 이른 봄, 드디어 태극기부대가 일어섰다.● 기세등등한 촛불 행진에 숨죽였던 기성세대가 궐기해 서울광장을 태극기 물결로 덮었다. 혁명과 반혁명의 시위대가 서울 도심을 교란한 것은 해방공간 신탁 찬반 세력이 맞붙은 이후 처음일 것이다. 태극기부대 역시 민주와 법치를 외쳤는데 광화문광장에서 울려 퍼진 시민주권과 뒤섞여 대한민국은 둥둥 떠내려갔다. 서울광장의 구호는 그들의 경륜에 어울리지 않게 거칠었고, 말과 행동엔 적의와 경고가 서려 있었다. 촛불의 분노와 태극기의 적의가 뒤섞여 민주공화국의 기초가 흔들렸다. 한반도 상공에 검은 적란운(積亂雲)이 가득 몰려왔다.

아슬아슬한 겨울이 지나고 조마조마한 봄이 왔다. 꽃망울 터질 조바심이라면 얼마나 좋을까만, 한쪽 진영을 완전 소개(疏開)해 다른 영토로 투항하라는 운명적 결단이 곧 내려질 것이기에 걱정이 이만저만이 아니다. 일주일 남짓, 평의(評議)에 돌입한 헌법

● "어쨌든 뒤끝 정치", 〈중앙일보〉, 2017년 3월 7일 자.

재판소 굴뚝에서 어떤 연기가 피어오를까. 교황을 뽑는 콘클라베처럼 검은 연기에 와인 한 잔 마시며 느긋하게 기다리거나, 흰 연기에 교황 탄생을 환호하는 축포를 터뜨릴 그럴 계제가 아니다. 흰 연기(인용)가 피어오르든, 검은 연기(기각)가 새어나오든 한쪽 광장은 겨우내 달궜던 분노의 화기를 연소시킬 출구가 막힌다. 굴복할 진영의 분노를 어찌할 것인가. 자제력이 문제다. 법치는 승복이 생명이지만 한껏 끓어오른 화기가 자제력의 벽을 뚫으면 파열이고, 담장을 넘으면 충돌이다. 그 결과는 자해일 수도, 가해일 수도 있다.

인용(認容)과 기각(棄却), 두 개의 시나리오는 모두 엄청난 비용을 치를 것이다. 탄핵사태가 시작된 때부터 이미 고지서가 우리에게 배달되었다. 고지서 발행자도 국민이고, 납부자도 국민이다. 권력을 사적으로 유용한 지도자와 무능한 정치를 끝내는 비용이고(인용), 그런 정치를 한동안 다시 연장해야 할 비용이다(기각). 두 동강 난 나라는 이미 두 개의 광장이 지불한 기본입장료에 불과하다. 무엇을 더 지불하게 될까?

인용 시: "대세론에 별다른 돌발 계기가 없다면 문재인 등극은 명약관화한 사실이고, 정권은 민주당으로 넘어간다. 보수의 대실패이니 당연한 결과다. 9년을 와신상담(臥薪嘗膽) 기다렸다. 진보정권답게 칼바람이 몰아친다. 공공기관 수장들은 모두 갈리

고, 보수에 충성했던 고위관료 역시 추풍낙엽이다. 특검의 수사 기록은 칼바람의 세기와 방향을 지정해 준다. 검찰, 경찰, 국정원, 감사원 등 사정기관을 혁혁한 진보 장수들이 접수해 9년 동안 눌러 놨던 대형 비리와 정치적 미제사건을 낱낱이 밝힐 것이다. 검찰의 수사 캐비닛이 열리는 순간, 공항은 이민 갈 사람들로 붐빈다. 국정원 댓글사건, 고(故) 노무현 대통령을 자살로 몰고 간 세력들이 줄줄이 포승줄에 묶일 것이다. 재벌은 한동안 엄동설한을 견뎌야 하고, 민주노총을 위시해 강성노조가 통치 깊숙이 개입한다. 종부세·법인세가 올라가고, 복지공세가 서민을 즐겁게 한다. 칼바람, 증세, 복지는 정의의 이름으로 정당화될 터에 그걸 다투느라 국회는 개업과 휴업을 반복한다."

기각 시: "이건 피바람이다. 특검이 단죄했던 죄인들은 모두 복권된다. 박정희와 박근혜는 성인 반열에 오른다. 보란 듯 구치소를 걸어 나오는 최순실은 역모죄로 수감되는 고영태 일당과 엇갈린다. 특검의 복덩이 장시호는 특수 괴씸죄로 독방 신세. 김기춘은 청와대 특별고문, 우병우는 검찰총장으로 복귀한다. 우병우는 특검에 오랏줄을 날리고, 특검에 줄 선 검사들을 솎아낸다. JTBC는 폐쇄 위기에 몰리고, 언론방송에서 깨춤을 췄던 교수와 방송인들은 블랙리스트행(行). 문화계 그것보다 두 배는 길다. 출국금지령이 내려져 공항은 한산하다. 태극기집회 집행부는 국

가유공훈장, 태극기집회에 안 간 고위공직자들은 유배형이다. 시민혁명 운운했던 야당 대선주자들은 감찰 대상. 국회가 사생결단 막겠지만 그래봤자 정보정치를 누구도 막지 못한다."

두 시나리오의 공통점은 '작렬하는 뒤끝'이다. 칼바람이든, 피바람이든 일대 숙정은 예견된 바다. 모두 정의의 이름으로 행해지고 그 비용은 국민이 지불한다. 촛불시위 후 국가의 개점휴업이 반년을 넘겼다. 보이지 않는 손실은 기하급수적으로 증식 중인데, 국가의 운(運)을 고갈시키는 무서운 통첩이 미국과 중국에서 속속 발령되고 있다. 한반도는 전쟁가능국 1순위로 등극했다. 발 빠르게 움직인 일본의 아베는 느긋하다. 패착에 빠진 한국호(號)는 표류 중, 정권이 바뀌면 강경 친문그룹이 트럼프를 살짝 미치게 만들지 모른다. 칼바람, 피바람이 '정상 국가'를 회복하는 비용이라면 기꺼이 치르겠는데, 그 어느 것이든 '뒤끝 정치'가 운명인 나라의 국민은 피곤하고 불안하다. 예상대로 살풀이 정치, 뒤끝 정치는 문 정권이 출범하자마자 개시됐다. 박근혜가 초췌한 얼굴로 법정에 모습을 드러냈다.

청산(淸算)과 정산(精算)

그날은 기어이 비가 내렸다. ● 박근혜가 수갑을 찬 채 출두한 날. 일몰의 늦은 비였다. 두 전(前) 대통령의 영욕(榮辱)이 교차된 날, 죽어 상승하고 살아 추락하는 한국 정치의 비극적 법칙이 동시 상영된 날, 종잡을 수 없는 국민의 심사를 그렇게라도 달래려는 느닷없는 비였다. 2,800원짜리 핀을 꽂은 올림머리는 여전했지만 초췌했다. 수갑이 채워진 손, '나대블츠 503번 수인(囚人)', 그대의 찬 손. 청와대로 1번지 관저의 세입자가 바뀌자 전임자는 18가지 혐의로 결박된 손을 모으고 모습을 나타냈다. '배신의 정치'를 성토하던 결기는 사라졌고, 죄목을 묻는 젊은 판사의 심문에 체념의 눈길은 천장을 응시했다. 민주공화국 대한민국의 '법의 정신'에 의해 전직 청와대 주인은 '무직 잡범(雜犯)'이 되었다.

그 시각, 남쪽 봉하마을엔 상처를 치유받고 싶은 사람들이 모였다. 사람 사는 세상을 외치다 결국 뇌물죄로 몰려 마지막 남은 출구로 몸을 던진 전직 대통령을 추모하는 자리는 눈물바다였다. 8년을 쏟아 내고도 다시 고이는 통한의 눈물이었다. '누구도 원망하지 마라', 검찰청 포토라인에서 잡범 취급을 받은 그 수모를 원

● "그대의 찬 손", 〈중앙일보〉, 2017년 5월 30일 자.

망하지 말라고 일렀다. 그의 말대로 '운명'이었다. 정권이 바뀔 때마다 닥치는 역풍, 이념 불화가 초래한 사화(士禍)적 스토리의 상징인 부엉이바위에 대통령이 된 문재인이 다짐했다. "우리는 다시 실패하지 않겠다"고, "그리운 당신의 꿈을 실현하겠다"고.

제발 그랬으면 좋겠다. 진보든 보수든 성공한 정치를 보고 싶다. 상승과 추락의 극한적 부침을 더 이상 보고 싶지 않다. 몇 년 후, '그대의 찬 손'에 불에 덴 듯 상처를 입고 전임자를 잡범 취급한 정권을 다시 절벽에 세우는 원억(冤抑)의 정치가 반복되지 않았으면 좋겠다. 통치자가 법치의 쇠망치에 맞아 파멸하는 한국 정치의 천형(天刑)이 문재인 정권에서 막을 내렸으면 좋겠다. 전(前) 정권의 행보를 초토화하고 전임자를 유배해야 하는 이 처절한 운명적 형식 말이다.

1528년에 축조된 일본 나고야성(城)은 도쿠가와 시대에 개축해 오늘에 이른다. 오다 노부나가가 태어난 이 성은 오사카성, 구마모토성과 더불어 일본 3대 고성(古城)이다. 높이 20여 미터에 이르는 성벽을 여러 번주(藩主)들이 고쳐 쌓았다. 허물고 새로 쌓은 게 아니다. 개축한 부분의 벽돌에 문양을 새겨 누가 어떻게 수리했는지를 확인하게 했다. 더러는 치명적 실수를 저질렀지만 전임자의 축조기술을 성찰해 한 걸음 나아갔다. 480년 풍상을 견뎌 온 이유다. '일소(一掃)의 통치', '청산의 통치'였다면 각 번주의 지혜는 소멸되었을 것이다.

청산(淸算) 과 정산(精算) 은 다른 개념이다. 청산은 부정을 낳지만 정산은 진화를 잉태한다. 정밀하게 진단해 좋은 점을 잇고 새로운 길을 뚫는 것이 정산이다. 한국정치는 정산보다 청산 유전자가 너무 강해 문제다. 광장의 촛불 민심도 청산을 더 원하고, 실정(失政) 의 책임자를 지목해 발본색원(拔本塞源) 하라고 외친다. 대선 정국이 원색적이고 거친 비난과 냉소의 언어로 뒤덮였다. 민주화 30년의 정치는 '탈(脫) 정당화를 통한 정당화', 전임자를 청산해 정당성을 구축하는 비난의 굴레였다. 보수는 진보를 청산했고, 진보는 보수를 일소했다. 정통성 탈환의 참극이 5년마다 반복되는 이 상황을 바꿔 보려 협치·연대·통합을 때마다 꺼내들지만 그것을 축조하는 관용의 통치는 아직 요원하다.

원망을 해소해 갈망의 꽃을 피워도 운명적 역풍에 핏물처럼 낙화하는 애증의 교차에 '그대의 찬 손'이 있다. 헌법재판소가 이미 탄핵한 통치자에게서 자백을 받아 내려 병합 심판을 명령한 '법의 정의'를 부정할 필요는 없겠다. 그런데 저 운명적 형식이 여전히 어른거려 불안하다. 반복되는 파멸의 정치가 개막 팡파르를 신나게 울리는 새 정권에 스며들지 모른다는 불가항력적 무의식이 작동한 결과다.

고(故) 노무현 대통령이 포토라인에 섰을 때도 같은 심정이었다. 필자는 이렇게 썼다. "국민의 명예와 정치의 품격이 달려 있는 소환 문제를 검찰의 성곽에 무작정 던져 두는 것은 올바른 처사가 아닙니다. … 정치란 우리 모두를 법의 수인(囚人)이 되지 않게 하는 유일한 출구입니다. 국민의 자존심과 통치자의 명예를 동시에 구제하는 방식에 대한 지혜가 필요합니다."•

정권은 외면했고, 결국 자신에게 내린 사망선고로 스스로 자존(自尊)을 수호하게 했다. 노무현 스스로 결행한 생명 공양(供養)이 적의(敵意)로 부글부글 끓는 인당수 물갈퀴를 거뒀다.

박근혜는 국민의 자존도 자신의 명예도 지키지 못했다. 지킬 능력이 없음이 판명된 전(前) 통치자에게 법(法) 실증주의는 무엇을 구제하려 하는가. 품격 있는 회오(悔悟)? 아니다. 오직 남은 것은 연민, 언론 카메라에 수십 번 비칠 초췌한 모습과 나약한 항변, 그리고 아버지 시간대로 나 홀로 망명했던 '나대블츠, 503번 수인', 그대의 찬 손.

불과 몇 년 전, '적폐'라는 구시대의 용어를 정치판에 소환한 사람이 그녀였다. •• 지금은 그녀가 적폐청산에 걸려 적폐의 대명사가 됐다. '원칙과 신뢰'를 현판에 내걸고 4대 부문 개혁에 시동을 걸었을 때 바로 그 적폐청산이 박근혜 정치의 슬로건으로 모습을 나타냈다. 적폐청산의 대상은 무차별로 확장돼 '비정상의 정상화'라는 주술적 축문을 낳았고, 급기야 영혼의 영역에도 뻗쳤다. '비

● "법과 정치의 경계에서", 〈중앙일보〉, 2009년 5월 5일 자.
●● "적폐(積弊)와 척사(斥邪)", 〈중앙일보〉, 2017년 4월 4일 자.

정상적 혼'의 적폐청산이 국정교과서의 출생 비밀이었다. 유리창 성에를 제거하듯, 혼(魂)에 낀 적폐를 청산한다, 마치 일제 말기 심전(心田) 개발이나 국민정신 총동원처럼 무서운 얘기다.

박근혜는 맹골수로에 침몰한 세월호에 그 언어를 적용했다. 해운사, 항만청, 재난구조본부 간에 얽히고설킨 비리 덩어리를 적시하고 '국가 개조'를 눈물로 다짐했다. 국가 개조 또한 1920년대 일제가 내선융화를 다지려 유포한 제국의 용어였다. 정작 필요한 것은 지도자인 나의 참회였지만 개조의 대상은 너, 국민이었다. 수장된 어린 생명에 넋을 잃고 가슴에 바람골이 뚫린 국민이 참다 못해 적폐의 방향을 거꾸로 청와대로 돌렸다. 소소한 사건들이 퇴적되자 청와대에 누적된 폐단은 천근만근 무거워졌다. 박근혜는 적폐를 안고 광화문 수로 깊이 가라앉았다.

그런데 그가 남긴 언어가 정치권의 혼을 지배하고 있음은 이상한 일이다. 너도나도 적폐청산을 외친다. 가장 즐겨 사용하는 사람이 문재인 대통령이다. 그는 '적폐'를 입에 달고 다닌다. 권력 적폐, 안보 적폐, 재벌 적폐, 이런 식이다. 후보 시절, 청와대·검찰·국정원 등 권력 적폐청산 3대 방안을 내놓더니 재벌 적폐청산 3대 원칙을 선언했다. 안보 적폐는 병역 기피, 방산 비리, 안보 무능, 종북 몰이 등 4가지다. 1천여 명의 교수로 가득 찬 그의 캠프는 적폐 리스트 생산기지였다. 거기에는 적폐로 규정된 부위를 칼로 내리칠 무사(武士)들이 득실거렸다.

적폐청산은 21세기 척사(斥邪)다. 그게 진정 악마인지 모르겠으나 박근혜는 통치에 거추장스러운 장애물을 적폐 블랙홀로 빨아들였다. 대북관계 단절, 종북세력 척결, 항의인사 축출은 물론 배신자와 충복을 차별한 적의(敵意)의 정치, 일소(一掃)의 정치였다. 무의식적으로 썼을지 모를 '적폐청산'이란 언어에 이미 박근혜의 의식구조가 고스란히 스며 있었다.

　그런데 후보 문재인, 대통령 문재인은 왜 천지사방에 이 언어를 남발했고 여전히 하고 있는가? 문재인의 무의식 속에 박근혜 동형이 똬리를 틀고 있다는 의구심을 밀어내기 어렵다. 그의 배경에 진을 친 혁혁한 장수들의 면면이 '좌파 박근혜'라는 우려를 자아낸다. 진보정권의 적폐청산이 닿을 도착지의 풍경은 안 봐도 비디오다. 형장의 이슬로 사라지거나 블랙홀에 휩쓸려 우주 쓰레기로 떠돌 인물과 제도가 차고 넘친다.

　박근혜의 적폐청산이 국민대통합을 가져왔는가? 아니다. 이른바 진보주자의 적폐청산이 대통합을 가져올까? 아니다. '보수 대(對) 나머지'라는 통치양식이 진보를 잉여와 잔재로 몰아갔듯이, 진보의 '적폐청산'은 그 관계의 대역전을 노린다. 피아(彼我) 식별과 편 가르기, 80년대식 운동권 마인드가 그대로 돌출해 또 하나의 비극을 잉태할 것이다. 조선을 망국으로 이끈 척사론(斥邪論)이 21세기 한국에서 좌우를 진자(振子) 운동했다.

혁신은 혁파를 수반한다. 깨부수는 것이다. 모조리 깨서 패러 다임을 교체하는 '파괴적 혁신'은 산업에서는 가능하지만, 정치 와 사회에서는 불가능하고 바람직하지도 않다. 완전한 단절은 혁 명이다. 오히려 시대적 연속선상에서 일부를 도려내는 '존속적 혁신'이 성공 확률이 높다.

유럽을 선진국으로 밀어올린 것은 제도의 존속적 혁신이었다. 2005년 독일 사민당 슈뢰더 총리는 하르츠 피어(Hartz IV)를 만들 어 기민당에 건네줬고, 메르켈 총리는 그대로 실행했다. 사회보 장혜택 삭감, 세금 완화가 하르츠 피어의 핵심이다. 독일경제가 피어났다. 스웨덴에서는 사민당이나 보수당이나 100년간 지킨 최고의 정책목표가 완전고용이었다. 사민당이 고안한 연대임금 정책을 보수당이 그대로 물려받는다. 독일의 공민(Mitbürger) 개 념은 보수 · 진보의 공통 출발선이며, 스웨덴의 '인민의 집'(peo-ple's home) 역시 보수와 진보가 동거하는 공통 이념이다. 이것도 부족해 가끔 연정(聯政)을 한다.

문재인은 후보 시절부터 "적폐의 당사자와 어떻게 손을 잡는 가?"라고 정의롭게 말했다. 쓰러진 보수를 일으켜 세워야 진보도 국회의 거부권을 뚫는다. 협치는 용서와 관용을 통해 일어난다. 한풀이 복수전이 적폐청산이라면, 청산해야 할 것은 '적폐청산' 이라는 그 언어다. 그 속에 고착된 '적의(敵意)의 정치'와 홀로 정 의롭다는 '척사론적 의식'이 곧 적폐다. 사회는 생각과 경험이 다른 사람들의 군집, 정치는 그런 사람들을 모이게 만드는 포용적 기술이다. 적폐청산에 박근혜가 침몰했듯, 진보도 자신이 만든 블랙홀에 빨려 들어가면 나라의 비극이다.

정의(正義)의 강(江)은 천천히 흐른다

적폐청산은 사람들의 마음을 얼어붙게 만들었다. ● 적폐청산이 한창 외쳐지던 2018년 겨울, 마음의 온도는 시베리아 한랭전선보다 낮았다. 세모엔 잊었던 온정(溫情)이 절로 찾아와 한파를 녹이는 법, 마음속 불씨 하나 지피지 못했다. 성탄절 캐럴이 울리던 거리와 헤픈 웃음을 날리던 정겨운 인파는 옛 모습이 된 지 오래. 오늘의 웃음과 행동이 곧 닥쳐올 미래에 적폐(積弊)가 될지 모른다는 공포가 몇 차례 정권교체를 통해 마음 저변에 침전했다.

공포가 무의식에 깔리면 대중은 자기검열과 사주경계의 등불을 켜고 밀실에 들어앉는다. 과거의 권력자와 지도층 인사가 검찰조사 끝에 급기야 극단적 방식을 택하는 풍경이 반복되고, 이념적 처단을 강요하는 과격한 외침이 비등할수록 대중심리는 얼어붙는다. 가담과 개입에 따르는 위험부담을 극소화하려는 것이

● "정의의 강은 천천히 흐른다", 〈중앙일보〉, 2018년 12월 11일 자.

다. '적폐'와 '통치행위' 사이 간격이 좁아지면 대중은 판단중지 영역으로 망명한다. 그게 최선의 안전지대인 현실에서 정의 개념은 흐려질 수밖에 없다.

이명박, 박근혜 정권 인사 중 국정농단 혐의로 구금되거나 재판에 계류된 사람은 줄잡아 100여 명, 자살로 항변한 사람도 여럿이다. 이재수 전(前) 기무사 사령관이 목숨을 끊었다. 세월호 유가족 사찰혐의 관련 검찰의 전방위 압박 수사를 견디지 못했다. 국정원 댓글사건이나 우병우 전(前) 민정수석의 권력남용은 단죄를 받아 마땅한데, 적폐와 통치의 구분이 모호한 경계에서 경찰, 검찰, 청와대의 삼중 감찰을 받는 사례도 부지기수다. 양승태 대법원 시절, 일부 판사들이 박근혜 정권과 보조를 맞춘 것은 잘 알려진 사실이다. 그럼에도, 대법관의 자율 권한과 정치 거래의 경계는 여전히 모호하다. 박근혜 정권과 교감이 있었다 해도 그것은 적폐인가, 통치를 받든 행위인가? 2014년 헌법재판소 정당 위헌판결 때 통합진보당 변론을 맡았던 김선수 변호사가 대법관에 오르는 판국이니 통치와 적폐가 헷갈리는 건 당연하다.

과학계에도 적폐청산이 한창이다. 원자력연구원장과 대구경북과학기술원 총장이 옷을 벗었다. 문 정권에서 중도사퇴한 과학계 기관장은 10여 명, 물갈이 선풍이 급기야 카이스트를 덮쳤는데, 이것은 적폐청산인가, 자리다툼인가? 하기야 보수정권도 이보다 덜하지 않았으니 현 정권만을 탓할 수는 없다. 오죽했으면

고(故) 노무현 대통령이 부엉이바위에서 뛰어내렸으랴. 노무현 정권에서 찬밥신세였던 칼잡이들이 하이에나처럼 달려들어 물어 뜯었으니 말이다.

방송 권력과 논조가 하루아침에 뒤바뀌고 눈 밖에 난 재벌 총수의 운명이 자주 갈렸다. 시위대와 해고 노동자도 여럿 세상을 등졌다. 정의가 불의(不義)로, 불의가 역모(逆謀)로, 역모가 역적(逆賊)으로 찍혀 패가망신(敗家亡身)하는 환국(換局)의 광풍을 한두 번 겪은 게 아니다.

환국은 개혁을, 개혁은 칼바람을 불러왔다. 초기의 대중 환호는 곧 염증으로 바뀐다. 문화전선이 활발해지는 것은 대중이 적폐청산극에 염증을 느낄 때다. 정권과 코드를 맞춘 영화 〈국가부도의 날〉에 수백만 관객이 매료됐다. 경제주권을 넘기고 안도하는 권력집단과 파산에 허덕이는 서민을 극화해 분노의 근거를 확인시켰다. 'IMF는 지배층과 대기업이 저지른 범죄이자 소득과 고용불평등의 기원'이라는 메시지는 적폐청산에 악전고투하는 현 정권 격려가로 들린다. IMF가 모든 병폐의 근원일 수 있겠다. 끝 장면 자막 '금모으기로 모은 돈 22억 달러는 대기업으로 흘러 들어 갔다'. 과연 그럴까?

정보와 경험이 천차만별인 세상에서 동의를 구축하기란 쉽지 않다. 농업 사회에서 정보화 사회로 수직상승한 한국에서 정의 개념은 지그재그였다. 정의론의 대가 마이클 샌델(M. Sandel)에게 묻는다면, 답은 여전히 "논의해 보라"일 것이다.

미국 연방대법관인 스티븐 브라이어(S. Breyer)가 넌지시 말한다. "충분한 통찰, 각자의 주장과 결과, 역사와 논점을 제대로 이해하기 전까지는 판결하지 않는 것이 중요하다"(〈경향신문〉, 2018년 12월 4일 자). 정의(正義)의 강(江)은 천천히 흐른다는 뜻이다. 민주화 이후 정권이 휘몰아친 정의의 강은 급류였다. 휩쓸린 사람이 부지기수, 익사한 선의(善意)가 산을 이룬다.

정의는 차라리 주막에 있었다. 학술회의가 끝난 '어느 날 나는 흐린 주점에 혼자 앉아 있었다'. '등 뒤로 시끄러운 잡담을 담담하게 들어 주면서'. 영세기업 소장과 직원이 술잔을 놓고 얘기했다. 부하인 듯한 중년 사내가 말했다.

"오늘의 정의가 내일의 적폐가 되문 우짤라고요. … 광화문이 난장판 아니여, 시방. 민주당, 한국당, 정의당, 이래 떠드는데 정의가 뭔지 당최 헷갈려서 … ."

헷갈리는 게 맞다. 그러니 좌파든 우파든 사람 생명 귀한 줄은 알아야 한다. 그럴 땐 "먼눈으로 술잔의 수위만을 아깝게 바라보는 게" 제격이다(황지우의 시 구절).

혁명세대의 독창

기대가 컸다. 보무당당하게 청와대로 입성하던 늠름한 모습에 많은 기대를 걸었다. 희망나무에 오방낭을 걸던 박근혜 취임 축하연과는 사뭇 달랐으니까. 촛불로 타오른 시민민주주의를 활짝 개화해 줄 거라고 믿어 의심치 않았다.

마치 1894년 고종을 유폐하고 경복궁으로 돌진한 갑오개혁 세력을 연상케 했다. 육조대신 회의를 폐하고 군국기무처를 신설해 660개 근대 법안을 쏟아 낸 갑오경장은 웅장한 횃불이었다. 그런데 민중은 그 급진적 전환을 참아 내지 못했다. 나라의 운명을 생각하면 별것도 아닌 그 상투자락에 민중의 분노가 폭발했다. 김홍집은 처형됐고, 어윤중은 맞아 죽었다. 근대국가를 향한 혁신은 뼈아프게도 실패했다.

왜 그랬을까? 갑오경장을 추진한 출중한 인물들, 정동파, 갑오파, 갑신파 모두 세상물정을 잘 알던 당대 지식인들이었다. 개혁의 속도와 방향! 예나 지금이나 지배층과 시민들이 감내하지 못하는 개혁은 저항에 부딪힐 위험이 크다. 어떤 정권이든 항상 정당성과 명분은 충만했다.

집권 3년 차쯤 되면 '정의 완성도'를 잴 것이 아니라, '시민 만족도'를 측정해야 한다. 만족 혹은 불만, 인내 혹은 반발인가를.

이 시점에서 묻고 싶다. 혁명세대, 그대들은 시민들이 흡족해한다고 생각하는가, 아니면 반발 직전으로 진단하는가? 만약 후자라면, 청년시절 그랬듯이 밀어붙이면 된다고 생각하는가?

독선(獨善)인가 독창(獨唱)인가

속이 후련한 역사적 결단이 왜 없었겠는가. ● 국정농단, 사법농단 세력을 발본해 감옥에 보낸 것, 은폐와 왜곡에 절은 국가시스템을 바로잡은 것, 세월호 유족을 해원(解冤)하고, 과잉진압 경찰에 철퇴를 내리고, 청와대와 내통하던 감찰기관 수장들을 줄줄이 문초한 것. 특혜와 비리에 연루됐다고 지목된 재벌 총수들에 엄벌을 내렸고, 그것도 모자라 전방위 수사는 지금도 진행 중이다.

군(軍)은 갑(甲)질의 대명사로 전락했다. 고위 관료는 사욕을 채우거나 인사비리 집단이 됐고, 언론과 방송 지휘부는 교체됐다. 박근혜 정부에서 외곽에 유배됐던 인사들, 노조의 검열에 통과된 인사들이 공영방송을 장악했다. 모두 '나라다운 나라', '정

● "혁명세대의 독창", 〈중앙일보〉, 2019년 6월 10일 자.

의로운 나라'를 향한 행진곡이었다.

그런데 왜 점차 지루해지는가? 자꾸 의구심이 드는가? 정권 초기 한목소리로 부른 합창이 왜 잦아드는가? 애창곡이라도 몇 년을 들으면 주파수를 바꾸고 싶은 게 세간의 심리다. 민의(民意)를 어루만지지 못하면 합창은 중창(重唱), 중창은 독창(獨唱)이되어 주변을 맴돌 뿐이다. 독재군부에 저항했던 80년대 혁명세대, 이제 그대들의 행진곡이 향기를 잃고 있다는 신호다. 그대들의 말과 행동에 아집이 서렸다는 뜻이다.

혁명세력이든 수구세력이든 성과를 내지 못하면 인내심은 고갈된다. 예나 지금이나, 혁명과 수구의 성패를 가름하는 뇌관은 경제다. 시민들이 전두환 폭정을 감내했던 이유는 경제 호황이었다. 정의가 경제에 맥을 못 춘다는 사실은 선·후진국을 막론하고 널리 판명된 정치적 명제다.

소득주도성장? 모든 경제지표가 급격하게 꺾인 이 마당에 시민들의 인내심이 이미 고갈됐음을 왜 눈치채지 못하는가? 인내심과 일관성은 혁명세대 그대들의 것, 시민정서는 역사적 정의보다 배고픔과 고달픔에 더 민감하게 반응한다. 많은 경제학자, 사회학자가 '오류!'로 판정한 '소주성'에 그토록 목매는 이유는 무엇인가? 성장은 소득에서 나온다? 그러면 소득은 어디서 나오는가? 말할 것도 없이 '고용'이다. 경제정책을 고용으로 급선회하지 않으면 그대들의 업적은 소멸될 것임을 혁명세대, 그대들만 모른다. 고집불통이거나, 실력이 없다는 증거다. '소주성'은 독창이다.

나라를 보전하고 백성을 안정시키는 위민정치는 외민(畏民)에서 비롯된다. 민을 두려워하는 경외심. 그런데 권력은 소소한 쟁론에도 기어이 이기려 하고, 21세기 경제시민과 천지개벽한 21세기 자본주의를 제조산업의 마구간에 묶어 두려 하니 외민은커녕 무민(誣民)이다.

코로나로 직격탄을 맞은 대한민국, 도심은 자주 텅 비었으며, 학교, 상점, 대형마트, 식당은 문을 열었다 닫기를 반복했다. ● 창궐하는 코로나에 지친 기색이 역력한 시정(市井)을 미증유의 특급 경제난이 덮쳤다. 그러는 사이 국회는 폭등한 집값에 놀라 세금을 두어 배 올렸고, 재난지원금 생색을 내느라 종 치고 북 울리고 피리 불면서 소란한 시간을 보냈다. 정쟁은 여전했다. 추미애 법무부 장관의 무치(無恥)한 행동을 두둔하려 각부 대신들과 당상들이 무리지어 상소문을 올렸는데, 세간의 빈축을 샀다. 그럼에도 조정은 맞불작전을 구사했다. 케케묵은 미제 사건을 들췄고, '기업규제 3법'에 집단소송법, 징벌적 손해배상법을 초(草)해 대기업 집단을 포박했다. 유치하고 섬뜩했다. 기업과

● "청명한 하늘에 마음은 먹구름", 〈중앙일보〉, 2020년 9월 28일 자.

자본에 대한 80년대식 적개심을 불태울 수백 개 규제법안 중 몇 가지를 선보인 것에 불과했으나 상인과 기업인들은 아예 돈 벌 의욕을 버렸고, 연약한 백성들은 어차피 쓸 돈이 말라 곤궁해진 터였다.

한국인 특유의 열정과 활기가 공평하게 시들고, 미래는 공평하게 막막하고 암담해졌다. 역병에 시달렸던 숙종 대 영의정 허목이 아뢨다. 허물이 쌓이면 원망(怨望)을 부르고 원망은 재난(災難), 재난은 재앙(災殃)이 된다고. 그러나 조정은 허물을 알지 못하고, 말이 민심에 닿지 않으니 백성을 어찌 안심시킬까. 안민(安民)과 위민(爲民)은 외민(畏民)에서 시작하는데, 문 정권은 고집불통 독창이다. 그걸 2019년 5월 2일, 청와대에서 열린 사회원로회의에서 확인했다.

취임 2주년 기념 사회원로회의에 초청된 필자는 조금 부끄러웠다. 원로 축에 낄 급도 아니거니와, 원로(元老)가 주는 꼰대 이미지가 싫었다. 그런데 어떡하랴, 갈 수밖에. 아무튼 갔다. 원로 중 연배가 제일 어리다는 데에 한편 안심도 됐다. 정말 존경을 받는 사회원로들이 둘러앉았다. 문재인 대통령은 줄곧 듣기만 했다. 귀는 열려 있다고 생각했다. 이홍구, 김우식, 윤여준, 김명자 등 보수·진보 인사들을 망라했다. 김영란 대법관도 보였다. 그녀와 나는 서울대 동기여서 어색함이 살짝 가셨다.

좋은 말들이 오갔다. 원로들이 준비를 많이 해온 듯 보였다. 노무현 정권에서 비서실장을 지냈던 김우식 전 실장의 말이 기억난다. '탈원전이라 하면 원자력과학과 원전산업에 충격이 가해지니 에너지믹스(energy-mix)가 좋겠다'는 진언이었다. 정치 9단 윤여준 전 장관이 적폐의 폐단을 지적했다. 통합정치에 결코 도움이 되지 않으니 이즘 강도를 낮추는 것이 좋겠다는 직언이었다. 나는 속으로 박수를 쳤다.

필자 차례. 당시 소주성의 폐단이 누적되어 있었으므로 '고용주도성장'으로의 전격 전환을 주문했다. 대통령이 열심히 듣는 듯했다. 지불방식도 고용인이 아니라 피고용자에게 직접 줘야 함도 덧붙였다. 그래야 고용인의 부담을 덜 수 있다. 고용창출은 고용인이 하는 것. 일자리가 줄면 아무리 명분이 훌륭한 소주성도 효과가 없다. 돈만 축낼 뿐이다.

그러나 딱 거기까지였다. 대통령이 마무리 발언을 했다. 기억을 더듬으면 이렇다. "우리는 적폐청산을 멈출 수 없습니다. 그토대 위에 건강한 미래를 세울 수 있습니다. 그리고 우리 정책은 결국 정의와 공정을 창출할 것입니다." 그 말을 듣는 순간, 허탈감이 몰려왔다. 왜 원로회의를 자청했을까? 소통 코스프레? 그때부터 지금까지 태도는커녕 정책노선의 변화는 없었다. 독선이 따로 없었다.

'3고 정치'로 세월은 갔다

그래도 정말 후한 평가를 내리려 안간힘을 썼다. ● 정권 반환점에서 잠시 떠오른 좋은 일들은 곧 심란한 장면에 뒤덮였다. 인지(認知) 전광판은 어두워졌다. 할 수 없었다.

이렇게 기세등등하게 출범했던 정권은 없었다. 정의와 공정을 이렇게 늠름하게 외친 정권은 이제껏 없었다. 촛불을 민주주의의 홰불처럼 치켜들고 이미 무너진 지난 정권 인사들을 그토록 냉혹하게 단죄한 정권도 없었다. 반독재 투쟁의 공적을 야무지게 독점하고 자신을 최고의 민주투사로 치부했던 정권도, 기울어진 운동장을 바로 세우면 백 년 정당도 가능하다고 호언장담한 정권도 없었다. 정치 불안정에 시달려 온 국민들은 처음엔 의아했으나 점점 그렇게 믿고 싶었다. 그런데 그게 허언(虛言), 허세(虛勢), 착각, 적의(敵意), 역량부족의 소산임을 알겠다.

그나마 믿었던 게 억울해서, 다른 대안이 없어 믿을 수밖에 없던 현실이 안타까워 하는 말이다. 국회는 그 어느 때보다 아수라장, 법안 통과율은 역대 최악을 기록했다. 법안이 많이 통과돼야 반드시 좋은 것은 아니지만 입법 시기를 놓치면 악법이 된다. 20대 국회는 아예 주소지를 거리로 옮겼다. 걸핏하면 여야가 박차

● "'3고 정치'로 세월은 가고", 〈중앙일보〉, 2019년 11월 11일 자.

고 나서니 시민들도 거리투쟁이 일상이 됐다. 청와대 사저정치를 단죄한다는 그 결의가 대척점으로 이렇게 단순하게 이동할 줄 몰랐다. 청와대 참모 중 군(軍), 관(官), 율사(律士)가 70%였던 지난 정권과, 시민단체와 운동권이 장악한 현 정권은 무엇이 다른가? 참모진이 이렇게 빈약한 정권도 없었다. 아마추어 집합소, 80년대 세계관으로 21세기를 바라보는 사시(斜視)들의 합창에 한국호(號)는 아예 표류 일보 직전, 공정과 정의는 냉소를 자아내는 어휘가 됐다.

너무 비정한 평가일까? 지금껏 정권의 모든 역량을 쏟아부은 적폐청산으로 새로운 살이 돋았다면 틀린 평가다. 쫓겨난 자리에 내 사람을 채웠고, 관료들은 법조항 내부로 몸을 숨겼다. 그나마 권한을 가진 장관들은 청와대 수석의 수족이 됐다. 복지부, 노동부 장관은 복지예산을 결재하는 집행관, 교육부 장관은 대통령의 한마디에 경기를 일으킬 듯 복창하는 앵무새, 외교부 수장은 누군가 꼬집었듯 장식 인형? 실물경제 위기설이 파다한 이 험난한 계절에 경제 수장은 없다. 홍남기 경제부총리는 정책 분장사, 김상조 정책실장은 현실의 쓴맛을 조금 본 규제론자, 주택시장과 샅바 싸움하는 김현미 장관이 약간 돋보일 뿐인데, 이리저리 터지는 풍선효과 때문에 약발도 없다.

촛불은 열망이었다. 도시와 농촌, 산촌과 어촌에서 분출된 열망의 지류를 국가 활력의 대하(大河)로 길을 트는 게 선정(善政)

일 터, 촛불로 군불을 때다 만 정치였다. 2018년 2월 청와대 강연, 시장의 역습을 경계해 달라고 신신당부하던 필자의 읍소를 '보수의 간교'로 치부하지만 않았다면 어땠을까. 현 정권의 3대 비책(祕策)인 최저임금제, 주 52시간 노동, 비정규직 축소의 명분은 결국 부작용에 퇴색됐다.

정권의 명운이 달린 그 정책이 자칫 파산, 해고, 폐업을 몰고 올지 모른다고 말하는 사람은 청와대 내에서 반역자였다. 비책은 치명적 비수(匕首)였다. 일자리 복지에 쏟은 수십조 원, 매년 치솟는 건강보험료, 증폭되는 소득불평등은 누가 책임지는가?

진보정권이라 좀 나을 줄 알았다. 진보는커녕, 정치의 기본요건도 충족하기 버거웠다. 현 정권의 기질인 '3고 정치' 때문이다. 고집(固執), 고소(告訴), 고립(孤立) 정치.

대선공약이 국민적 약속이라 해도 역효과가 크면 변경할 줄도 알아야 한다. 수정노선은 초기 설계에 없었다. 민심에 이상이 발생하고 비명소리가 진동해도 현 정권은 꿈쩍하지 않았다. 정의를 위한 작은 희생쯤으로 여긴 저 '고집정치'는 민주정치의 대원칙인 '책임 대응'(responsiveness) 의무를 몰각했다. 현실감각은 제로였다.

또한 집권세력은 고소로 세월을 보냈다. 속이 다 후련했던 초기의 적폐청산이 실종된 미래와 시민적 긍지를 되살려 줄 것으로 기대했다. '고소정치'가 서울구치소를 가득 채우고 구세력 군기

잡기에는 성공했으나 끝내 미래담론을 불러들이지 못했다. 이웃 일본과 중국이 국력의 로드맵을 끊임없이 내놓는 반면, 대한민국은 적폐리스트 체크에 정신이 없다. 고소정치와 미래비전은 서로 상극임을 진즉 눈치채기는 했다.

그래도 진보정권이니 남녀노소, 선남선녀가 다 같이 의견을 개진할 공평한 멍석을 깔 줄로 기대했다. 집권당 명칭에도 '더불어'를 붙였으니 말이다. 멍석은커녕 진영논리로 울타리를 치고 우리와 그들을 갈랐다. 공론화는 비난회피 기제로 쓰였다. 탈원전과 입시가 선정책, 후공론화의 대표적 사례다. 전기료 인상고지서가 곧 날아들 예정이다. 자사고와 특목고 일괄폐지도 여의치 않으면 일괄공론화에 부칠 것이다. 일반고 전환에 쓰일 1조 5천억 원도 국민들이 십시일반 지불할 '고립정치' 비용이다.

촛불 밑천을 다 까먹은 세월은 가고, 추락하는 세월이 온다. 후반기, 고(固), 고(告), 고(孤)로 계속 고(go) 할 수 있을까. 혹시 촛불광장이 다시 열리는 것은 아닐까.

다시 촛불광장으로?

코로나 찬스!

코로나에 지친 마음을 태풍이 연이어 강타했다. ● 유난스런 여름
이었다. 강풍이 집을 흔들고, 불어난 급류가 제방과 교량을 무너
뜨렸다. 물에 잠긴 논밭, 침수된 집을 바라보는 이재민의 허탈한
심정은 도시로 감염됐다. 2분기에만 전국 점포 10만 개가 폐업했
다. 중소기업과 자영업자는 빚으로 버티고, 실직자와 휴직자는
사채를 쓰거나 극단적 선택에 몰렸다. 사회적 치유가 필요한 시
점이다. 겹친 재난이 점화한 집단 히스테리가 급기야 폭행과 범
죄로 번지지 않게 하려면 말이다. 술집, 커피숍, 노래방도 폐업
위기에 직면했으니 심리적 방역을 할 곳도 마땅치 않다.

　정치권은 유별난 히스테리 진원지다. 이런 때 훈풍을 불러 주
면 얼마나 좋을까만, '엄마의 애간장'에서 '엄마 찬스'로 발달한

● "코로나 찬스, 민주주의가 위험하다", 〈중앙일보〉, 2020년 9월 14일 자.

강력 태풍이 집단 짜증을 키우는 중이다. "소설 쓰시네!"라 했던 추미애 장관의 낭만적 거짓은 소설적 진실로 점차 바뀌었다. 집권당 대표가 그것도 군대에 민원을 넣었으니 찬스는 위압이었고, 장부(丈夫)의 길 일러주신 〈전선야곡〉은 '졸병 비가(卑歌)'가 됐다. "카투사는 원래 그래!"는 또 뭔가. 공당(公黨)이 주고받는 욕설은 34년간 키워 온 장년(壯年) 민주주의를 망치는 회오리바람이다. 게다가 검찰개혁 방해음모론까지 발설됐다. 검찰개혁이 왜 거기서 나오는가. 친문 성향 검사들로 방어벽을 두루 치는 것은 아무리 봐도 위험한 담합이다.

이런 때 유용한 역전 카드가 '코로나 찬스'다. 안민(安民) 정권임을 만천하에 확증할 수 있는 정치 금광이다. 2020년 4월 초에 베푼 1차 지원금은 '거여'(巨與)라는 천혜의 선물로 돌아왔음을 확실히 깨달은 터에 왜 이런 기회를 마다하랴. 유권자들도 헤아린다. 정권의 하사금이 그리 기껍진 않다는 사실, '엄마 찬스'는 결국 '코로나 찬스'로 덮일 것임을 말이다. 허튼소리를 해댄 우상호, 윤영찬이든, 기금 용처가 아리송한 윤미향이든 2차 지원금 '코로나 찬스'가 정권의 정의 확증편향을 강화해 줄 것임을 안다. 위태로운 생계 때문에 받아야 하는 현실이 애처롭다.

쪼들린 심정에도 한 가지는 기억해야 한다. 무상(無償) 재난지원금은 포퓰리즘의 문을 연다는 사실을. 무상의 경험은 강렬하다. 정권도 수혜자도 거부할 수 없는 유혹의 터널로 들어선다.

이른바 '주고받는 정치' 터널의 끝엔 매수의 정치, 우중(愚衆) 정치가 펼쳐진다. 베네수엘라는 석유수출금을 무분별하게 살포해 망가졌고, 페루, 그리스 등 무상지원에 기운 나라들이 대체로 그러했다. 임의 지원금에 항상 따라붙는 선별, 보편 논란은 유권자의 정권의존성 심화로 귀결된다. 차제에 기본소득 도입을 검토하는 것이 민주주의에 훨씬 이롭다. ● 최저생계비 또는 중위소득 50% 소득을 보장하는 보편복지다. 우리의 경제실력을 우선 점검해야 하지만, 그나마 매수정치가 발붙일 여지를 줄인다.

그러나 매수정치는 우리가 한눈파는 사이 정치영역에 이미 뿌리를 내렸다. 심판 매수다. 정권의 감시기관들이 친문인사로 꽉 채워졌다. 검찰과 감사원엔 그득하고, 대법원, 헌법재판소, 방통위, 통계청, 국세청, 선관위, 공정거래위는 이제 독립 지위를 반납하고 정권의 하명 집행기구가 됐다. '고위공직자비리수사처'(공수처) 신설로 완결판이 된다. 최근 헝가리, 폴란드, 터키 등 민주주의를 폐기한 국가가 갔던 길이다. 미국 대통령 트럼프가 앞장서고 유럽의 포퓰리스트들이 선호하는 방식이다.

추미애 법무부 장관이 어긴 것은 법이 아니라 규범이었다. 장관 아들의 예비역 대령 고발은 민주정신의 중추신경에 마취바늘

● 송호근 편, 《코로나 ing: 우리는 어떤 뉴딜이 필요한가?》(나남, 2020)에 실린 최혜지 교수의 글 참조.

을 꽂는 행위다. 반민주 자유주의 발상이다. 정권의 행보가 정녕 이런가. 경쟁상대를 비열한 정당, 음모꾼으로 치부하고, 언론 방송사가 정권 홍보대사를 자처하며 적을 지목해 증오캠페인을 지속하는 것이 포퓰리즘의 전형적 징표다.

거여 집권당은 지지율 고공의 덫에 걸렸다. 당론에 반기를 든 금태섭 의원 징계로부터 국회상임위 독식까지 과연 국민의 뜻일까. 나랏돈을 잘못 썼다는 자성(自省)은 아직 없다. 국회는 수비수 없는 일제 공격의 축구장이 됐다. 누가 차도 골인이다. 고공지지율이 34년 구축한 민주적 가드레일을 부순 역설이 한국에서 일어났다.

사정이 이래도 수사(修辭)는 여전히 아름답다. 이낙연 더불어민주당 신임대표가 '우분투'(ubuntu, 당신이 있기에 내가 있다)를 어렵사리 발음하며 '협치'를 강조했다. 기반도 의지도 없는 상태에서 그것은 차라리 '합치로 분장한 예치(隸治)'라 해야 맞다. 포박 정치다. 집권당 시선에 야당은 아직 형기가 끝나지 않은 수형자다. 대통령이 말했다. '당정관계가 환상적'이라고. 179명 의원이 조건 없이 꼬리치는 애완견이라는 푸근한 현실의 다른 말이다. 일사천리 내부자 합치다. 그 길의 끝은 뭘까. 20년 집권을 향한 길 닦기?

'코로나 찬스'는 길 닦기의 기공식이다. 무상지원금 혜택을 받더라도 민주시민이라면 절대 잊지 말 계명(誡命)이 있다. '코로나 찬스'는 확증편향 정권의 자선 파티, 또는 전 지구적 추세인 민주주의 붕괴 대열에 합류하는 시발점일지 모른다는 사실을. 그래서 묻고 싶다. 이 정권의 정신구조를.

방역(防疫)정권의 정신구조

뒤죽박죽이었다.● 정권의 전방위적 싸움이 코로나와 가세해 일상을 들쑤셨다. 2020년이 그렇게 가고 신생의 해가 솟았다. 시간에 마디를 두는 것은 혼란을 묻고 가슴 벅찬 개활지로 나아가기 위함이다. 힘든 세월이었다. 사람들은 좁은 공간에 갇혔다. 이중의 벽이다. 코로나가 명령한 동선 금압의 벽과 집권세력이 강박한 절대이념의 벽. 두 벽의 공통점은 바이러스 박멸, 곧 방역(防疫)이다.

3년 반이 경과한 요즘 현 정권은 '방역정권'이란 생각이 맴돈다. 적을 호명해 척결하는 것으로 정당성을 쌓는 정권. 모든 적수를 바이러스, 박멸 대상으로 간주했다. 언술과 행동, 민생정책의 본질이 그랬다. 국민들은 정권의 확증편향 울타리에 갇혔다. 코로나 장벽은 백신접종으로 낮아질 터, 집권층의 편집증 망탈리테(정신구조)를 치유할 통치학적 백신은 나올 것인가?

● "방역정권의 정신구조를 묻는다", 〈중앙일보〉, 2021년 1월 4일 자.

인고(忍苦)의 터널은 연장될 듯하다. 적어도 한 번쯤 진솔한 사과나 따뜻한 위로의 말을 건넸다면 생각을 달리했을지 모른다. 정책엔 항상 부작용, '의도치 않은 결과'가 발생한다. 현 정권은 그 보편적 법칙을 줄곧 부정했다. 변명도 자책(自責) 인정이 아니라 만회(挽回)의 술수였다. 백신 확보를 위한 대통령의 느닷없는 퍼포먼스가 그랬다. 전화 한 통으로 '물량 확보 끝!'이라면 왜 그전에는 손 놓고 있었을까. 3년 반 동안, 청와대발(發) 사과를 딱 한 번 들었다. '추미애·윤석열 대립으로 마음을 불편하게 해드렸다'까지는 흐뭇했는데, 검찰개혁 운운에서 그만 악몽이 되살아났다. 대저, 거대여당과 실세가 목메어 합창하는 검찰개혁은 무엇을 위함인가? 전 국민이 겪은 1년 스트레스 총량을 보상하고도 남는가?

사법부를 백번 불신해도 직권정지 무효 판결을 내렸다면 한 달쯤은 자성기간을 가져야 양심정치다. 거대여당의 집단 포화는 새벽이 밝자 개시됐다. '촛불혁명을 훼손한 사법부의 쿠데타', '검찰과 법원의 선명한 선민의식', '대통령을 지키는 것이 민주주의'라는 반(反)법치적 울분에도 모자라 검찰총장 탄핵카드를 꺼내들었다. 179 대 1, 어딘가 치졸하지 않은가?

필자는 거꾸로 읽게끔 됐다. '촛불혁명을 왜곡한 독선행보', '정권실세의 유별난 선민의식', '삼권분립 존중이 민주주의'라고. '대통령이 외로워' 안쓰러운가? 코로나에 시달리고 생계가 막막한 국민들이 더 외롭다.

적수와 경쟁자에 대한 뒤틀린 경계의식과 확증편향은 군사정권이 이들에게 아로새긴 '저항적 생체지식'에서 비롯되었을 것이다. 1980년대 청년시절, 군부가 가한 물리적 폭력이 이항대립적 민주신념의 절대화를 낳았다. 우리들의 민주! 는 순도 백 프로다. 타협도 양보도 없다. 적수의 비난과 경쟁자의 도전은 구악(舊惡)과 적폐 잔치일 뿐. 소득주도성장, 주택정책, 기업규제 모두는 하층과 약자를 위한 십자군 출정이라는 확신. 부작용은 시간이 해결한다는 비이성적 신념. 그리고 사회·경제계의 엘리트 카르텔은 공공의 적.

소주성을 주도한 일단의 부역꾼들은 면책 마을로 은퇴했고, 하층과 무주택자를 난도질한 김현미 장관은 집값이 오른 아파트로 어리둥절 귀환했다. 두 배로 오른 종부세는 어쨌든 즐겁게 납부할 것이다. 토지소유 금지를 주장한 헨리 조지(H. George), 토머스 페인(T. Paine)의 철 지난 급진사상가를 액자에 걸고 말이다.

팬데믹으로 일자리는 고갈되는데, 기업규제 3법은 벌써 통과됐고, 중대재해기업처벌법이 관문을 넘었다. 해고노동자가 노조로 귀환해 자해라도 한다면 고용주는 처벌대상이다. 문명과 자본의 구조법칙이 완전히 뒤바뀐 AI시대에 의기양양 휘두르는 방역정권의 1980년대식 생체지식은 한국을 어디로 끌고 가는가.

'타협과 양보'는 권력창출의 지혜임에도 생체지식 리스트에는 없다. 중간지대는커녕 멀고 먼 '이상적 민주'의 극단에서 꼼짝달싹 않는다. 군부독재가 그랬듯, 절대적 관념론 신봉자다. 그런 의미에서 이들은 최고의, 최후의 관념론 군주국이었던 조선의 후예다. 양극의 진자운동을 관할하는 것은 절대적 관념론.

노론(老論) 수장 송시열의 존주론(尊周論)은 유럽 관념론의 원조인 헤겔(F. Hegel)을 능가한다. '국가는 역사의 구현체'라는 구절로 시작하는 《법철학》에서 그래도 헤겔은 충돌하는 시민주권의 조정기구(의회)가 필수적임을 역설했다. 조선의 노론(老論)은 만인을 강상명교(綱常名敎)의 울타리에 가뒀다. 명(明)의 성리학도 모자라 주(周)나라를 이상향으로 설정한 존주론을 강요했다. 천명(天命)! 이상주의적 관념론에 토(吐)를 다는 것은 이적(夷狄)이었다. 그런데 절대화한 예교(禮敎)의 하늘이 텅 빈 무(無)임을 깨닫는 데에 결국 망국(亡國)의 대가를 치렀다. 국민을 '그들의 민주관념'에 가둔 현 정권의 망탈리테, 닮은꼴이다.

노론의 원혼(冤魂)이 21세기 한국에 옮겨붙었는가? 보수와 진보 가릴 것 없이 그것은 무사고(無思考)의 원천이다. 박근혜가 애국심 하나로 모든 일탈을 치장했듯이, 현 정권은 유토피아적 민주! 하나로 독선의 길을 간다. 현실은 증발, '사고(思考) 없음!'이다. 사고(事故)를 치고 있다는 것도 모른다.

이 정권이 일찌감치 해양을 등지고 절대론의 발상지 대륙으로 돌아선 것도 이제 조금은 이해된다. 그곳엔 전체주의와 여러 모로 닮은 중국과 북한이 있다. 대한민국을 대륙사상의 하수인, 대류정치의 출납계로 만들고 싶은 게다. 그대들의 정신구조가 유토피아적 관념론에 포박됐다는 사실을 언제 깨닫게 될까? 민주주의는 만들어 가는 것, 관념론에는 현실과 현장이 없다.

다시 '촛불광장'으로?

"그런다고 현 정권이 알아들을까요?" 칼럼에 달린 댓글, 지인에게서 오는 문자에 자포자기적 심정이 담겼다. '3고 정치'로 날이 새도 신새벽이 온다고 믿는 정권에 일반 신문 칼럼의 논조가 거세졌다. 반응이 없었으므로 목소리는 더욱 커졌고 논리는 둔탁해졌다. 필자도 그랬다. 다시 촛불광장으로 나서야 하나? 그래서 썼다.● 격문을 써야 하는 현실을 탓하면서.

새해 벽두에 쓰는 글 치고 제목이 수상합니다. 수십 년 동안 여러 정권을 겪어 보니 '신년사'가 얼마나 민심과 동떨어진 줄 알겠습니다. 직설적으로 말씀드리면, 대통령님의 신년사를 듣고 1초 만에 떠오른 구절입니다. 현실과는 거리가 멀다는 뜻입니다. 시장, 공장, 편의점, 식당 가 보셨나요? 비서진이 미리 차려 놓는 그런 곳

● "다시 촛불광장으로 가는 비상구", 〈중앙일보〉, 2019년 1월 7일 자.

말고, 아무도 모르게 민정시찰 해보셨나요? "활력! 중소기업" 이렇게 쓰신 방명록을 보고 점주들과 소상공인들이 술깨나 마셨을 겁니다.

이렇게 진언하는 보좌진이 필요하다. 혹시 틀렸다 해도. 현실 감각을 갖춘 김광두 경제자문위원장은 팽(烹) 당했을, 아니면 이렇게 진언하다 지쳐 물러났을까? 팔도에 현지조사단을 파견하면 바로 알 수 있다. 무엇이 진실인지.

1862년 진주민란 당시 안핵사로 파견됐던 박규수는 이렇게 장계를 올렸다. " … 흙더미처럼 무너지는 형세가 바로 순식간에 대두할 것입니다. 생각이 이에 미치면 두려워 떨리지 않을 수 없습니다." 청와대 보좌진들은 이런 걱정을 하고는 있는가?

'경제 틀을 바꾸고, 논란이 있어도 가겠다'는 대통령의 의지는 좋은데, 만약 팔도 사정이 저렇다면, '개혁의 역설'인가, '개혁의 부작용'인가? 청와대 보좌진들이 젊은 시절 투신했던 반독재 투쟁의 목적은 분명했다. 몸이 으깨지는 부작용, 그걸 견뎠을 텐데 작금의 부작용은 누가 견디고 있는가? 최저임금제와 주 52시간 노동제는 누가 감당하는가? 현 정권이 애지중지하는 자영업자와 하청업체는 직격탄을 맞아 사망 일보직전이다. 거기에 고용된 하위 소득층들도 불안정한 토막 일자리를 찾아 메뚜기 떼가 되었다. '인내하고 성숙한 자세로 밀고 나가면 경제 틀이 바뀝니다!'

바뀌겠지만 그땐 벌써 민초들은 말라죽었을 터.

고용과 소득 모두 결딴내고, 소상공인 사업 접게 만든 건 정책의 어설픈 설계와 실행방식 때문임은 누차 지적했다. 예상된 부작용을 따지지 않고 급하게 서둘렀던 탓이다. 그 정책은 고엽제 같았다. 이론적으론 성장촉진제였겠지만, 실은 탈색제, 탈취제였다. 봄에는 새싹이 돋을까? 작년에도 기대했는데 기다려 달라는 말뿐이었다. 자영업자와 하청업체 직원, 중산층 소시민들이 십시일반 어렵게 낸 세금 54조 원. 그 돈은 아무 효과를 못 내고 결국 증발했다. 이 돈이라면 5천만 원 자본금, 시장가치 5조 원 기업을 100개 만든다. 기업당 좋은 일자리 2천 개, 총 20만 개의 일자리를 만들 돈이다.

2년 전, 1958년생 개띠가 모두 퇴장했다. 73만 명 모두가 물러났다. 공무원과 기업인은 물러난 지 오래이다. 직장에 아직 남아 있는 사람들은 행운아다. 그들은 대리기사, 알바, 자영업, 자원봉사에 나선다. 술 한잔 하고 대리기사 부르면 동생뻘 노신사가 온다. 차마 탈 수가 없다. 세금 착실히 내고, 자식 공부, 출가시키고 남은 재산은 퇴직금에 아파트 합쳐 평균 3억 5천, 그걸로 30년을 지내야 한다. 지금껏 눈물겹게 달려온 동세대원들이, 미래가 암울한 자식세대가 눈에 밟혀 잠을 설친다. 애국자라서가 아니다.

복지 확대는 좋은데, 시장은 얼어붙고, 공장은 안 돌고, 누가 세금을 낼 것인가? 자식들? 동생들? 갓 태어난 아기들? 세금이 얼마나 올랐는지 세상사람 다 안다. 세금 절대 안 올린다고 공언한 박근혜 정부는 공제비율을 줄이는 편법을 썼다. 그건 그대로 둔 채, 소득세 여러 세목은 물론, 종소세, 종부세, 법인세, 여기에 4대 보험까지 올랐으니 월급의 3분의 1을 세금으로 납부한다. 거의 독일 수준이다. 그 세금을 거둬 54조 원을 축냈다면 중실화(重失火)다. 누가 책임지는가?

신년사 중 '논란이 있더라도'에서 논란의 진원지는 식자(識者)가 아닌 벌판 민초다. 민초에 눈물 흘리던 청와대 보좌진들의 결기가 빚어낸 한숨이다. 을(乙)과 병(丙)의 싸움, 병의 을에 대한 증오가 올해도 타오를 거다. 정부가 싸울 경제 갑(甲)은 어디로 갔는가? 노조에 끌려 다니고, 단순이론과 낡은 신념에 집착하는 정말 물정 모르는 사람들이 경제사령부에 가득하다. 경제 틀을 바꾸기 전에 이들을 통째로 바꾸지 않으면 오히려 정권이 바뀐다. 다시 촛불광장으로 가는 비상구가 열린다. 중소기업은 '활력!'이 아니라 장송곡 틀기 직전, 그래도 계속 행진, 행진하는 건가?

2016년 가을에 광장에 나가 촛불을 켰습니다. 박근혜 정권이 탈취한 주권을 찾으러 갔지요. 시민들의 간절한 표정, 굉음을 울리며 광장에 돌아온 주권을 보고 환호했습니다. '촛불처럼 바꿔야 한다'고 말씀하셨지요? 그런데 현 정권이 촛불로 '바뀔' 위험이 쿵

쾅거리며 다가오고 있습니다. 다시 촛불광장으로 가는 비상구가 열리고 있는 현실, 이걸 꼭 이렇게 진언해야 하나요? 제가 예법 (禮法) 을 어겼습니다만, 올 8월에 민초들이 기적처럼 살아난다면 광화문광장에 꿇어앉아 격한 반성문 쓰겠습니다.

그런데, 지금까지 격한 반성문은커녕 격문(檄文) 만 쓰고 있다.

2부

/

사약賜藥,
엎질러지다

낙하산들

정권교체는 인사교체다. 미국은 줄잡아 5천여 명, 중남미는 국가별로 다른데 약 3천 명 정도가 대통령과 생사고락을 같이한다. 후견인주의(clientelism)가 고착한 중남미에서 그들은 대통령을 두목으로 하는 이익동맹(interest coalition)이다. 권력집단들이 배를 두둑이 불리고 느긋하게 나간다. 부정축재와 횡령으로 처벌받는 경우는 드물다. 그냥 그러려니 한다. 민주주의의 종주국인 미국은 연방수사국, 검찰, 사법기관이 두 눈을 부릅뜨고 있기에 이익 극대화를 도모할 수 없다. 정권의 효율성을 위한 합법적 인사다.

한국은? 청와대를 비롯해 주요 요직이 다 바뀐다. 물론 합법적 절차를 거친다. 공공기관과 공기업의 수장은 물론 금융, 검찰, 대법원, 감사원, 각종 위원회와 영역별로 포진한 국가 부속기관의 장이 모두 바뀐다. 대통령이 임명하는 자리가 약 2천 명 정도 된다. 임기가 보장된 직책 중 정치적, 행정적으로 중요한 기능을 행사하는 기구는 모두 교체 대상이다. 관료주의에 포획되지 않는다는 명분도 있고, 정치적 성과를 높이려는 목적도 있다. 그들이 국가기관의 동맥에 세포처럼 퍼져 수족처럼 움직여 주지 않으면 혈류가 막힌다. 기존 체제 기관장 중에서 스스로 사표를 내는 사람도 있고 버티는 사람도 있지만, 임기를 다 채우는 경우는 드물다. 알아서 물러나는 것이 신상에 좋다.

민주당은 야당 시절 낙하산 인사를 강도 높게 비판한 바 있다. 국가기관이 집권정당의 수족이 되면 정치적 부패가 일어난다는 취지였다. 공공영역 내에 거미줄처럼 형성되는 비리 네트워크가 곧 국가의 기강을 좀먹고 공정을 해치는 원천이라고 유권자에게 자주 외쳤다. '기회는 평등, 과정은 공정, 결과는 정의'가 그래서 나왔다. 최순실이 행사한 사적 권력에 휘둘린 박근혜 정권이 매우 좋은 반면교사였다.

당선이 확정된 당일, 인천공항공사로 달려가서 '비정규직의 정규직화'를 약속한 퍼포먼스는 국정 향방을 가늠하는 좋은 광경이었다. 비정규직은 공정한 기회를 못 누린 약자라는 인식이 짙게 배어 있었다. 문 정권이 발명한 '사람이 먼저' 슬로건은 엘리트 카르텔의 위세에 눌린 사회적 약자의 인권을 구제하겠다는 뜻이다. 그런데 이후 각 기관마다 정규직 일자리는 빠르게 채워져 신규진입이 더 어려워졌다.

이와는 대조적으로 이명박 대통령은 당선이 확정된 날 첫 발성으로 어느 길에 박혀 있는 먼 곳의 전봇대를 뽑으라고 지시했다. 그가 현대건설 회장 시절 목격했던 목포 대불산단 전봇대, 교통과 물류 흐름을 방해하며 여전히 버티고 서 있던 그 전봇대가 사뭇 눈에 거슬렸던 것이다.

박근혜는 알록달록한 오방낭에 색동천을 다는 것으로 첫날 퍼포먼스를 대신했다. 그리곤 아버지 박정희의 초상화가 걸려 있는 청와대 관저로 깊숙이 몸을 숨겼다. 박근혜가 등을 돌린 유승민 의원을 배신자로 낙인찍을 때 '비정상화의 정상화'를 들고 나왔는데 무엇이 비정상적인지 국민은 헷갈렸다.

아무튼, 모든 역대 정권은 물갈이를 한다. 문 정권도 예외는 아니다. 예외일 수가 없다. 정권 중반에 이르면 대체로 캠프 인사, 친(親)정권 인사, 그들이 추천한 인사들로 주요 요직들이 꽉 찬다. 정권 초기에는 주요 요직을 두고 공신들 간 치열한 몸싸움이 벌어지는 게 보통이다. 주요 요직이 일단 채워지면 주변부 보직에 사람들을 꽂기 시작한다. 낙하산은 정치동맹군이자, B급 공신들에게 베푸는 논공행상이다.

짜장면 시키신 분

그리하여 단봇짐 싸는 계절이 왔다.● 정부기관, 공기업, 협회 이사와 기관장들은 떨고 있다. '적폐청산'의 주적으로 찍혀 패가망

● "촛불과 짜장면", 〈중앙일보〉, 2017년 10월 31일 자.

신을 각오해야 한다. 줄잡아 500여 명에 이른다. 제 발 저린 사람들은 청와대발(發) '메시지'에 신경이 곤두선다. 퇴진도 공손해야 일벌백계의 칼날을 피할 수 있다.

문재인 대통령 말마따나 재조산하(再造山河), 혁신국가를 위한 대수술인데, 일견 기시감(旣示感)이 있다. 정권교체에 따른 의례적 행사이자 집권 여당의 잔치다. 모든 정권이 그랬다. 정권 창출 공신들이 줄줄이 대기 중이다. 리더십의 영(令)을 세우려면 중요한 자리에 코드가 맞는 인사를 박아 둬야 한다. 박근혜 정권의 수호천사였던 공영방송을 손보는 것은 어쨌든 1순위였다. 방문진 이사 두 명을 쫓아냈다. 전광석화처럼 후임 인사를 단행하자 한국당이 국감장을 박차고 나갔는데 그리 설득력은 없었다. 익숙한 장면이고, 5년 뒤에 또 반복될 장면이기에.

공공기관장은 잔칫상에 오르는 산해진미다. 솜씨 있는 셰프가 상을 차린다면 더 맛깔스럽겠다. 미국은 민주주의의 종주국답게 정권이 바뀐다고 몽땅 바꾸지는 않는다. 능력과 평판을 두루 보고, 가급적 공개절차를 밟는다. 요즘은 좀 나아졌겠지만, 멕시코는 3천 명 공직자의 대이동이 일어난다. '후견인 정치'라 일컫는 파벌정치에서 정권교체는 정파 모판이 바뀌는 것을 의미할 뿐이다.

한국은 어떤가? 논공행상과 보은인사라는 점은 같은데, 욕설과 삿대질이 오가고 여론몰이와 낙인찍기가 횡행하는 게 다르다.

'네 죄를 네가 알렷다!'라는 이 추국(推鞫)의 약발이 떨어지면 결국 사정기관을 동원한다. 여론재판과 사약(賜藥)이 난무한다.

문재인 정권은 촛불민심의 기운을 받아 당당하고 공개적이다. 핵심 살생부는 이미 작성된 것으로 보인다. 9년 보수 정권이 워낙 죽을 쑨 탓에 '국가 쇄신'에 대한 넓고 깊은 합의가 이미 구축됐다. 감동적인 광장의 촛불이 빚어낸 정권답게 혁신동력도 엄청나다. 자신감이 뻗쳤던지 당내 공직 희망자를 공개 모집할 정도였다. 2017년 7월 발송된 문자는 이랬다. "공공기관 가실 분~ 회신 바랍니다." 이너서클 논공행상을 위한 찌라시다.

주문한 대로 맞춤 배달하겠다는 뜻인가? 더불어민주당 당규 12호 내 파견근무조항에 명시돼 있듯 집권 여당과 정부 간 순환보직과 파견근무는 전문성 강화를 위해 바람직한 일인데, 과연 그 순수한 명분에 머물까? 알짜배기, 엄청난 이권에 힘이 막강한 자리를 노리는 것이 인지상정이다. 공직 분배와 알선은 고대 이래 정치의 오랜 매력이자 덫이었다. 나눠줄 공직이 많으면 부패가 싹트고, 적으면 거버넌스의 약화가 발생한다.

마침 채용 비리와의 전쟁 선포로 감찰대상 공직단체가 1천여 곳으로 확대됐다. 연고사회의 부당 거래를 끊는다니 박수칠 일이다. 촛불을 켰던 이유다. 그런데 그 뒤에서는 '공공기관 가실 분!'들이 희망기관을 고르느라 가슴이 부풀지 모를 일이다. 살생부가 늘어나면 주문도 폭주한다. 수시모집에 정기모집까지 해야 할 판이다. 입시라면 수능과 학생부가 있지만, 공공기관 주문배수엔 뭐가 기준인가. 청와대나 여당 유력인사와의 연줄일까. 여당 지도부가 날밤 새워 요리하고 배달할 모습이 눈에 선하다. '공직 시키신 분!'이 중국집 철가방이 외치는 '짜장면 시키신 분!'으로 변질되는 건 순식간이다. 촛불의 전리품은 철가방 짜장면인가?

국가 공기능 정상화는 촛불광장이 원하는 바다. 그것을 '촛불혁명'으로 승화하는 중요 포인트는 통치양식의 전면적 전환이다. 국가주의를 폐하고 시민정치(civic politics)를 활성화하는 일이 그것이다. 촛불은 시민이 주권자임을 확인한 중대한 계기였다. 그후 어떤 일이 있었는가? 투표권을 달랑 행사했을 뿐이다. 그리고 다시 구경꾼 신세가 됐다. 주권 시민이 캠프 인사와 당직자들을 공직에 내보내라고 수락한 적은 없다. 줄줄이 공직에 낙하한 그들을 우리는 모른다. 정권 인수란 시민주권의 행사를 도울 '책무를 위임받았음'을 뜻한다.

탁월하고 청렴한 리더십이 필수 덕목인 기관장 자리에 누가, 어떤 촛불시민이 '가실 분'을 그냥 휴대폰 문자로 모집하라고 했는가. 평판과 덕망과 능력을 검증할 최소한의 공적 기제를 만드는 것, 시민적 동의를 조금이라도 득하도록 하는 게 촛불혁명이 원하는 바다. 그렇지 않으면 5년 뒤 국가의 공기능은 또 망가져 있을 것이다. 이 위험한 악순환의 고리를 끊는 것이야말로 촛불혁명의 정신이다. 촛불은 짜장면이 아니다. 그런데 철가방으로 십시일반 나눠 가진 공직, 낙하산 인사를 만났다. 어느 오후 강의실에서였다.

어느 날 강의실에서

11월 중순 어느 날 오후, 서울대 강의실에 헐레벌떡 들어섰다. ● 아침 일찍 포항발 KTX에 몸을 싣고 올라오는 길이었다. 정년을 이태 앞둔 동료 교수의 호출을 외면할 수는 없던 터였다. 중년의 늙은 학생들이 눈에 들어왔다. 학생들 책상에 놓인 명패가 얼핏 읽혔다. '한국남부 … 감사', '한국토지 … 감사', '한국정보 … 감사'. 오십 줄에 들어선 학생들의 표정은 진지했다. 중년의 향학열이 존경스러웠다. 그게 실수였다.

　강의는 현 정권의 고용정책, 방향은 옳지만 방법이 잘못됐음을 점검하는 내용이었다. 소득과 고용이 최악으로 치닫고 있음은 세상이 다 아는 터, '정부 실패'가 쓰나미처럼 덮친 이유를 3가지로 지적했다. 첫째, 뻥 차기 축구. 목표지점을 설정한 뒤 모든 선수가 그리로 달려가도록 만들었다. 둘째, 운동권 방식. '최저임금제'와 '주 52시간제', 의도는 좋으나 부문별 차등 없이 획일적 실

● "어느 오후 강의실에서", 〈중앙일보〉, 2018년 11월 27일 자.

행을 강제했다. 셋째, 노조 환상. 노조는 항상 정의롭다는 고정관념에 사로잡혀 정책유연성을 잃었다.

중년 학생들의 표정이 비장해졌다. 그럼 그렇지. 의기양양해진 교수는 다음 단계로 진입했다. "노동하는 사람은 아름답다", 그런데 "임금 주는 사람도 아름답다". 학생들이 약간 동요하기 시작했다. "현 정권의 최고 목표인 고용창출을 이루자면 (고임금 부문의) 임금 양보가 필수적이다!"에서 드디어 학생들의 분노가 폭발했다. 한 학생에게 발언권을 줬다.

"소득불평등 시대에 임금 양보라니요, 시대착오적 발상입니다."

시대착오? 교수가 답했다.

"인건비 올리고 고용 늘리라니, 그것도 단기간에? 경제학원론에도 그런 이론은 없습니다."

여기저기서 냉소가 새어 나왔다. 아차, '고임금 부문'을 생략했던 거다. 그래도 교수는 마지노선을 쳤다.

"현재 방식은 자본저항을 촉발하고 경제여력을 훼손합니다. 고용과 소득 추락은 불 보듯 뻔하지요. 정권을 잃게 됩니다."

그러자 휴대폰을 만지작거리던 학생이 장바닥 말투로 비아냥거렸다. "원하시던 대로 장하성 실장이 경질됐네요. 그럼 대찬 교수께서 정책을 맡아 끝까지 밀고 나가세요. 경제와 정권을 절벽에 떨어뜨려 보시죠!"

웬 시비? 그 장바닥 중년 학생에게 다가가서 말했다.

"여기는 대학입니다, 무슨 말을 해도 좋지만 예의를 지키세요. 교수에게 말투가 거칠군요."

항의와 비아냥이 가득 찬 실내가 잠시 숙연해졌다. 침묵을 지키던 늙은 학생이 팔을 치켜들며 소리쳤다. "끝까지 들어 봅시다!" 그래 좋다, 교수는 스웨덴의 '연대임금정책'으로 나아갔다. 냉소가 비수처럼 번득였다. 이거 뭐지? 결론을 내려야 했다.

첫째, 대기업과 협력사 간 불평등거래를 먼저 척결하지 않고 영세업주와 자영업자에게 짐을 전가했다. 둘째, 54조 원에 달하는 고용지원금을 피고용인에게 직접 지불했다면 소득과 고용이 모두 개선됐을 것. 셋째, '주 52시간제' 예외영역을 두라는 것. 예컨대, R&D 부문과 시간제 노동자. 넷째, 생산스케줄이 계절에 영향을 받는 영세부문은 적어도 6개월 탄력근로제를 허용하라는 것. 그래도 냉소는 걷히지 않았다.

교수를 바라보는 눈빛에 적의(敵意)가 서렸다. 더 말해 무엇하나, 강의를 끝내야 했다. 안경과 옷을 챙기는 교수에게 뒷좌석에 앉았던 학생이 시위하듯 소리쳤다. "교수님, 왜 박근혜 패션에 그리 관심이 많으셨나요? 말해 보세욧!"

이쯤 되면 반란이다. 반란이 아니라 인민재판이다. 2013년 1월, 박근혜 당선자가 사파리를 입을 때를 조심하라는 글이었다. 투쟁 모드니까. 그러고서 기자와 국민에게 '닥치시고'(shut up!)를 연발하는 '벙커 인수위'는 문제라고 썼다. 소통의 환풍구가 닫힌다("박근혜와 패션", 〈중앙일보〉, 2013년 1월 15일 자). 결국 불통 정권은 그렇게 몰락했다.

강의실을 나오면서 교수가 되받았다. "수백 편 칼럼 중에 유독 그게 걸렸습니까? 귀하는 행간(行間)의 의미를 못 읽는군요."

환성과 비난이 강의실을 나오는 교수의 뒤통수를 때렸다.

씁쓸했다. 정권이 성공해야 나라의 근심이 잦아든다. 좌파든, 우파든, 생계 걱정 없이 마음 편하게 사는 게 서민의 한결같은 희망이다. 대학은 훈수 두는 곳, 어떤 정권이라도 정부 실패를 감시해야 한다. 정책 수정을 점검한 강의가 소리쳐 항변할 만큼 재수 없었을까? 늙은 중년 학생들의 정체는 무엇일까. 뭔가 안쓰러웠는지 안면이 있는 듯한 중년 학생이 따라 나왔다. 교수가 물었다. "왜 이렇게 거칠지요?" 그러자 중년 학생이 힐난하듯 말했다. "낙하산이지요!" 아! 낙하산. 공기업 감사들! 엘리베이터 문이 열렸다. 인사하는 중년 학생의 모습이 닫혔다. 교수를 실은 엘리베이터는 끝 모를 바닥을 향해 낙하했다. 재수 없는 날이었지만 남북협상 진전과 대중적 환호에 가려진 현실감을 회복한 날이기도 했다.

최종병기, 그가 왔다

인사교체를 신호로 정권의 전방위적 전쟁이 개시됐다. 정권 출범 6개월이 채 안 된 시점이었다. 인사교체와 적폐청산. 인사교체는 그렇다 해도 한풀이 유혈전은 만만치 않았다. 대상은 전직 두 대통령. 박근혜는 이미 영어(囹圄)의 몸이 되어 재판정을 들락거렸다. 초췌해진 그녀의 품위는 오방낭에 색동천을 걸던 때와는 사뭇 달랐다. 사정이야 어떻든 보는 사람으로 하여금 연민을 자아냈다.

검찰의 칼끝이 결국 이명박 전 대통령에게 닿았다. ● 예상치 못한 바는 아니었지만, 급진전하는 사태 앞에서 한국 정치의 운명을 떠올리지 않을 수 없었다. 비극으로 마감하는 통치자들의 마지막 행로 말이다. 항의 성명을 발표하는 이명박 전 대통령의 목소리는 떨렸다. 잦은 기침이 말을 가로막았다. 다스(DAS) 관련 은밀한 기획이 탄로 났다는 낭패감이었을까, 아니면 '복수'를 규

● "권력이라는 전차", 〈중앙일보〉, 2018년 1월 23일 자.

탄하는 분노였을까? 그 어느 것이라 해도 현 권력과 과거 권력이 맞붙는 장면은 국민의 마음을 심란하게 만든다. 법의 심판이라 할지라도 그 후유증은 정의의 충족감보다 더 오래간다.

게다가 두 명의 전직 대통령을 심판하는 일은 어느 정권도 감당하기 버거운 짐이다. 그러나 시작됐다. 이명박 대통령에 이어 박근혜 대통령에 대한 법정판결 또한 3년을 끌다가 올해 초에 끝났다.

두 명의 통치자를 모조리 단죄한 오늘, 문 정권은 개혁 동력을 두 배로 증폭할 수 있을까? 미래로 가는 길이 닦일까?

김영삼 정권 때는 문민정부라는 역사적 명분에 걸맞았고, '학살'과 '수천억 원 수뢰'라는 천인공노(天人共怒)할 죄목에 누구도 토를 달지 않았다. 오히려 박수갈채로 화답할 정도였다. 그들을 감옥에 보내고 정권은 개혁동력을 얻었다. 승전가(勝戰歌)를 울렸다. 독재청산은 한국정치의 오랜 꿈이었다. 그런데 내부단속에 실패했고, 외부 환경변화에 대비하지 못했다. 김영삼 정권은 아들 김현철의 국정개입과 외환위기로 무너졌다. IMF 사태, 국민이 감내해야 할 대가는 너무나 혹독했다.

고(故) 노무현 대통령이 부엉이바위에서 뛰어내렸을 때 필자는 칼럼에서 이렇게 썼다. "그 생명공양(生命供養)의 대가로 우리는 한국정치를 직조하는 '운명의 형식'에 대해 눈을 번쩍 떴다"고. "차별 없는 세상과 도덕정치를 꿈꿨던 통치자가 내몰렸던 마지막 벼랑, 그 벼랑에서 맞닥뜨렸던 운명이 또 반복되는 것은 아닌지 사람들은 그를 묻고 돌아선 다음 생각해 보기 시작했다"고(〈중앙일보〉, 2009년 6월 1일 자). 그 운명의 악순환을 어쨌든 끝내야 하는데, 이것으로 끝날지 계속 반복될지는 모를 일이다.

복수의 화신이라면 조선시대 정조를 따라갈 사람이 있을까? 정조는 즉위식에 도열한 조정대신들에게 고했다. "나는 사도세자의 아들이다." 사도세자를 뒤주에 가둬 죽인 노론 벽파는 공포감에 떨었다. 그런데 그들을 등용했다. 노론, 소론, 남인 간의 알력을 정교하게 활용했다. 정조는 '적과의 동침'을 마다하지 않았다. 오직 협치를 위한 자제였다. 정조의 어찰첩(御札帖)에 의하면, 노론 벽파는 "주둥아리를 놀려대는 호로자식들"이었다. 정조는 적폐청산을 처벌보다는 제도개혁으로 실행했다. 남인 채제공을 발탁해 육의전(六矣廛) 특권을 철폐하고 사상(私商)을 육성했다. 수원에 신흥세력을 길러 경제체질을 바꾸려 했다. 제도적 복수전이었다.

민주화 시대에 출현한 여섯 차례의 정권은 초기 의욕과 시퍼런 서슬을 끝까지 유지하지 못했다. 번쩍이는 강철판을 몸체에 휘두른 '권력이란 이름의 전차(戰車)'가 마냥 초원을 질주할 줄 알았지만, 3년 차에 접어들면 힘이 빠지고, 결국 녹슨 전차가 되어 산기슭에 처박혔다. 반대세력의 강력한 거부권에 갇혀 오도 가도 못했다. 여론도 나빠진다. 적폐로 몰아붙이는데 저항세력이 도와줄 리 없다.

업적 빈곤으로 개혁동력을 쇄신하지 못했고, 정책실패를 만회할 실행능력이 고갈됐다. 그러자 내부 분열이 발생했다. 모든 정권이 예외 없이 걸려든 '쇠락의 덫'을 문재인 정권만은 기어이 피해 가야 하는데 예전의 그 길을 답습하고 있다. 전차의 포신은 전방을 향해야 하고, 목표물은 사람이 아니라 제도여야 한다. 제도 혁파가 아닌 사람 혁파가 전공인 정권은 5년 뒤 등장할 신형 전차의 사냥감이다. 척사(斥邪)의 명분이 수시로 뒤바뀌는 그 악순환의 대가를 결국 정치권과 국민이 모두 치렀다.

최종병기, 그가 왔다

그럼에도 문 정권은 최강 전차부대를 파견했다. 두 전직 대통령을 단죄하고 검찰개혁을 착착 추진할 때였다. 검찰개혁은 문 정권이 무엇보다 심혈을 기울인 영역이다. 노무현 정권 당시 검찰의 저항을 수없이 겪었고 검찰의 휘두르는 무소불위 권력에 청와대조차 끌려가는 수모를 당해 왔던 터였다. 더욱이 문재인 대통령의 정치적 화신인 고(故) 노무현 대통령을 죽음으로 몰고 간 것도 검찰이었다. 뼈에 사무쳤을 것이다. 사법부 개혁의 정지작업은 어느 정도 수준에 이르렀다. 검찰이 독점한 수사권·기소권을 분리해 수사권을 경찰에 넘겨줬고, 국회의원, 정치인, 고위공직자 600여 명에 대한 수사기소권을 떼내 공수처로 넘겨줄 법안을 추진했고, 결국 통과됐다.

윤석열 총장. 박근혜 정권에서 수사 외압을 폭로해 좌천된 사람, 국회 청문회에서 외압 여부를 두고 검찰총장과 입씨름할 정도로 강단 있는 검사, 그 공을 높이 사 서울중앙지검장에 발탁된 인물이었다. 그는 무엇보다 원칙주의자였다. 세간에 알려진 사생활의 약점은 논란거리도 되지 않았다. 정권이 원했던 사람이었다. 검찰개혁을 완수해 주기만 한다면 그는 일등공신으로 등극할 예정이었다. 청와대는 우리법연구회 출신 법조인을 요직에 전방 포진하고, 검·경 수사권 분리, 공수처 설치작업을 추진해 주기를 바랐다.

그는 매스컴의 질문 공세에 알 듯 모를 듯 애매한 표정을 지었다. 찬성도 반대도 아니라는 뜻? 그냥 청와대의 신호를 따른다는 뜻? 아무튼 검찰개혁은 검찰의 힘을 빼는 것인데, 검찰총장으로서는 내키지 않는 업무였을 것이다. 운명적이라고 할까. 교육부를 없애고자 교육부 장관이 되려는 호기 있는 사람을 더러 보기는 했으니까.

윤석열에 맡겨진 정치적 업무는 한마디로 검찰 권한의 축소 재조정이었다. 문재인 대통령은 예의 입바른 부탁을 했다. "지위고하를 막론하고 수사해 주기를 바란다. 비리 수사에 성역은 없다."

그는 대통령의 기대에 맞춰 부탁받은 대로, 곧이곧대로 했다. 그게 탈이었다.

　아무튼, 그가 왔다. ● 일찌감치 총장감으로 낙점된 사람, 서열 따윈 아랑곳 않는 화끈한 사나이, 국회 청문회에서 윗선 외압을 폭로하고 한직을 맴돌다 검찰 수장에 지명된 사람, 윤석열 지검장 말이다. 2013년 10월, 누구나 두려워하는 현실권력 국정원을 상대로 그렇게 과감한 공격을 펼치는 검사의 기개에 뭇사람들은 놀라지 않을 수 없었다. 국정원의 댓글공작은 박근혜 당선을 무효화할 중대 사안이었다. 감동과 우려가 섞였다. 무사할까, 해직될까, 아니면 영웅 탄생? 그 여파로 검찰총장 채동욱은 산천을 떠돌았고, 수사팀장 윤석열은 좌천됐다.

　2003년 노무현 정권 초기 '검사와의 설전(舌戰)'에 나섰던 검사들도 같은 운명이었다. 검찰개혁 동력을 지피려 '계급장 떼고' 얘기하자던 대통령도 보통사람은 아니었지만, 검찰의 존재 이유와 명분을 설파한 젊은 검사들도 의기 충만했다. 심기가 뒤틀린 대통령은 계급장을 다시 달았다. "막가자는 거지요?" 막가던 그때 그들은 다 어디로 갔을까? 작금의 검찰개혁 논란을 보면서 왜 침묵하고 있을까? 고(故) 노무현 대통령을 죽음으로 몰고 간 사람도 검사였다. 당시 대검 중수부장이었던 그는 미국으로 피신했다.

───────────

● "최종병기, 그가 왔다", 〈중앙일보〉, 2019년 6월 24일 자.

이후 검사 직업은 한국영화의 단골 소재가 됐다. 적어도 500만 관객을 동원한 영화도 족히 너덧 편인데, 검사란 대체로 야망에 가득 찬 권력추구형 인간이다. 그 근처에는 조폭, 언론인, 정치인이 어른거리고(영화 〈내부자들〉), 대권주자와 흥정해 권좌에 등극한다(〈더 킹〉). 감옥에 갇힌 검사가 현직 검사와 정객 사이 검은 거래를 폭로하는 이른바 '검사활극'도 있고(〈검사외전〉), 김기춘 전 비서실장을 등장시킨 다큐멘터리 영화도 있다(〈자백〉). 가끔 유행어도 만들어 냈다. "까라면 까고 덮으라면 덮는 게 대한민국 검사야!"

　　정의의 집행자 검사와 조폭을 헷갈리게 만드는 이것은 조직논리인가, 사람논리인가? 대한민국 검사들은 '조직'과 '사람' 사이에서 선택을 강요받은 괴로운 기억을 갖고 있을 것이다. 대체로 정치적 외압은 사람관계를 통해 스며들기에 조직 논리로 막아내긴 힘들다. 양자택일 상황에 자주 직면하는 검사는 일종의 '극한직업'이다. 윤 총장은 죽음의 협곡을 두 번 통과했다. 노무현·이회창 대선캠프자금 수사(2004년), 국정원 댓글사건 외압 의혹(2013년). 2013년 폭로 당시 법무부 장관 겸 박근혜 대통령 호위무사 황교안은 윤 총장 발탁 때 제1야당 한국당 대표였다. 이 운명적 '조우'(遭遇)는 그가 오래전 밝힌 직업소신과 모순은 없다. '조직은 사랑하지만 사람에게 충성하지는 않는다.'

　　조직과 사람 사이, 검찰과 정권 사이엔 무엇이 있을까. 출세욕과 자기 검열, 하명(下命)과 저항, 통치와 법치가 서로 대립하고 타협한 굴곡진 얘기가 무성할 것이다. 청와대의 무한 사랑이 두터운 선배 지층을 뚫고 그에게 꽂힌 저 기수(期數) 파괴적 '발탁'에도 검찰사랑은 유효할까. 전직 검찰총장들도 조직사랑과 사람충성을 잇는 교각을 오락가락하면서 '권력 견제'라는 검찰 본연의 임무에 괴로워했다.

윤 총장은 적폐청산의 최종병기다. 국정농단, 사법농단 잔재세력의 완전소탕 명령을 그에게 발하는 순간 정권과 검찰의 거리는 이미 소멸된다. 동상이몽(同床異夢)은 정작 본인에겐 타격이다. 그렇다면 권력누수가 시작될 정권 후반기에 실세권력에도 사정(査正) 칼날을 들이댈 수 있을까.

중종 때 대사헌을 지낸 조광조가 그랬다. 대사헌은 요즘 직책으로 검찰총장이다. 반정(反正)으로 등극한 중종은 훈구파와 척족세력을 견제하려고 젊은 학자 조광조를 등용했다. 강단이 있었고 말본새, 사기(士氣)가 곧았다. 과연 대학자 김굉필의 수제자다웠다. 대사헌에 그를 등용한 중종은 권신들의 부패정치를 척결할 보검을 쥐여 줬다. 언로를 트고, 무속인을 쫓아냈으며, 젊은 인재를 대거 등용했다. 사림파가 약진했다.

쾌도난마(快刀亂麻), 일사불란한 조광조의 개혁조치에 귀족세력인 훈구파는 풍비박산이 났고, 십지어는 중종의 첫 부인이자 연산군 핵심 측근의 딸 단경왕후가 폐위됐다. 반정공신 중 76명이 초야로 쫓겨났다. 막 나간 것이다. 중종의 기대를 훨씬 넘어선 그의 집념, 도덕정치의 완성을 향한 그의 질주에 칼바람이 불었다.

급진개혁은 흔히 역풍을 재촉하는 법, 중상모략과 모함이 빈발했다. 기묘사화, 전라도 화순으로 유배된 그에게 중종은 사약을 내려야 했다. 약관 37세, 혁신 검찰총장, 대사헌 조광조는 그를 등용한 군주에 의해 그렇게 스러졌다.

지난 3년 반 동안 전직 대통령 두 명을 비롯하여, 전직 대법원장과 100여 명의 고위 공무원, 기업 임직원이 수감됐다. 네 명은 자살로 생을 마감했고, 멍에를 지고 노후를 견딜 사람이 부지기수다. 전방위 전투로 아군과 적군 모두 지쳐 있는데, 청와대는 여전히 전선 확대를 원한다. 경제 전선엔 비보(悲報)만 들리고, 비핵화 전선은 교착상태, 교육 전선엔 저항군 집결, 4강 외교는 고립무원, 뭐 하나 신날 것 없는 계절에 최종병기 윤석열 총장은 보검의 칼날을 갈았다. 그런데 대통령이 원하는 칼이 아니었다.

칼을 거꾸로 겨누다

칼잡이가 칼날을 어떻게 겨냥하든 그건 주인 마음이다. 검찰총장에게 칼 쓰는 방향을 지정하면 위법이다. 헌법에 어긋난다. 그런데 "성역 없이 수사하라"는 대통령의 입바른 당부를 그대로 실행하는 총장은 없었다. 대체로 청와대와 교감하고 법무부 장관과 사전 협의를 거친다. 정치적 의도가 스며들면 위법이다. 그것이 통치 차원의 행위로 묵과되기에 위법이라고 대놓고 말하는 사람은 없다. 야당이 검찰총장을 몰아세우기는 하지만 대중들은 흔히 그러려니 한다. 사단은 너무 일찍 일어났다.

윤석열 총장이 업무를 개시한 열흘 뒤 조국 민정수석이 법무부 장관에 임명됐다. 죽이 잘 맞는 두 사람이 합심해서 검찰개혁을 완수하라는 교지(敎旨)였는데, 죽이 잘 맞는 것은 아니었다. 조국 민정수석은 윤 총장이 버거워 그리 흔쾌하지 않았지만, 어쩌랴 통치자의 뜻인데.

조국 수석은 장관 청문회 준비에 돌입했다. 그런데 갑자기 문제가 터졌다. 조국 딸의 입시비리였다. 표창장 위조, 인턴증명서 위조 등 대한민국 국민들이 가장 민감해 하는 입시비리가 하필 조국 교수에게서 발생했다. 그 제보를 접한 국민들은 어처구니가 없었던 거다. 정의와 공정을 내건 정권에서 바로 그 원칙과 기강을 세우는 민정수석, 거기에 법무부 장관에 임명된 인물이 정권의 중추신경을 건드린 것이다. 청와대는 난감했을 터이고, 막 총장 업무를 시작한 윤 총장도 난처했을 것이다.

2019년 8월 한 달이 그렇게 지나갔다. 엎치락뒤치락 진실 여부를 두고 여야가 공방전을 벌였고, 친문, 반문 간 논쟁이 SNS를 뜨겁게 달궜다. 여름 더위가 더욱 끈적거렸다. 윤 총장이 단안을 내렸다. 온 나라가 시끄러운데 신임총장으로서 뭔가 행동을 취하지 않을 수 없었고, 그것으로 기강을 세워야 했다.

대학에 수사팀을 파견했다. 그게 사단이었다. 정권실세인 586세대의 핵심인물에 대한 압수수색은 엄청난 파장을 몰고 왔다. 그 후 1년 넘게 국민의 피로감을 증폭시킨 사태의 시작, 그리하여 문빠와 개국본(개혁국민운동본부), 조국지원 시민연대와 태극기부대가 맞붙는 지리한 싸움이 개시됐다. 전면전의 시작이었다.

조국사태 초기에 결단을 내렸다면 온 국민이 이렇게 시달리진 않았을 터이다. • 1년간 쌓인 국민적 피로감은 압축 증기처럼 출로(出路)를 찾아 맴돌았다. 국민 다수가 등 돌린 조국 장관이 결국 물러났지만, 후유증은 워낙 컸다. 과거 사례에 견주면, 스펙 품앗이 논문에 딸이 '제1저자'로 등재된 것만으로도 조국 장관의 사퇴 사유는 충분했다. 조국 장관이 관례를 따랐다면 과잉 압수수색은 필요 없었을 것이다. 일종의 치킨 게임이었다. 나는 모르는 일! 조국 장관은 아예 선을 그었다. 원칙주의자 윤 총장이 한번 뽑은 칼을 도로 넣을 리 없었다. 그러면 좋다, 샅샅이 뒤진다! 압수수색 50여 곳, 투입된 특수부 검사와 수사요원만 해도 60여 명은 족히 넘었다. 검찰 정예부대가 가족의 행적을 저인망으로 훑었다. 아무리 그래도, 가족사라는 소중한 사적 영역이 공권력

• "386세대 압수수색 당하다", 〈중앙일보〉, 2019년 9월 30일 자.

에 의해 파헤쳐져 위법성 여부를 심사받는 장면은 '사회계약설'의 기본명제를 훼손한다. 수사의 불가피성에도 불구하고 '국가권력의 과잉'이라는 낭패감을 지울 수 없었다. 청와대는 검찰개혁이 물 건너 간 것은 아닌지 노심초사했다. 청와대는 아무런 언질도 내놓지 않은 채 침묵했다.

압수수색에 대한 찬반론이 치열하게 맞붙었다. 필자는 조국 법무부 장관의 위법 여부를 떠나서 검찰이 대학을 압수수색했다는 점이 우선 불쾌했다. 어느 날 새벽 서울대에 수사팀이 들이닥쳤다. 압수수색의 요건은 범죄구성의 상당한 이유와 유력한 근거다. 영장을 발부한 법원도, 전격 출동한 검찰도 확실한 물증과 심증을 갖고 있다고 봐야 한다. 그런데 공방(攻防)을 끝낼 일격은 찾지 못했다. 검찰이 좀 다급해졌는지 연세대 정외과 대학원에 입학한 아들에까지 위조 혐의를 확장했다. 전대미문의 '가족사기단'이 탄생한 순간, 아니 '구성된' 순간이었을지 모른다.

공익인권센터 인턴증명서를 제출했다 해서 입시에서 고지를 점령하지는 않는다(가짜라면 얘기는 다르다. 공문서, 사문서 위조인데, 결국 가짜로 판명됐다). 일반대학원 입시에서는 스펙보다 지식수준, 학문적 성실성, 문제의식과 연구주제를 중시한다. 1시간 면접에서 모든 학문 잠재력이 드러난다. 학부보다 대학원 입시가 절차관리, 자료보관 등에서 조금 허술한 것은 사실이다. 인턴증명서 발급 과정, 진위 여부를 우선 대학 자체조사에 맡겼어야 했다. 누가 어떤 점수를 줬는지에 혐의를 둔 검찰의 수사 논리는 대학의 학문 논리를 압제한다. 아무튼 윤 총장의 수사 스타일이 관철됐다. 대학은 검찰 앞에 무릎을 꿇었다. 이후 1년간의 공방전을 거쳐 2021년 1월 초에야 비로소 판결이 내려졌다. 그것은 위조다!

586세대가 압수수색의 대상이 됐다는 사실, 정의와 공정을 지키는 수문장이 스스로 그것을 깼다는 사실은 의미심장하고 서글프다. 시위 주동자, 청춘을 바쳐 저항전선에 섰던 세대가 586세대다. 광주항쟁이 남긴 영혼의 상처를 어쩔 수 없어 혁명전사가 됐다. 노동자, 농민, 빈민을 역사 무대에 올렸고, 독재, 억압, 불평등이 가동되는 현실과 맞섰다. 1970년대 세대가 경찰 곤봉을 맨몸으로 맞은 인문주의자라면, 이들은 화염병과 쇠파이프를 든 행동주의자였다. 대학은 그들의 지친 몸과 마음을 달랜 안식처였다. 소련과 동구권이 무너진 1990년대 초반, 경인지역에서만 3천 명에 달하는 직업혁명가가 캠퍼스로 돌아왔다. '세대 연대'와 '세대 정체성'이 어떤 세대보다 뚜렷했던 이들이 민주주의와 사회정의를 한국정치의 중심부에 심었다.

그런 그들에게 조국사태를 계기로 강도 높은 불만과 질책이 쏟아졌다. 30년이 지난 오늘날, 586세대가 확장한 최강 '세대 네트워크'로 정치·경제영역에 독점상태를 구축했다는 얘기다. ● 청춘의 적(敵)이었던 불평등의 장벽을 스스로 쌓았고, 시장과 타협해 아랫세대를 착취하는 포식자가 됐다는 얘기다. 군림의 기간도 다른 연령대에 비해 길다. 세월에 따른 자연적 세대교체를 고려하면 약간 과장된 주장이라도 신자유주의의 주역이 된 유럽의 68 혁명 세대를 생각하면 결코 흘려들을 경고는 아니다. 어차피 권력, 재산, 지위를 거머쥔 586세대가 결자해지(結者解之) 할 시대적 과제다.

정의와 평등을 새로 세우는 과정은 절박한 현실인식과 사회운동을 필요로 한다. 아래위 세대 단위의 논리가 충돌하면서 사회 주도집단의 깊은 자성과 실천을 끌어낼 공간이 만들어지는 것이다. 그해 가을 매주 토요일, 서초동 법원거리에서 시민연대와 자유연대가 맞붙었다. 검찰 주도권에 대한 옹호와 항의가 엇갈렸다. 검찰청이 있는 서초동 법원거리는 욕설과 응원 플래카드로 뒤덮였다. 지금은 화환이 즐비하다. 조국사태는 문재인 정권의 정당성과 도덕성을 심하게 할퀴고 지나갔고, 그것이 남긴 후유증이 쌓여 정권을 짓누르고 있다.

● 이철승, 《불평등의 세대》, 문학과 지성사, 2019.

고향의 시간

조국 교수, 아니 조국 장관과 나의 인연은 각별하다. 2006년 서울대 시절, 대외협력본부장을 맡고 있던 내가 부본부장직을 부탁했는데 그는 흔쾌히 수락했다. 거의 2년을 같이 일했다. 외국 대학과 MOU를 맺고 서울대 학생을 외국 대학에 파견했고, 또 그들을 초청했다. 1천 명 수준이던 외국 대학생이 2천 명, 2년 후에는 급기야 3천 명으로 늘어났다. 팀워크가 잘 맞았다. 서울대 국제화가 그때 본 궤도에 올랐다.

그는 신중한 사람이었다. 내가 물불 안 가리는 성격이라면 그는 돌다리도 두들겨 건넜다. 그래서 죽이 잘 맞았다. 내가 돌진하면 그는 사방을 살폈다. 사주경계의 고수였다. 법을 전공했으니 오죽하런만, 나의 돌진에 정지작업을 충실히 수행했다. 그런 의미에서 그가 한 수 위였다. 조국 교수는 학생들 간에 스타였다. 잘생겼거니와 실력도 출중했다. 그는 학생들이 뽑은 젊은 F4(Flower Four) 중 으뜸이었다. 우리는 한 번도 서로의 이념성향을 갖고 따져 묻지 않았다.

그는 1990년대 초 일망타진된 사노맹(사회주의노동연맹)의 맹원이었다. 맹원을 가르치는 사노맹 아카데미 교수였다. 박노해가 주도한 사노맹의 핵심 인사들은 형을 살았다. 그도 1993년 체포돼 감옥에서 6개월을 보냈다. 조국 교수는 서열 4위였는데, 서열 3위가 은수미, 2위가 법대 학생회장을 지낸 백태웅, 수뇌가 박노해다. 그는 시인이다. 〈노동의 새벽〉은 지금 읽어도 감동적이다. 성남시장에 당선된 은수미는 나의 지도 아래 2004년 박사학위를 받았다. 사노맹 이념을 박사논문에 피력하지 않는다는 조건으로 논문을 지도했고, 그녀는 충실히 나의 요청을 받아들였다. 조국 교수는 이후 이념노선을 수정해서 급진좌파에서 온건좌파로 이동했다. 우리 정치에 필요한 합리적 좌파다.

그의 집안배경이 어떠했는지는 이번 사태를 보고 알았다. 그가 서울대 부교수 박봉으로 방배동 아파트에 산다는 사실만으로 대개 집안배경을 짐작했을 뿐, 웅동학원 가문이자 지방유지라는 사실도 이번 사태로 알았다. 흔히 말하는 강남좌파의 전형이다.

강남좌파라 해서 인간성이 비뚤어졌다는 뜻은 아니다. 부유한 사람이 좌파 지식인이 되는 경우는 유럽에서도 빈번하고, 우리 경우도 일제 강점기 이후 좌파 지식인은 대체로 일본 유학파에서 나왔음으로 미뤄 이념성향과 집안배경은 별개의 문제다.

그는 실력파다. 법학계 피인용지수 1위 논문의 저자다. 한번은 조국 교수가 전화를 걸어 자랑하길래 정말 축하한다고 점심을 사준 적도 있다. 그는 행복해 했다. 그런데 박사논문 표절시비가 붙었다. 나는 귀를 의심했고, 아마 그를 시기하는 부류의 질투일 거라고 치부했다. 미워하기에는 너무 가까이 있었다.

조국 장관 청문회를 며칠 앞둔 9월 초, 조국 임명자는 코너에 몰렸다. 윤석열 총장의 압수수색도 그렇거니와 여론이 비등했다. 자칫 잘못하면 정권의 기반을 무너뜨릴 수 있는 먹구름이 저 멀리 형성되고 있었다. 나는 그것보다 조국 교수의 앞날이, 인생이 걱정됐다. 대학으로 돌아올 수 없을지 모른다, 악플에 시달리는 자녀들에게 치명적 상처를 주면 안 된다, 검찰개혁보다 남은 인생이 더 소중하다, 뭐 이런 인간적 배려가 발동했다.

전화를 걸어 시내 모처에서 만났다. 청문회 이틀 전이었던 것으로 기억한다. 그의 잘생긴 얼굴은 초췌했다. 시달린 흔적이 역력했다. 아마 이런 얘기를 나눴던 것으로 기억한다.

나:　그만하면 됐으니 이제 집으로 갑시다.

조국: 늦었어요, 물러나기에는.

나:　조 수석 인생도 그렇지만 애들을 돌봐야지, 다 망가집니다.

조국: 대통령과 약속한 임무를 배신할 수 없습니다.

나:　여론이 악화되면 대통령도 별 수 없이 놓을 겁니다. 그때는 어쩔라고?

조국: 저의 운명이지요. …

그는 운명 속에 몸을 던진 상태였다. 문재인 대통령이 '운명!'이라 했듯이 말이다. 나의 설득은 기운을 잃었다. 키가 훤칠하게 큰 그를 안고 '잘해 보라'고 속삭인 나의 격려가 끝이었다. 돌아오는 귀가 길은 씁쓸했다.

며칠 후 추석이 찾아왔다. 달빛은 흐릿했다. 남쪽엔 구름이 달을 가렸고, 북쪽엔 둥근 달이 모습을 보이다 밤안개에 흐려지기를 반복했다.● 한반도 산천을 맴돌던 늦장마 잔운(殘雲)이 시시때때로 가을비를 뿌리기도 했다. 고향의 시간이 그랬을 것이다. 귀성객도, 그들을 맞는 촌민도 공평하게 내리는 달빛에 젖어 시름을 달래고 싶었지만, 여름 내 진행된 마음의 균열은 치유되지 않았다. 아니, 치유되기를 은연중 바랐던 고향의 시간은 날선 논리와 치기(稚氣)와 하소연으로 엉망이 되지 않으면 그나마 다행이었다. 그럼에도, 유년기와 청년기의 기억을 떠올려 찬찬히 곱씹어 본 것은 고향이 준 당연한 선물이었을 것이다.

부모가 태어나 가꾼 곳, 조상이 묻힌 곳에 서면 자신의 인생 이력을, 짧지 않은 여정에 굽이 서린 굴곡을 돌아보는 것이 인지상정이다. 산굽이를 돌아드는 가을 강(江)은 애잔하고, 툇마루에서 보이는 산등성이는 여전히 듬직했다. 그래도 "엷은 졸음에 겨운 늙으신 아버지가 짚베개를 돋아 고이시는"추석의 밤은 왜 그리 아린지 헤아리긴 어렵다.

어머니 품에 안겨 달콤한 잠에 떨어진 아이들에게도 이 시대의 균열이 덮칠까. 이런 우려가 부질없다는 생각에 미칠 즈음 불쑥

● "고향의 시간", 〈중앙일보〉, 2019년 9월 16일 자.

얼굴을 내민 추석 달에 불확실한 미래를 무작정 맡겨 보자는 낙관을 허용한 고향의 시간은 어쨌든 흐뭇했지만 시대의 불화를 치유하지는 못했던 거다.

그런 심정은 대통령도 마찬가지였을 것이다. 한 달 내 들끓었던 소용돌이를 대통령은 균열 그 자체로 봉합했다. 정권의 신조와 민심이 어긋났음에도 "불법은 없었다"는 궁색한 논리를 동원해야 했던 이유, 만신창이가 된 장수 조국 수석에 갑옷을 입혀 기어이 전장에 투입한 이유는 그의 '정치적 고향'이 끊임없이 발한 쓰디쓴 경고에 새겨 있다. 고(故) 노무현 대통령이 대검 중수부에 소환된 2009년 4월 30일 아침의 치욕을 잊을 수 없었던 것이다. 검찰개혁은 참여정부의 최대 과제였다. 검·경 수사권 조정, 공수처 신설로 무소불위의 검찰권력을 견제하려던 정권의 시도가 좌절되면서 노무현 대통령과 측근들이 외려 포토라인에 서야 했던 검란(檢亂)과, 그에 대한 '항변의 죽음'을 이제는 끝장내야 한다는 비문(碑文) 말이다.

그 비문은 문 대통령의 '운명'이다. 노무현의 유서가 귀향객 문재인을 결국 정치로 끌어냈음은 누구나 알고 있는 바다.

"대통령은 유서에서 '운명이다'라고 했다. 나야말로 운명이다. 당신은 이제 운명에서 해방됐지만, 나는 당신이 남긴 숙제에서 꼼짝하지 못하게 됐다."(《문재인의 운명》)

어쨌든 '검찰개혁 완수보고서'를 봉하마을 추모비에 헌정해야 하는 문 대통령의 '운명'에 견주면, 지난여름 폭풍처럼 몰아친 시대 균열과 진영 충돌이 빚어내는 불협화는 감내해야 할 정치적 비용인 것이다. 마치 박근혜의 궁중정치가 초래한 혼란의 비용을 온 국민이 치러내야 했던 것처럼 말이다.

법무부 장관 조국의 '고향의 시간'은 어땠을까. 그가 날린 정의로운 멘트와 현실 자화상 사이 메울 수 없는 간극(間隙)에 괴로워했을까. 난생 처음 치열하게 겪은 균열의 시간을 무엇으로 봉합했을까. 그의 저서 《진보집권플랜》(2010)에서 강조한 도덕적 언사와 '평등, 공정, 정의'의 레토릭이 자기검열을 거치지 않은 것임이 판명될 때 지식인은 위선의 집에 연금된다. 위선은 법적 다툼의 대상이 아니다. 진보의 상징 조국은 도덕에서 물러나 법의 경계를 위태롭게 걸어 다녔다. "불법은 없었다"는 대통령의 발언은 '사람 사는 세상'(노무현)과 '사람이 먼저다'(문재인)는 진보의 계율을 위반했다. 진보의 자산, 양심의 배반이다.

이 장면이 우리의 젊은 세대를 좌절의 늪에 빠뜨렸다. 세습자본주의의 농장에는 진보와 보수가 다를 바 없다는 누추한 현실, '뉴 리치, 뉴 하이'의 이너서클엔 강력한 문화자본이 작동한다는 현실 말이다. 그래서인지 조국 장관은 민첩하게 움직였다. 민주당도 힘을 실어 줬다. 그런데 조 장관이 탕진한 도덕적 자원을 수유하지 못하면 '문재인의 운명'은 또 그렇게 되풀이될지 모른다.

열쇠를 쥔 쪽은 외려 윤석열 검찰총장이다. 청문회 폐회 직전

전광석화처럼 청와대 압수수색을 단행했다. 송철호 울산시장 선거개입 사건 말이다. 이 수사권 발동에 문 대통령이 대노(大怒)했다는 후문에도 불구하고 조 장관 임명에 식상한 유권자들의 마음을 빼앗는 데에 성공했다. 청검(靑檢) 일합에서 윤 총장이 발휘할 검법(劍法)이 '운명'을 좌우하는 형국이다. 종횡무진한 기소권과 수사권을 내려놓고 '검찰에 대한 민주적 통제'를 수용하면 그만이지만, 특수부를 동원한 요란한 압수수색을 '혐의 없음'으로 끝낼 것 같지도 않다. 촛불시민이 묻는다. 도대체 검찰의 원적(元籍)은 어디인가? 조국은 어떻게 될 것인가? 운명 속에 몸을 던질까? 달빛이 공평하지 않았던 '고향의 시간'은 이래저래 불안한 가을 격전(激戰)을 예고했다.

소설 쓰시네!

다시 쓰는 '금수회의록'

윤석열 검찰총장의 집요한 수사로 동양대 사건이 터졌다. 조국 장관의 아내 정경심 교수가 동양대 연구실로 들어가 컴퓨터를 통째 들고 나오는 동영상이 세간에 공개됐다. 의구심이 증폭됐다. 총장상 위조에 더해 동생이 운영한 회사에 투자한 건이 웅동학원 문제와 겹쳤다. 이번에는 가족비리가 가문비리로 번졌다. 여론이 급격히 악화되자 대통령은 할 수 없이 '운명' 속에 조국 장관을 던져 넣었다.

우려했던 바가 발생했다. 조국 장관은 파렴치한에 외톨이가 됐다. 지금껏 지속된 법적 투쟁의 시작이었다. 여느 사람이라면 견디지 못했을 것이다. 조국 장관은 견뎌 냈다. 그리고 자신과 가족의 명예회복과 부인의 안위를 위해 몸을 던졌다. 나라 건사가 아니라 가족 건사가 조국 장관의 사명이 된 현실은 서글펐다.

후임 추미애 장관의 임명 첫 발성이 검찰개혁이었는데, 거기에

는 윤석열 쫓아내기가 포함되어 있었다. 장관과 총장의 유혈투쟁
이 개시됐다. 정말 볼썽사나운 싸움이었다. 장관과 총장의 싸움
이라니, 합심해도 부족한 판에 샅바 싸움을 해야 하는 현실이 기
가 막혔다. 추미애 장관은 곤경에 빠진 정권의 구원투수였다. 대
통령도 그 역할을 암암리에 부여했을 것이다. 거대여당과 청와
대, 추 장관은 윤 총장을 밀어붙였다. 윤 총장은 검찰개혁을 방
해하는 최대의 적이 됐다. 검찰개혁의 최종병기가 개혁을 방해하
는 최대의 장애물로 낙인 찍혔다. 추 장관은 윤 총장의 수족을 잘
라 고립시키는 전략을 구사했다. 그렇다고 투항할 윤 총장이 아
니었다. 윤 총장은 여당과 청와대, 문빠와 대깨문의 비난의 초점
이 됐다. 윤 총장이 그러고 싶었던 것은 아닐 것이다. 여당과 문
빠는 윤 총장의 일거수일투족을 정치적으로 곡해했다. 심지어는
국정감사에서 답변, "은퇴 후 국민을 위해 무엇을 할지 생각 중입
니다"라는 평범한 말도 대선출마 욕심으로 왜곡했다.

모르긴 몰라도, 필자의 판단으로는, 그는 정치할 사람은 아니
다. 정치에 맞는 사람도 아니다. 사정이 딱한 야당이 아무리 손짓
을 한다 해서 정치에 입문할 성격은 아니다. 그냥, 정국의 흐름이
그를 그렇게 몰고 갔을 뿐이라고 생각한다. 추미애 장관은 사사
건건 그를 정치 욕심이 과한 사람으로 몰아세웠다. 욕심이 과한
건 추미애 자신이다. 비틀어진 마음에 현실이 바로 보일 리 없다.

2019년 겨울은 윤 총장의 정치적 욕심을 몰아세운 추미애의 밀

상스런 언설로 뒤덮였다. 정국은 맴도는 소용돌이였다. 되는 일이 없었다. 우화(寓話)의 지혜를 빌려 풍자할 수밖에 다른 도리가 없었다. 금수회의록(禽獸會議錄), 그들의 행태가 금수와 같았다.

때는 기해년 섣달그믐, 해가 어스름하고 삭풍이 으스스한데 웬 난데없이 촛불을 켠 짐승 무리가 공터로 모이더라.● 현판이 걸렸거늘 '금수회의소'라 하고, 그 옆엔 안건을 써 붙였는데 '통령 신년사 대토론회'라. 날짐승, 길짐승, 가축, 곤충 미물들 운집 중에 안경을 걸친 곰이 잠이 덜 깬 눈으로 연단에 올라 개회를 선언하는데 제법 형용이 단정하다.

곰: 소인이 겨울잠을 자다 들으니 저 구중궁궐에 계신 통령의 신년사라. 내심 반가워 귀를 세웠는데 들을수록 마음의 동요가 일어 더 잘 수가 없었소이다. 점입가경이라, 우리가 기해년에 먹이를 찾아 온 산을 헤맬 적에 '주 52시간' 경계령을 내려 일도 막히고, 새끼들도 벌집 하나 찾기 힘든 세월을 보냈는데, 통령께서는 살림살이도 소득도 나아졌다 하니 수풀 속 민심과는 너무 동떨어져 참담한 마음이오. 해서 이렇게 회의를 소집하게 되었으니 자유의사로 할 말을 다 하시오.

● "다시 쓰는 금수회의록", 〈중앙일보〉, 2020년 1월 20일, 24일 자.

그러자 인상이 말끔한 여우가 꼬리를 흔들며 연단으로 나온다.

여우: 간사하다고 욕먹는 여우올시다. 간사(奸邪)도 지혜의 소산이니 소인이 지혜를 발휘해 통령의 윤음(綸音)이 왜 민심과 이반되는지를 따져 보겠소. 고위관료들과 더불어 민생에 힘을 쏟은 결과 고용과 소득이 모두 나아졌고, 우리가 항상 우려하는바 소득불평등도 고르게 좋아졌다는 게 윤지(綸旨)의 골자라. 농가, 어가 소득이 4, 5천만 원을 돌파한 것은 보조금과 겸업 덕분이오만, 자산이 줄고 부채가 늘어난 이면은 함구외다. 또, 청·중년 실업이 먹구름처럼 암울한데 역대 최고 고용률을 기록했다 하니 울림이 없는 것은 당연지사라. 나라 곳간을 열어 빈곤층과 노약층을 먹여 살린 건 분명한데 곳간을 채울 공장과 일꾼이 날로 피폐해지니 '포용성장'은 '포장(包裝)성장'이라. 주변 무리들이 숫자놀음으로 통령의 사리판단을 가리니 "혁신적 포용국가의 틀을 단단하게 다질 수 있었다"는 속 터지는 소리가 나오는 것이외다. (손뼉소리 천지진동)

그때 청량한 소리를 내면서 허리는 잘록한 벌이 날아온다.

벌: 걸핏하면 침을 쏜다 해서 욕하건만, 나는 나를 해치는 자에게만 그리하오. 나는 누구보다 부지런해서 '주 52시간'에도 아

랑곳 않고 밤에라도 날아가 양식을 구하외다. 먹고 남은 걸 꿀통에 쏟으면 다른 이들이 먹으니 그거야말로 분배의 모범 아니겠소. 우리 같은 자영업자, 제조업자가 많아져야 포용도 가능하거늘, 세금에 최저임금에 사회보험에 비용이 날로 증가하니 어찌 날개를 조야로 움직일 수 있겠소. 태양광 반사 빛에 눈이 부셔 방향을 자주 잃거니와 산비탈 초목이 죽고 과실수가 말라죽으니 꿀 딸 곳이 마땅찮아 올해엔 새끼를 반만 쳤소. 생산자를 홀대하는 대신(大臣)들을 발견하면 독한 침을 쏘고 싶은 심정이오만 요즘 기력이 쇠해 침도 그리 효력이 없소이다. (좌중 침울)

독수리가 가만히 듣고 있다가 의연히 연단에 날아오른다.

독수리: 좌중 주목! 소인이 바로 혁신명장(名匠)이라. 그 넓은 초원지대를 두루 날아 먹이를 찾는 솜씨나, 공중에서 내리 꽂아 낚아채는 솜씨가 바로 혁신이오. 여러 동포들이 굶을 때에도 우리는 혁신 한 가지로 의연히 버텼소만, 문(文) 정부 '혁신경제'란 멀리 문명국 CES박람회 입구에도 못 간 것 아니겠소. 벤처특구의 밤이 캄캄하니 유니콘기업은 언감생심, 산야에 덕지덕지 세운 '관계자 외 출입엄금' 팻말만 치워도 길짐승, 날짐승이 제각기 재주를 발휘하겠거늘. 게다가 4차 산업의 주 일꾼들이 나처럼 공중을 날아 겨우 일군 성과를 정부가 한 듯 자랑하니 아예 만주나 시

베리아로 날아가고 싶은 심정이외다. 선거법, 공수처법, 예산안에 매달려 반년을 허송하고 4차 산업 필수규약들은 며칠 전에야 뭉텅이로 처리하는 국회의 비루함에 혀를 끌끌 찼지만 어쩌겠소, 우리 동포들에게 혁신 경륜을 전수하는 게 도리라 무장공자(無腸公子)가 될 수밖에. (좌중 환호)

그러자 개구리가 덜 잠 깬 눈에 온몸을 떨면서 폴짝폴짝 나온다.

개구리: 우리더러 '우물 안 개구리'라 놀려 대는데, 경륜도 짧은 청와대 고관들이 양비대담(攘臂大談)하는 꼴에 비하면 우리는 한참 위라. 우리는 못 본 건 모른다 하여 분수를 지키거늘, 소주성이 틀려도 경제가 나빠도 기다려라 좋아진다는 게 거의 3년 세월이라 나 같은 미물이 어찌 헤아릴 수 있으리오. 청와대 586책사(策士)들은 한결같이 '우물 안 개구리'라, 30년 전 식견으로 이 세상을 경영하니 통령이 경제활력을 되찾겠다 해도 믿음이 갈 리 만무외다. 우리는 주제가 미약한 것은 알고, 관가 마당이든 미나리 논이든 상관없이 우는데 비문(非文)이니 친문(親文)이니 다툼하는 권문세가보다는 낫지 않겠소. 천박한 지식으로 천하만사를 알은체하고, 이념이 다르다고 경륜가를 내치고, 황소고집에 촛불타령이니 철 지난 창가(唱歌)와 같소이다. (손뼉소리 짝짝)

그때 한쪽 구석에서 호랑이가 '회장!'을 소리치며 갈지(之)자 걸음으로 나온다. (다들 긴장)

호랑이: 본원의 이름은 호랑인데 별호는 산군(山君)이올시다. 내가 흉포하다는데 하늘이 준 천성을 발휘할 뿐 외려 정의롭고 공정하다 하겠소이다. 내가 없으면 산중 질서와 윤리가 지켜지겠소? 나는 굶주릴 때만 먹이를 찾을 뿐, 질서를 존중하는 공정대장이오. '가정맹어호'(苛政猛於虎)라, 나보다 더 무서운 게 정치라 했소이다. 공정을 입에 달고 사는 정권이 지난가을 체면을 구겼는데, 사간원 대간(臺諫) 조국이 불공정과 비리의 모범을 보인 것 아니겠소. 그 시비로 통령이 사사로이 '마음 빚을 졌다' 하니 세인들 마음고생은 어디 가서 하소연하리오. 공정은 분수와 명예를 지키는 신독(愼獨)에서 나오거늘, 비리를 파헤치는 의금부 도사가 무서워 포도청 장수들을 유배 보내 수족을 자르니, 마치 앞문으론 호랑이를 막고 뒷문으론 승냥이를 불러들이는 것과 무엇이 다르오. 공수처법이란 호랑이 위에 포수를 두는 꼴이니 만약 포수가 권세가들에게 매수되면 어쩌리오. 인간 세상에는 실로 지공무사(至公無私)한 공정이 어려운 법, 내 명예 지키는 법과 경륜을 배우면 어떻겠소? (만장 박수)

그러자 억울하다는 표정으로 승냥이가 훌쩍 연단에 뛰어오른다.

승냥이: 사악한 간물(奸物)을 두고 세인들은 승냥이 같다 하는데 억울하외다. 내 본디 이름은 늑대요, 한 번 혼인하면 조강지처로 알고 평생 하는 의리가 원앙(鴛鴦)보다 낫고, 새끼 기르는 정성이야 사람에 댈 바 아니오. 통령은 동포의 부모이거늘, 임기 끝나고 잊히리라 하면 우리는 고아 신세, 무책임의 극치라. 남북문제도 그렇소. 우리는 널리 나돌아 다녀 백두산에서 지리산까지 사정과 정황을 빠삭하게 터득하오만 말을 안 할 뿐이외다. 남과 북이 '생명공동체'라는 통령의 말에 십분 공감하는 바이오만, 《동물농장》나팔륜 같은 북한 군주가 속종(내심)을 바꿨고, 북한 매체가 통령더러 소대가리 쌍욕을 퍼붓는 건 분통이 터지오. 그래도 통령이 날마다 개여울에 나가 굳이 잊지는 말라 애타는 터에, 미국 통령 트럼프가 귀띔도 않고 북한과 직거래하고 일본의 아베가 살살 중국에 접근하는 형세에 일편단심, 현하지변(懸河之辯)만 갖고는 개밥의 도토리 신세니, 금강산 관광, 국제평화지대 같은 옛 노래는 치우고 퇴역 외교관들을 다 모아 미·중·일이 옳다구나 할 책략을 내놓는 것이 재바르게 널리 돌아다니는 승냥이의 지혜라. 150년 전 《조선책략》을 참조하면 친미(親美), 결일(結日), 연중러(聯中露)가 맞는 판세라. 쓸데없이 고집하다 북풍·서풍에 휘말리고, 남풍·동풍에 본전도 못 찾을 판이니, 자주·반북 패싸움 그만하고 대소(大小) 책사를 불러 '한반도 평화 프로세스'에 실리를 기하는 게 급선무라. (박수 소리 진동)

이에 촛불도 다 타고 밤이 이슥해졌는데, 한구석에서 입만 옹송그리던 쥐가 '저요!'하고 외치더니 슬금슬금 연단으로 기어오른다.

쥐: 저는 세인이 싫어하는 쥐올시다. 저더러 고상하게 '서 선생, 서 선생' 하는데, 아무도 모르게 식량을 구하는 지략을 칭송하는 일리 있는 말이오. 우리는 양식을 모두 축내는 파렴치한은 아니외다. 본디 동양고사에서 우리를 현자(賢者)라고 부른 이유가 있소. 부처님이 상을 걸고 경주를 시킬 때 일찍 출발한 황소 등에 타고 먼저 뛰어내려 일등을 하였소. 황소가 억울해 한들 내 알 바 아니고, 남의 힘을 활용할 줄 알아야 생존하듯 각자도생(各自圖生)은 어떠하오. 4월 총선 이후 대선까지 민심과 민생이 죽처럼 들끓어 정의와 공정은 만추(晩秋) 낙엽처럼 시들어 떨어질 터, 다음 정권에서 힘깨나 쓸 권세가 댁으로 이주할 계획에 마음이 벅차오. 우리가 다산성인 이유도 다 양식을 탐지하는 탁월한 후각(嗅覺) 덕분 아니겠소. 타고난 사교술과 자제력으로 보수·진보도 없고 오직 묘란(猫亂)과 사란(蛇亂)을 헤쳐 갈 협치만 궁리하니 이 어찌 정치꾼의 모범이 되지 않으리오. '경자년 새해가 밝았다'는 통령의 힘찬 목소리가 나의 낙천성과 꼭 맞는 이유요. (사방 웅성대는 소리)

그러자 잠에 겨운 곰이 횃불을 들고 연단에 오른다.

곰: 다 옳으신 말씀이오. 이 숲속의 탁견(卓見)과 세평에 감탄하였소이다. 세인들이 다 알아들었을 터인즉, 이것으로 고만 폐회하고자 하외다. 기록을 맡은 서사(書司) 염소는 잘 정리해 두시오. (만장 박수)

그때 망을 보던 솔개가 급히 내려앉아 외치기를, 의금부 포졸들이 출동해 이리 오고 있다는 소식이오, 불길한 예감이 드니 급히 돌아가는 게 옳겠소이다, 한다.

들짐승은 껑충거리며 뛰어가고, 날짐승은 푸득거리며 날아가고, 곤충 미물들은 왱왱거리며 흩어지는데 염소만 홀로 남아, "드루킹더러 SNS 도리질 치라 할지 결정해 주사이다" 중얼대니, 얕은 귀먹은 솔개 왈, "뭐, 돌싱이 SOS를 쳐? SOS는 요망(瞭望) 전령인 내가 할 일이지 웬 돌싱?"하고 핀잔을 주고 급히 망루로 날아가더라. 산야에 섣달그믐 적막이 괴괴한데 추(秋) 씨 성을 가진 법부대신이 파견한 포졸들 횃불이 저 멀리 일렬종대로 올라오더라.

소설과 교양

이건 우화(寓話)고, 진짜 소설은 추미애 장관이 썼다. 아들 병역 비리를 따지는 야당 공세에 "소설 쓰시네!"로 비아냥거렸다. 사실 여부는 아직 밝혀지지 않았는데, 아마 조만간 드러날 것이다. 사실 여부도 문제려니와, 병역비리를 폭로한 당시 당직 사병과 모 대령을 아들이 고소한 것은 법무부 장관의 품격을 저버리는 행위였다. 시민의 인권을 보호할 장관이 내부고발자를 고소하다니! 법무부 장관을 상대로 한 사건에서 내부고발자가 얼마나 간이 크면 거짓 폭로를 하겠는가? 인생을 저당 잡힐 각오를 하지 않고서야 어떻게 법무부 장관을 상대할 수 있을까?

일어나지 않은 일을 일어난 것처럼 말하는데 대한 평상적 대꾸가 "소설 쓰시네!"다. 친구와 가족 간이라면 웃고 넘길 수 있는 어법이 국회 청문회에서 발성됐다는 사실은 좀 난망하고 부끄럽다. 소설? 그러면 소설가는 거짓을 쓰는 사람? 추미애 장관은 법 관련 서적과 법조문은 통달했겠지만, 소설을 진지하게 대해 본 적은 있는가? 소설은 법과 상식을 초월한다. 법과 규범이 결코 닿지 못하는 곳에 소설적 진실이 존재한다. 그걸 아시는지? 필자도 작가로 데뷔했다. 소설 쓰는 게 소원이었다. ● 그래서 이렇게 훈

● 소설 두 편을 썼다. 《강화도》(2017) 와 《다시 빛 속으로》(2018) .

수를 두지 않을 수 없었다.

청년시절 누구나 한 번쯤은 읽었을 소설 《젊은 베르테르의 슬픔 (*Die Leiden des jungen Werthers*)》. 청년 괴테(J. W. Goethe)가 흠모했던 귀부인 샤를로테와의 좌절된 사랑 얘기다. ● 1776년 당시, 시민계급 출신 괴테가 아무리 문재(文才)가 출중해도 귀족계급과의 사랑은 신분 벽에 막혔다. 주인공 베르테르를 사망 선고할 수밖에 다른 출구가 없었다. 그것은 '슬픔'을 넘어 사회적 고뇌 (Die Leiden)였다. 귀족의 담을 넘기가 그때부터 시작됐다. 시민계급은 귀족의 취향과 생활양식을 흡수했고 교양을 연마했다. 전문지식과 시민윤리는 귀족과 대항할 시민계급의 무기였다. 대학과 교회, 예술가와 과학자가 앞장서 '교양시민'을 만들어 냈다.

중산층의 사회적 주도권을 양성한 주역이 교양시민이고, 이들의 성장과정에 숨긴 애환과 고뇌를 그린 소설이 '교양소설'이다. 괴테의 베르테르와 토마스 만(T. Mann)의 카스토르프(《마의 산》의 주인공)까지 150년간 교양소설의 주인공이 쏟아낸 사회적 휴머니즘의 언어는 교양시민의 내면이 됐다. 시민사회의 품격과 가치관을 형성한 원재료다.

한국에 그에 필적할 교양소설이 있던가? 시민계급에게 교양과

● "소설 쓰시네!", 〈중앙일보〉, 2020년 8월 3일 자.

자양을 공급할 본격적 시민문학은 언제 꽃피웠는가? 전후(戰後) 1950년대 말 손창섭이 주도한 '소시민 문학'이 떠오르긴 한다. 시민의식을 당당하게 발설하지 못한 움츠린 군상이었다. 박경리의 〈불신시대〉, 강신재의 〈표 선생 수난기〉가 소시민 군상에 합류했다. 1960년대 김승옥, 이청준, 최인훈이 시민의 표상을 닦았고, 뒤늦게 박완서가 소시민적 행복의 원류를 파헤쳤지만, 여전히 교양시민의 원숙한 실체와는 거리가 멀었다. 한국의 상층부가 이미 축재와 권력쟁탈전에 돌입한 공간에서 교양시민의 실체는 실종됐다. 1970년대 후반, '문사철(文史哲)의 시대'가 그렇게 끝났고, 이른바 '행동의 시대'가 막을 올렸다. 문학은 더 이상 유용한 무기가 아니었다.

이 시대 민주주의 전사(戰士)들이 왜 '교양시민'이 아닌가를 이해하는 방법이다. '민주'라는 거역하기 힘든 가치를 장악한 국회, 청와대, 정부가 발한 언어들은 왜 거칠고 천박하며, 왜 모두 '천민 청문회'가 되는가. "소설 쓰시네!" 시민의 최상층인 법무부 장관의 이런 발화(發話)는 한 시대의 법정신에서 폭력의 성에를 제거하는 문학의 힘을 엿보지도 못한 무지의 소산이다.

1981년 법학사, 1982년 사시 합격. 1980년대 '운동의 시대'로 편입된 추미애 장관의 대학시절에는 소설보다 선언서가 더 위력적이었다. 문학보다 혁명이론서를 끼고 다녔다. 신군부의 개정 헌법을 외우며 분노를 삼켰을 것이다. 분노를 행동으로 옮길 때문학이라는 여과장치, 언어의 승화작용을 거치지 않으면 공감능력이 저하된다. 소설은 그저 망상, 허구, 불만을 쓸어 담는 휴지통이다.

발자크는 왜 《고리오 영감》의 영민한 주인공 라스티냐크를 파리 사교계로 진출하게 했을까. 사법시험을 때려치우게 만든 플롯은 타락한 세상을 타락한 방법으로 투사하는 소설적 진실이다. 그리하여 "소설 쓰시네!"는 시대를 고뇌하는 익명의 존재들에게 가한 육두문자(肉頭文字)다.

문학은 추체험(追體驗)의 창구다. 독일어로 교양(Bildung)은 '쌓는다', '짓는다'는 뜻인데, 세상 이치를 터득하고 타인의 사정을 이해하는 과정에서 공감능력이 길러진다. 1980년대 학번, 지금 청와대와 권좌에 포진한 권력집단의 청년시절은 문사철을 버리고 '현장'을 선택한 기억으로 가득 찼다. 서민들의 생계가 이어지는 '현실'이 아니라 이념 강화, 혁명의 씨앗을 배양할 전략적 동지들이었다. 정권실세의 정책 마인드에 '시민적 공감'은 실종되고 '전술적 연대'가 돋보이는 이유다. 일종의 독전대(督戰隊)다. 독재를 밀어붙인 무용담, 진지전(陣地戰)의 추억이 소주성이든, 최근의 주택정책이든 정당화 카드를 들이미는 그들만의 마음의 습관을 키워 냈다.

자신의 선택은 항상 옳았다는 치명적 자만(自慢)의 비용은 서민의 몫이다. 지난 3년간 엄청난 세금을 공중분해했다. 소주성에 투여된 54조 원은 이미 증발했고, 주택 3법은 전세대란과 집값 폭등을 낳았다. 전세대란에 짓눌린 임차인의 신음소리, 집값과 종부세 폭등에 볼멘 임대인의 분노는 이들이 배양한 투쟁적 DNA에 부딪혀 곧 잦아들 터이다. 송복 교수는 《특혜와 책임》(2016)에서 이런 양태를 '리(理) 실종, 기(氣) 공화국'으로 짧게 묘사했다. 이 정권이 내세운 '정의와 공정'은 결국 투쟁적 기싸움을 북돋우는 수단적 논리다.

추 장관의 '소설' 개념을 정확히 실행하는 주체는 이 정권이다. 집값 잡는다고 '수도 이전'을 느닷없이 발설한 여당 원내대표는 세계시장의 바겐세일에 나올 600년 서울의 역사와 문화창달 가치를 보상할 복안은 있는가? 문사철을 홀대한 청춘이 집권세력이 되면 이런 제안이 자랑스럽다. 이해찬 당대표는 한술 더 떴다. "서울은 천박하다." 중국과 일본의 등쌀에도 한민족 정체성을 지켜 온 서울이 그리 천박한가? 몽(蒙), 청(淸), 왜(倭), 불(佛), 미(美), 중(中)의 군사와 전함을 막아 낸 한강은 오늘도 흐른다. 집권세력이 쏟아 낸 천박한 언어를 받아 내면서 말이다.

최종병기,
사약이 엎질러지다

몇 차례 공세가 실패로 돌아가자 추미애 법무부 장관이 최종 카드를 꺼내들었다. 직무정지 요청. 징계위원회가 소집됐다. 윤석열 검찰총장은 절차상 위법과 특정위원 회피신청을 통해 항의했다. 징계위원회가 '직무정지'를 결의했고, 윤 총장은 법원에 이의신청을 곧바로 제기했다. 그런데 며칠 후 법원은 직무정지 처분이 무효임을 판결했다. 윤 총장은 업무로 복귀했다. 국민들은 피곤하다. 검찰개혁은 무엇을 위한 것인가?

그가 오던 날, 대통령의 애정 어린 미소를 기억한다.● 그가 오던 날, 검찰개혁의 오랜 꿈이 이뤄진다던 민주당 의원들의 환호성을 기억한다. 선거법, 공수처, 정부예산안을 두고 6개월을 허비하지 않았던가. 국회 문턱을 못 넘은 법안들은 대체로 대통령의 행정명령권으로 돌파하던 차였다. 마침 21대 총선이 천금 같은 출구를 뚫어 줬다. 여기에 적폐청산을 진두지휘할 장수를 모

● "최종병기, 사약을 받을까", 〈중앙일보〉, 2020년 12월 7일 자.

셨으니 '20년 집권' 같은 당찬 소리가 나올 법도 했다.

그런데 정권의 기대는 한 달도 못 갔다. 검찰총장의 칼은 적과 아군을 가리지 않았다. 눈치가 없었거나, 여권이 비난하듯 정치적 욕망을 은연중 드러냈을지 모른다. 총장이 대권주자로 직행할 수 있을까? 글쎄다. 아무튼, 좌충우돌했던 것은 분명하다. 윤 총장이 시키지 않은 일, 위험한 일에 나설 줄 예상하지 못했다. 청와대에 들이닥친 수사팀을 보고 대통령은 대노(大怒) 했을 것이고, 여권 실세들은 기가 찼을 것이다. 검찰개혁에 차질이 빚어졌음을 직감했다. 정권의 기대는 우려에서 적의(敵意) 로 바뀌었다. 조직은 이미 친문(親文) 검사들로 장악된 상태지만, 다급해진 정권은 총장의 척후대(斥候隊) 를 해체하고 손발을 잘랐다. 고립무원 총장의 독전(獨戰) 이 시작됐다. 국민을 극도로 피곤하게 만든 법문(法門) 전쟁이 1년 넘게 극성을 부릴 줄이야 생각도 하지 못했다. 대한민국의 창의적 시간은 '검찰개혁' 격투기로 아수라장이 됐다.

언론, 재벌, 검찰개혁이 현 정권의 3대 숙원사업이다. 말은 개혁이지만 '장악'이 본질이다. '세계적으로 유례없는 무소불위의 비대한 권한을 휘두르는 검찰'이 특히 그렇다(문재인, 《대한민국이 묻는다》). 고(故) 노무현 대통령의 악몽을 되풀이할 수 없었다. 수사권의 경찰 이양과 친문 검사의 전진배치는 완료됐다. 공수처는 곧 출범 예정이다. 모든 것이 착착 진행되는 마당에 조국사태,

금융사기 사건, 선거개입 사건이 터졌다. 그냥 지나쳤으면 좋았을 텐데 검찰이 본능을 자제하지 못했다. 매를 사서 맞는 윤 총장은 지극히 눈치가 없거나 비정치적인 인물이다.

사정이 이러한데 '자신의 정치'를 한다고 직무정지 처분을 내린 추 장관의 말발이 서겠는가? 장관의 하명을 따르면 정치가 아니다? '성역 없이 수사하라'는 대통령의 당부를 충실히 따르면 정치인가, 아닌가? 따르면 정권의 충견(忠犬), 안 따르면 '너의 정치'로 비난받는 것이 검찰의 운명이다.

검찰개혁의 화려한 명분을 대체로 까먹은 사람은 추미애 장관이다. 아들 병역비리 의혹을 모성(母性)으로 틀어막았고, 야당의 공세를 비웃음으로 받아쳤다. 추 장관에 대한 공세는 어쩌면 부당하겠으나 행동은 밉상이고 말마다 정떨어지는 소리가 들린다. 언행이 그러니 개혁명분이 살아나겠는가?

개혁은 우선 환심(歡心)을 사야 한다. 논리가 정연한 것도 아니다. 오죽했으면 인권법연구회 소속 판사가 판결문에서 점잖게 '법학개론' 1장을 읊조렸겠는가? 검찰의 독립성과 정치적 중립성을 몰각(沒却)한 조치! 총장은 장관을 맹종(盲從)해서는 안 된다!

몰각, 맹종 같은 통렬한 표현이 판결문에 등장했다. 후배 판사로부터 이러한 핀잔을 들은 장관은 잠시라도 조신하는 게 상식적이다. 추 장관은 서울행정법원 판결에 불복하고 즉시 항고를 감행했다. 부하가 항명하는 법원을 먼저 개혁해야 할 판이다.

정권 호위대(護衛隊)가 불어 대는 호각소리도 정떨어지는 건 비슷하다. '징계 혐의자', '검찰 기득권자'라는 비방도 그렇지만 "임기제 뒤에 숨어 선출된 권력을 흔들고 있다"(이원욱 의원)는 힐난은 유치하기 짝이 없다. 총장의 뚝심에 선출권력이 진정 흔들리는가? 오점 없는 권력이 어디 있으랴만, 그의 칼을 조금만 받았더라면 오히려 후한(後恨)이 없을 터였다. 윤 총장은 정권의 달갑잖은 구세주일 수 있었다. '흠결제로' 정권의 흠결이 쌓이면 과거 정권의 비극을 재발하는 불씨가 되고야 만다.

2019년 6월, 그가 총장에 임명됐을 때 정권과 검찰, 통치와 법치 사이에 거리두기가 가능할지를 물었다. 동상이몽은 정작 총장에겐 엄청난 모험이다. 광장 주권을 독차지한 정권이 적폐청산의 칼질을 완수하라고 보검을 쥐여 줬다. 그때 과연 중종 초기 대사헌을 지낸 조광조의 운명을 피해 갈 수 있을까를 물었다. 조광조는 반정공신 76명을 쫓아냈고, 중종의 첫 부인 단경왕후를 폐위했다. 그는 결국 유배지 전라도 화순에서 중종의 사약을 받았다.

최종병기, 윤 총장은 사약을 받을까? 정권의 압박에 몰리고 몰린 덕에 그는 은연중 헌법과 공익적 명분을 지켜내는 그림자 정부(딥 스테이트)의 상징이 됐다. 윤 총장은 검찰개혁을 저지하는 역적인가, 아니면 민주독재를 막는 국민의 최종병기인가? 민주국가가 독재로 기우는 '포퓰리즘 매뉴얼 11단계'(다이아몬드 교수)는 한국에서 착착 진행되고 있었다. 징계위가 '사법권 장악'이란 가장 힘든 과제를 풀어낼 것이었다.

　12월 10일, 징계위는 직무정지로 결론을 냈고, 이를 반박한 윤 총장의 효력무효 신청에 며칠 후 재판부는 무효판결을 내렸다. 윤 총장은 검찰로 돌아왔다. 최종병기에 내린 사약 사발이 엎질러졌다. 이 무슨 웃기는 정치인가? 코로나로 모든 국민이 시달린 이때.

3부

'뻥 축구' 실험실

뻥 축구 리그전

한국은 정책 실험실인가? 아니면 국민은 실험실 모르모트인가? 정권마다 바뀌는 정책들, 그것도 살짝 바뀌는 게 아니라 극과 극을 오락가락하는 정책들, 그리고 그 정책들이 얼마나 대단한지를 선전하면서 정권의 정당성을 내세우는 극한 사태를 우리는 왜 감당해야 하는가?

정책에는 항상 부작용이 따른다. 이른바 '의도하지 않은 결과'(unintended consequences) 다. 이게 없다면 사회과학은 필요하지 않다. 부작용의 요인들을 색출하고 예상치 못한 효과를 줄이기 위해 모든 정책들은 사회과학적 설계와 시뮬레이션을 거친다. 우리 사회에는 좌파와 우파 책사(策士) 들이 설친다. 모든 사태에 준비돼 있다는 오만함과 함께. 이런 양상은 좌·우파 가릴 것 없이 공통이다.

어느 날 불쑥 '4대강'이 튀어나오더니, 문재인 정권은 4대강을 적폐로 몰아붙였다. 전국 주요 강에 설치한 보(洑)를 뜯어낼 것인지가 초미의 관심사였다. 원전 강국에서 문 정권은 탈원전을 선언했다. 태양광과 재생에너지에 대한 기술축적은 없었다. 지구 생태계를 위해 일단 하고 보자는 선언이었다. 뻥 축구다.

원자력공학과 원전산업은 쇠퇴 일로다. 많은 부품공장이 폐업을 신고했다. 중국산 패널이 물밀듯이 쏟아져 들어왔다. 1980년대 운동권 대부인 허인회가 태양광 설치와 물류 길목을 차지해 거액을 벌었다. 청와대의 정책노선에 맞춰 산자부는 월성 원전의 경제성을 허위 산정해 멀쩡한 원전을 고물로 만들었다.

소득주도성장. 필자는 이런 개념을 처음 접했다. 성장은 소득을 낳고, 소득은 소비로 이어져 다시 성장에 긍정적 효과를 창출한다. 이 선순환(善循環) 사이클의 기점은 성장이다. 3개 톱니바퀴를 서로 맞물리게 돌리는 중심축이 고용이다. 고용이 늘어야 소득이 늘지 않겠는가?

1929년 대공황을 겪은 케인스(J. M. Keynes)는 경제회복을 설계하는 과정에서 고용창출을 최우선적 목표로 설정했다. 고용을 창출하려면 투자가 일어나야 하는데 투자자본이 없다면 적자재정이라도 꾸리라는 것. 정부는 재정적자를 두려워하지 말라고 충고했다. 고용이 늘면 세금이 늘어나기에 적자재정을 곧 메울 수 있다고 했다. 1936년에 출간한 《고용, 이자, 화폐에 관한 일반이론(*The General Theory of Employment, Interest and Money*)》은 전후 유럽과 미국의 경제회생에 교과서로 채택됐다. 케인스 혁명이 일어났다. 케인스 혁명은 복지국가의 태동을 가능케 했다.

소득주도성장은 결국 고용에 타격을 입혔다. 단기간에 급격히 인상된 최저임금을 고용주가 감당하기 어려웠다. 고용주의 대응은 곧 직원을 해고하는 것. 피폐한 고용능력에 '주 52시간 노동제'가 덮쳤다. 중소기업과 영세 자영업자들은 피신할 곳이 없었다. 휴·폐업이 잇달았다. 비정규직의 정규직화? 정규직 진입로는 곧바로 닫혔다. 이런 저급한 정책발상을 어떻게 이해해야 하는가? 한국은 인구 10만 명당 경제학자가 매우 많은 나라에 속한다. 도시로 따지면, 서울은 그 비율이 가장 높은 도시일 것이다.

한국정치의 문제점은 좌파든 우파든 '본질주의'를 선호한다는 사실이다. 본질로의 회귀다. 극단적 지점에서 새 출발을 하는 것을 좋아하는데 그러다 보니 이전 정권의 모든 것을 뒤집고 폐기한다. 현 정권은 좌파의 무능력을 극명하게 보여 줬다. 모든 정책설계의 바탕에 '계급'이 깔려 있다. 노동계급은 혁명계급으로서 정책적 우위를 획득했고, 하층과 무노동층에도 계급성을 부여해 정책의 최우선적 배려집단으로 격상됐다. 약자 배려는 박수를 받아 마땅한데 그 방식은 좌파적 선의(善意)를 배신한다는 것을 모르거나 아예 믿지 않는다. '시간이 가면 해결된다'는 정부의 변명을 계속 들어야 했던 이유다.

그런데 시간과 함께 슬그머니 중단되거나 땜질식 정책이 나왔다. 주택정책은 악명 높은 사례다. 24번의 실패 끝에 김현미 국토부 장관이 경질됐다. 정부도 국민도 치솟는 집값에 당혹감을 감추지 못했다. 후임 변창흠 장관은 한술 더 떴다. 토지공개념과 임대주택을 꺼내 들었다. 유시민이 또 한 수 훈수를 뒀다. 토지에서 부(富) 와 이익을 창출하는 체제를 끝내야 한다고. 그렇다면 처음부터 그리 할 것이지 왜 24번의 정책을 남발해 국민들을 괴롭혔을까?

《정책의 배신》, 초선 국회의원 윤희숙이 쓴 이 책은 모든 정책에 내재된 '의도치 않은 결과' 혹은 부작용에 확대경을 들이댄 수작이다. ● 모든 논리에 동의하는 것은 아니지만, 적어도 좌파(혹은 우파라도) 정책이 왜 그 수혜대상을 초토화하는지를 밝혔다. 이 책의 2부가 '재정, 복지, 분배'의 선순환 사이클에 필요한 정치경제학적 논거인데, 유럽 각국이 정책의 준거로 삼고 있는 '재정, 복지, 고용'이라는 황금삼각형(golden triangle) 에서 나왔다.

필자는 2018년 3월 청와대 강연에서 황금삼각형의 논리를 준거로 소득주도성장의 실행방식을 바꿔야 함을 역설했다. '계급'을 버릴 것, 정부가 임금인상과 노동시간 단축의 부담을 직접 질 것, 그리하여 고용주가 새로운 노동체제에 적응할 시간을 줄 것을 요구했다. 여기에 더하여, 노동보호를 명분으로 채용과 해고 요건을 강화하면 고용은 필연적으로 위축된다는 논리를 강조했다.

● 윤희숙, 《정책의 배신》, 21세기북스, 2020.

필자는 원래 노동시장 전공자다. 유럽과 미국의 노동시장 제도와 정책에 대해서 이미 몇 권의 저서를 냈다. 독일, 영국, 스웨덴을 둘러보고 몇 편의 논문을 썼다. 그러나 아무도 믿지 않았다. 보수논객의 외침이 그들 말대로 '고용주는 항상 엄살을 떤다'는 식으로 들렸던 거다.

필자는 소득주도성장과 노동정책 입안자들이 외국의 사례를 정말 신중하게 검토했는지 의심스럽다. 외국의 성패와 그 요인들에 대해 말이다. 2000년대에 IT산업과 디지털기업의 등장으로 자본주의의 운동법칙과 구조가 급격히 바뀌자 유럽은 아예 유연성을 앞세우기 시작했다. 유연성과 안전망을 합친 '유연보장'(flexi-curity)이란 개념이 그렇게 나왔다. 현 정권의 정책 입안자들은 자본시장 전문가들이 많은 반면 노동시장 전문가는 거의 없다. 내가 아는 한 손에 꼽을 정도다. 소주성과 주 52시간 노동제가 겨냥했던 대상자 중 노동시장 '노숙자'로 떠도는 사람이 부지기수다. 54조 원을 쏟아붓고도 이 지경에 이르렀다.

전형적 '뻥 축구'다. 그것도 외국 사례에 눈감은 근시안적 뻥 축구. 계급이념에 구속된 낡아 빠진 편향적 정책이다. 부서 간 리그전이다. 현 정권은 그것을 '기울어진 운동장'을 바로잡는다고 합리화했다. 운동장은 더욱 기울었다. 아니, 모두 위태롭다. 그래도 골대를 향해 마구 질러댄다. 일단 공을 질러놓고 전원이 대시하는 축구, 뻥 축구다. 들어가면 실력, 안 들어가면 저항세력

탓이다. 현 정권의 입버릇인 '내로남불'을 교수들은 아시타비(我是他非)로 점잖게 일침을 줬다. 이제 수정할 시간은 모두 소진됐다. 기다릴 뿐이다.

잠시 독일과 미국을 둘러보자.

배신의 정치는 힘이 세다

"슈뢰더 씨, 지구를 떠나시오." 2005년 음산했던 독일의 겨울, 기민당 당사에 걸려 있던 현수막을 보고 놀랐다. ● 교양시민의 나라, 괴테의 나라에도 이런 말을 내걸다니. '연금 사기꾼', '거짓말쟁이', '국민 기만자' 등이 당시 사민당-녹색당 연정을 끌던 슈뢰더 총리에게 쏟아진 야당의 독설이었다. 실업자가 500만 명, 실업률이 14%를 넘어선 시점이었다. 슈뢰더 씨는 지구를 떠나진 않았다. 대신 기민-기사당 연립정부에 정권을 넘겼다. 독일의 흔들리지 않는 신념인 '사회국가'(Sozialstaat)의 회복을 위한 자진 헌납이었다.

사회국가란 시장경쟁이 인간의 존엄을 파괴하는 레드라인을 지키는 공동체적 국가이자, 더불어 사는 시민(mitbürger)을 존중하는 국가를 말한다. 슈뢰더는 그의 자서전에서 '문명사회적 민

● "'배신의 정치'는 힘이 세다", 〈중앙일보〉, 2017년 9월 19일 자.

족공동체'라 명명했다. 독일은 1989년 베를린 장벽이 무너진 후 '유럽의 환자'였다. 10년의 경기침체는 독일의 자존심인 '라인자본주의'의 기반을 침식했다. 슈뢰더는 당시를 이렇게 회상했다.

"현실을 직시하고 미래 징후를 더 심각하게 고려했더라면, 확신과 희망을 물거품으로 만들 격변의 와중에 서 있다는 사실을 조금 더 일찍 깨달았을 것이다."●

뒤늦은 깨달음은 없다. 깨달음은 개혁을 불러온다. 자신이 '신중도'(Neue Mitte)라고 표현한 '제3의 길', 그것은 신 좌파로의 노선 전환을 뜻했다. 세금을 올리고 사회보장을 삭감했다. 노동권에도 손을 댔다. 단체협약을 느슨하게 풀고, 해고의 유연성을 늘렸다. 그러자 기존 사민당 지지세력이 들불처럼 일어났다. 노사 연합인 '노동을 위한 동맹'이 갈라섰다. 금속노조를 필두로 독일 노동총연맹이 거리로 나섰다. 금속노조 위원장 위르겐 페터스는 이렇게 외쳤다. "시민운동과 연대해서 노동과 사회정의를 지켜내고, 사민당이 이성을 되찾도록 합시다." 세금족쇄에 항의한 자본가도 돌아섰다. 사면초가였다. 대중연설에 나선 슈뢰더 총리에게 달걀과 돌멩이가 날아들었다. "위협적인 상황에서도 나는 부상이 두렵지 않았다"고 그는 썼다.

● 게르하르트 슈뢰더(엄현아・박성원 역), 《게르하르트 슈뢰더: 문명국가로의 귀환》, 메디치미디어, 2017.

누구도 환영하지 않았던 그 저주의 개혁은 결국 독일을 회생시켰다. 기민당 메르켈 총리의 장수(長壽)는 슈뢰더가 그렇게 산화(散華)한 덕분이다. 지구를 떠나라고 외쳤던 메르켈은 슈뢰더가 도입한 개인연금 덕택에 총리직을 떠나지 않아도 됐다. 사민당 최대의 지지세력인 임금생활자와 노동조합을 등진 개혁은 그들의 미래를 살려 낸 대응적 조치였다.

지지세력을 배신한 개혁은 힘이 세다. '68 학생운동'의 좌편향 세례를 받은 세대가 행한 '배신의 정치', 그 이력을 담은 자서전을 슈뢰더 전 총리가 문재인 대통령에게 선물했다. 대통령은 그 의미를 어떻게 읽을까. '배신의 정치'는 실각(失脚), 아니면 '한국의 갱신(更新)'?

현 정부가 명운을 건 소득주도성장론. 소득(복지)을 늘리면 소비―경기―고용확대로 이어진다는 논리다. 그대로만 된다면 아름답지만 필수 전제가 있다. 모든 경제학자가 동의하는 전제, 기업비용을 낮춰 줘야 한다. 고임금 대기업에는 임금양보가 필수다. 대자본이 누릴 혜택을 협력사와 중소기업에 내려줘야 한다. 중소기업엔 채용·해고의 제한적 자율성과 임금비용 경감조치가 따라야 한다.

실상은 정반대다. 지지세력의 소원을 들어준 결과다. 임금인상 투쟁을 불사한 대기업 강성노조를 그냥 보고만 있다. 중소기업은 최저임금 인상과 정규직화 압력에 몰렸다. 게다가 노동시간

단축. 정부가 임금비용을 보전한다고는 하지만 그걸 곧이곧대로 믿는 기업인은 없다. 짐 쌀 궁리로 날이 샌다. 경제학의 기초상식인 저 보편적 논리를 이탈하면, 소득주도성장론은 고용을 파괴할 예정이다. 성장-고용-복지의 황금삼각형은 '고철삼각형'이 된다.

'기울어진 운동장'을 바로잡는다! 이것이 정권실세가 공유한 통치철학이다. 노동과 자본, 부자와 빈자, 강자와 약자 간 일그러진 균형을 바로잡겠다는 서슬에 시비를 걸지 못한다. 민주화 30년을 생각해 보라. 좌파나 우파나 '기울어진 운동장' 양극단을 진자(振子) 운동하느라 세월을 다 보냈다. 민주화 30년은 지지세력에 대한 '보상의 정치'였다. 그걸 개혁으로 치장했고 국민도 거기에 쏠려 다녔다. 좌우 진자운동에 포박된 정치적 사슬을 뜯어고칠 충격적 메뉴는 없었다. 정치권의 고질적 법칙을 뒤엎을 배신의 정치는 없었다.

누구도 환영하지 않는 그 저주의 개혁은 어디서 시작되는가. 권리를 주면 의무를 부과하는 것, 예컨대 국민개세(皆稅)주의 같은 거다. 과도한 권리를 거두는 것, 예컨대 재벌 대기업의 독점과 집중도를 회수하고, 강성노조를 정상노조로 바꾸는 일이 그것이다. 어려운가? 아직 지구를 떠나지 않은 슈뢰더 씨에게 물어보라.

제국의 병기(兵器)

외국은 왜 잘나가는가? 세계를 재패한 실리콘밸리는 무엇이 특수한가? 우리가 무엇을 수입해야 하는가? 실리콘밸리에 가봤다. 그곳은 기업천국이었고, 대박을 꿈꾸는 청년들의 낙원이었다. 한국의 반도체산업이 경기침체에 허덕일 때였다. 대통령도 기업 총수들과 회동에서 우려를 표명했다.● 2019년 들어 반도체 수출이 작년 대비 30% 이상 떨어졌으니 걱정할 만하다. 그런데 반도체 경기는 워낙 널뛰기장이라 그리 걱정할 일은 아니다. 단군 이래 역대급 실적을 올린 2018년은 오히려 이상고온이었다. 삼성전자와 SK하이닉스를 합쳐 총매출액이 100조 원에 달했는데, 올해는 60~70% 수준에 그칠 것으로 보인다.

진짜 걱정할 일은 따로 있다. 실리콘밸리에 포진한 겁 없는 기업들, 겁 없는 청년들, 그리고 그들을 품에 안고 애지중지 키워내는 워싱턴 정부. 세계를 제패하려는 의욕과 열기로 충만한 제국이다. 이름하여 '실리콘 제국'(Silicon Empire), 융합문명의 혁명기지, 제국 통치력을 증강하는 가속엔진이다.

매출액 1조 원 이상의 글로벌 기업 500여 개가 입주해 있다. 101번 하이웨이 좌우로 늘어선 명문 기업들의 열병식(閱兵式)은

● "제국의 병기", 〈중앙일보〉, 2019년 1월 21일 자.

말 그대로 장관이다. 세계의 이목은 아마존, 구글, 페이스북, 애플, 마이크로소프트에 쏠린다. 세상을 바꾸는 특수여단이다. 인터넷 상거래에서 클라우드 비즈니스로 변신한 아마존(Amazon)은 매출액 200조 원을 달성했고, 아이폰의 명가 애플(Apple)은 250조 원을 훌쩍 넘겼다. 컴퓨터 시스템의 강자 시스코(Cisco)가 번성 중이고, 그 옆에 인텔(Intel), 요즘 말 많은 화웨이(Huawei)가 지척이다. 퇴근 때면 인도인, 중국인, 한국인이 백인들과 섞여 거리로 쏟아져 나온다. 일본기업이 더러 보이기는 하지만 제조업체이고, 유럽기업은 존재감이 없다.

100조 원 매출 기업 구글(Google)의 도전은 언제나 화제를 낳는다. 구식 백화점 건물을 개조한 구글 본사에 들어서면 'Project X'가 방문객을 맞는다. X, 과거와는 차원이 다른 미지 문명을 실현한다는 뜻이다. 원칙이 있다. 적어도 인구 10억 명 이상과 관련되고, 이익보다는 '삶의 질'에 기여하며, 기발한 아이디어라도 수익을 배제하지 않는다는 세 가지다.

자율주행차 웨이모(Waymo)가 이렇게 탄생했다. 교통사고를 내는 인간의 실수를 AI가 장착된 자동시스템으로 막는다! 세계 오지에 열기구 인터넷망을 띄운다는 'Project Loon'도 그랬다. 이치는 간단하다. 사방 50킬로미터를 커버하는 인터넷 장비를 열기구에 달아 띄워 주민들에게 유용한 정보를 제공한다는 취지다. 남미 산악지대, 아프리카, 시베리아, 동남아 섬 지역에 즉시 적용할 수 있는 기발한 아이디어였다. 이 인터넷 장비를 작동시키는 것은 삼성 반도체 칩이다.

그래픽카드의 강자 엔비디아(NVIDIA)는 차츰 의료산업과 스마트시티로 영역을 확장 중이다. 엔비디아가 개발한 첨단 그래픽 기술은 흐릿한 동영상을 고화질로 바꿔 준다. 흑백 X-Ray 평면 화면을 화려한 입체사진으로 바꾸는 것은 물론이다. 의료 초보자라도 어디가 문제인지 바로 알 수 있다. 딥러닝 AI 화상기술로 길바닥에 핀 볼품없는 꽃을 식별해 이름과 특성을 알려 준다. 그것도 1초 만에. 20킬로미터 상공에서 중동 사막 한가운데 낙타를 타고 가는 베두인족(族)이 누군지 정확히 알아낸다. SK하이닉스 칩이 내장된 엔비디아 그래픽 기술 덕이다.

실리콘 제국을 떠받치는 기업들은 청년들이 고안한 아이디어만 갖고 돈을 번다. 거추장스런 제조 공정은 거의 없는데 영업이익률 50~60%를 실현한다. 캠퍼스, 그들이 작명한 작업장에는 로봇과 애완견이 섞여 다니고 수시로 열리는 팀 워크숍으로 자유분방하다. 석·박사 인력이 많다고는 하지만 정작 주력은 학사들이다. 틈새 아이디어를 포착해 확장하면 인생역전, 대박이다.

대박에의 꿈을 미국정부가 지킨다. 통신산업과 전자산업이 국방안보와 직결된다는 명분으로 화웨이와 푸젠진화반도체에 최근 철퇴를 가했다. 무역법 232조, 미국 통신장비에 장착된 화웨이 제품이 반(反)독점법을 어겼다는 이유, 미국기업인 마이크론의 기술을 푸젠진화반도체가 훔쳤다는 혐의였다.

반도체 주 고객인 애플, 구글, 마이크로소프트가 주문을 줄이면 삼성전자와 SK하이닉스는 덩달아 생산스케줄 조정국면에 들어선다. 실리콘밸리 상위 20개 기업 총매출액은 우리나라 국민총생산 1,800조 원을 뛰어넘는다. 누구도 넘볼 수 없는 제국이다. 모험적 기업, 열정적 청년, 기업보호라면 국제 분쟁도 마다 않는 정부, 이 세 가지가 제국의 힘이고, 제국의 영토를 넓히는 비밀 병기다.

삼성, SK, 현대, LG, 롯데, 우리가 자랑하는 주력 기업들은 어찌 보면 제국의 막강 군사력에 군마(軍馬)와 부품을 납품하는 정도라고 할까. 반도체 강국, 최고의 군마를 길러내는 갑마장(甲馬場) 지위라도 지키려면 무엇을 해야 할지 뚜렷이 보이는데 현실은 암담하기만 하다. 돈도 힘도 없는 과학기술대학 총장들에게 대학 구조조정은 술자리 넋두리, 이공계 교수들은 제자들 연구비 확보에 혈안이고, 기업 내부는 상하 위계서열로 일사불란하다. 거기에 정부는 말로만 4차 산업혁명을 외친다. 그나마 판교밸리라도 있으니 다행이다. 그러나 정부는 뻥 축구로 날이 샌다.

뻥 축구의 유혹

슈틸리케 축구국가대표 감독이 결국 경질됐다. ● 팬들은 슈틸리케 전술의 특징을 기억하지 못한다. 개인 돌파는 번번이 막혔고, 세트플레이는 주로 헛발질로 끝났다. '뻥' 축구라도 했으면 어땠을까. 그러나 뻥 축구는 하수(下手)가 하는 '닥치고 공격', 그리운 명장 히딩크에겐 그런 단어가 없다.

한국 정치에는 뻥 축구가 대세다. 일단 공을 날려 놓고 골문을 향해 쇄도한다. 다행히 장신 공격수의 머리에 맞아 골이 터지면 좋은데, 그런 경우는 드물다. 야당이 장벽을 쌓고 저항집단이 늘어선 철통수비를 대책 없는 공중 볼이 뚫을 리 없다. 정치 지형이 불리할수록 뻥 축구 유혹은 더욱 커진다. 되는 일이 없기 때문이다.

이명박 정권의 '747공약'은 뻥 축구의 신호탄이었다. 경제성장률 7%, 1인당 국민소득 4만 달러, 7대 선진국 진입이라는 화려한 공중 볼은 광우병 촛불시위에 엉망이 됐다. 그러자 '고소영 내각'을 전방에 포진해 밀어붙였는데 급작스러운 금융위기가 정권의 초기 기세를 짓밟았다. 다급해진 정권은 '4대강'과 자원외교에 나섰다. 1인 스타플레이어에 의존한 전형적 뻥 축구였다.

박근혜 정권? '국민행복 시대'라는 근사한 공중 볼은 국정원 선

● " '뻥'축구의 유혹", 〈중앙일보〉, 2017년 7월 11일 자.

거개입과 세월호 참사로 아예 아웃됐다. 청와대는 관료·장성·율사로 둘러친 막강 수비군단이었다. 뻥 축구라도 간절한 시점에 마침 볼을 찼다. 그게 국정교과서와 사드 전격 도입이었고, 개헌 제안은 기가 막힌 자살골이었다. 뻥 축구로 9년을 허비했으니 감독 전격교체가 일어날 수밖에.

신임 감독의 인기가 하늘을 찌른다. 야당도 수비세력도 지리멸렬한 판에 골문이 환히 보인다. 천방지축 북한 도발을 제외하면 정치 지형도 그런대로 순풍이다. 이때를 조심해야 한다. 명장 히딩크라면 어떻게 했을까? 개인 돌파? 삼각 패스? 팀플레이? 짐작건대 세트플레이를 깔지 않는 한 공중 볼을 띄우지는 않을 것이다.

문 정권에 대통령 인수위원회가 없다는 사정을 감안하더라도 신임 감독이 뻥 축구 유혹에 빠진 광경은 여럿 보인다. 성과연봉제 폐지는 속전속결로 진행됐다. 저항 전선이 없었다. 기업효율성 하락비용을 국민이 치러야 하는 기초 상식은 묻혔다. 공기업 비정규직의 정규직화도 그렇다. 정의로운 명분 앞에 공기업 경영진들은 입을 다물었는데, 그 비용은 결국 세금고지서에 출현할 것이다.

이에 비해 탈(脫) 원전, 최저임금 1만 원, 자사고·외고 폐지는 저항 전선이 막강하다. 문재인 대통령이 독일 순방으로 잠시 자리를 비운 사이 공대 교수 230명, 에너지 전문교수 471명이 항의 성명을 냈다. '제왕적 조치!', 많이 듣던 얘기다. 원전 방정식은 전문가도 합의가 어려울 만큼 복잡하다. 원전은 재앙인가 축복인가? '지구는 활기찬 한국의 원자력산업을 필요로 한다!'

쌍수를 들고 환영할 미국의 환경단체가 오히려 반박성명을 냈으니 헷갈린다. 독일이 탈원전 정책에 도달하는 데 20년, 일본도 친(親) 원전으로 복귀하는 데 6년의 숙의과정을 거쳤다. 한국은 선언 하나로 세계 최고 기술을 포기해야 할까? 3배 급등할 전기료를 시민들이 기꺼이 부담할까? 시민배심원단이 의견을 내도 그걸로 뻥 축구가 마무리되지 않는다.

소득주도성장의 한 축을 담당할 '최저임금 1만 원'에는 350만 중소기업주와 700만 자영업자가 아예 길바닥에 드러누웠다. 밟고 지나가라는 자포자기적 항명(抗命)이다. 신용카드 수수료 할인, 세금공제 확대, 고용비용 지원, 원청의 갑질 방지 등 정부대책은 늘 듣던 소리, 막상 쥐꼬리 이익금을 쪼개야 한다. 사업을 접겠다는 신음소리가 진동한다. 몸으로 때우거나 고용을 줄이는 게 상책이다. 결과는 위험한 골라인 아웃?

김상곤 교육부 장관은 자사고·외고 전격 폐지에서 한발 물러섰지만 학부모들은 강남 8학군을 다시 떠올리기 시작했다. 그 낌새를 알아차린 조희연 교육감이 강남·강북 통합학군을 언급했다. 그러면 수서에서 수유리까지 80리 길, 목동에서 상계동까지 100리 길을 통학해야 한다. 통학급행 택배서비스가 출현할까, 아니면 아예 외국으로 이탈할까? 정권의 의욕을 선명하게 하는 것과 대책 없는 뻥 축구는 다르다. 설득 과정과 납득할 만한 사후 대책이 필요하다.

현 정권은 '교수 내각'과 '운동권 비서관'의 결합이다. 교수의 치밀한 이론과 운동권의 과감한 실천력이 결합하면 금상첨화인데, 두 부류 모두 공을 질러놓고 쫓아가는 이상주의에 의기투합한다. 결과는 뻥 축구. 탈원전, 시급 1만 원, 자사고·외고 폐지, 이 세 가지 공중 볼이 골라인 아웃되면 정권에 치명적이다.

고집 피워 될 일이
아닌데

황금삼각형의 방정식●

내 독일 친구 율렌버그는 '연방고용청' 국장을 지냈다. 10년 전, 뉘른베르크 본부를 방문해 친절한 설명을 들었고 현장도 가 봤다. 단단했다. 노동시장제도 말이다. 인구 7천만 명을 관할하는 고용사무소가 전국에 500여 개 운영 중이다. 12만 명당 1개꼴. 실업급여를 지급하고, 재취업 교육과 취업 알선을 해준다. 계절 노동자, 임시직, 시간제 청년 알바의 임금과 복지를 보장한다. 모두 고세율의 세금재정으로 충당한다. 연방고용청의 촘촘한 그 물망에도 불구하고 실업급여를 받으며 불법 알바로 생계를 유지하는 얌체족도 있다. 어디나 감시비용은 들게 마련이다.

스웨덴 역시 마찬가지다. 스톡홀름에 본부를 둔 '노동시장국'

● 2018년 3월 하순, 청와대 강연 요지다. 〈중앙일보〉 '퍼스펙티브'에 게재했다.
〈중앙일보〉, 2018년 8월 2일 자.

은 전국 600만 명 월급생활자의 일자리와 노동조건을 관장한다. 기능은 연방고용청과 유사하나, 취업알선과 재취업 교육은 독일보다 훨씬 정교하고, 기간제, 비정규직에 대한 임금과 복지 혜택 역시 독일보다 낫다. 인구 10만 명당 1개꼴로 개설된 노동시장 분소가 전국을 커버한다. 실직자가 취업교육에 응할 때에는 기존 월급의 90%를 제공하고, 재취업에 성공한 근로자에게는 이주비용까지 댄다. 노동시장 관리수준이 세계 최고다.

이런 정교한 정부 기능이 그냥 만들어지는 게 아니다. 독일은 '사회적 시장경제'라는 국민적 합의를 실행한 결과이고, 스웨덴은 '연대와 평등'이라는 사민주의적 이념을 국가의 최대 목표로 내걸었기에 가능했다. 스웨덴은 1990년대 경제위기를 겪으면서 '연대와 평등'을 '다양성과 시장'으로 바꿔 달았지만, 이념과 제도는 거의 변하지 않았다. 우리가 그냥 하는 말로 '복지천국'은 3가지 요인의 결합이다. 고율의 세금, 노동자의 헌신, 혜택 공유가 그것이다. 이를 다른 말로 바꾸면 재정, 생산성, 공공복지다.

이 3가지 핵심목표를 동시 달성하는 것은 경제학적으로 그리 쉬운 일은 아니다. 서로 충돌해 발생하는 역효과를 다스려야 하고, 이탈자와 무임승차를 억제해야 한다. 세계화 물결이 거세게 일었던 1990년대 초반에 스웨덴이 국가 정책목표를 '다양성과 시장'으로 수정한 것도 이탈자와 무임승차를 막기 위한 시대적 대안이었다. 그럼에도 정책기조를 시장 쪽으로 전면 틀지 않았다. 연대와 평등을 해치지 않는 범위에서 시장적 요소를 선별적으로 수용하는 신중한 방식을 취했다.

유럽 사민주의(社民主義) 국가가 21세기 초 정립한 '황금삼각형'의 원리가 여기서 나온다. 재정, 고용, 복지의 선순환 방정식이 그것이다. 고전경제학으로는 도저히 설명할 수 없는 방정식을 정치경제학으로 풀어낸 것이다. '고세금 = 복지'는 쉽게 이해되는데, '고세금 = 고용증대', '고복지 = 재정안정'은 미국 시카고학파의 시장경제학으로는 도저히 설명할 수 없다. 하물며, '고세금 = 고복지 = 고용창출'을 어떻게 설명하랴. 여기에 미국식 주주자본주의와 구별되는 사민주의의 비밀, 즉 정치체제의 묘약(妙藥)이 있다. 두 가지다. 노동조합의 공익적 기능과 연대임금정책.

노동조합은 결코 사익을 추구하지 않는다. 2005년 초, 슈뢰더 정부가 '하르츠 피어'를 입안해 실업급여와 연금을 삭감한다고 선언했을 때 노동조합은 '국민적 합의를 존중해 파업하지 않겠다'고 화답했다. 그 몇 년 전, 독일 금속노조는 자동차산업 침체가 노동자에게 가하는 타격을 줄이기 위해 '아우디 5000'을 발동한 바 있다. 정규직 노동시간을 해고노동자에게 할애해 끌어안았다. 이른바 '노동시간 나누기' 프로젝트다. 자동차산업이 활력을 되찾자 월급을 절반만 받던 노동자는 정규직 신분을 되찾았다.

스웨덴의 연대임금정책은 최저임금과 고용문제를 동시에 해결한 묘책(妙策)이었다. 기업군을 한계기업, 평균기업, 고임금기

업으로 구분하면 생산성과 임금격차가 크게 벌어질 것이다. 시장
경제는 이런 불평등 구조를 방치할 수밖에 없다. 사민주의 방정
식은 이렇다. 임금 가이드라인을 평균기업에 맞추고, 한계기업
은 임금인상을 하라고 압박하고, 고임금기업에는 자율적 임금억
제를 권장한다. 임금격차가 낮아지도록 유도하는 것이다. 문제
는 지불능력이 없는 한계기업인데, 이들 기업의 파산을 유도하는
게 정부의 방침이다. 그리곤, 앞에서 소개한 노동시장제도로 실
직자를 끌어안는다. 한계기업이 도산해도 노동자들은 걱정하지
않는다. 노동시장 제도에 등록하면 기존 임금의 90%를 보장받
고 재취업 교육을 이수할 기회가 생긴다. 1년에 30~40만 명을
관리할 능력을 보유하고 있으니 실직자라도 생계위협에 직면하
거나 생의 활력을 잃을 필요가 없다.

고임금기업은 임금인상률 자제 혜택을 받아 자연히 고용능력
증가로 이어진다. 한계기업의 노동자가 평균기업이나 고임금기
업으로 이동할 수 있는 통로가 마련되는 것이다. 말하자면, 고전
경제학으로는 도저히 풀 수 없는 국민적 합의가 사민주의 방정식
을 풀어 가는 열쇠다. 노동시간 나누기, 임금인상 자제, 복지증
대가 핵심 열쇠에 해당한다. 황금삼각형의 선순환 구조를 만들어
가는 미시적 동학(動學)이다. 이로부터 황금삼각형의 거시적 동
학이 성립한다. '노동시장제도 + 노사합의 + 복지 = 성장과 분배
의 동시 달성'이다.

'소득주도성장론'의 미시적 기초?

필자는 소득주도성장론을 환영한다. 1인당 국민소득 '3만 달러 경제'를 앞두고 이미 시행했어야 할 선진형 패러다임이다. 노무현 정부가 추구했던 경제기조가 그러했는데 외환위기를 갓 벗어난 당시의 한국경제 현실에 막혔다. 9년 보수정권이 부분적으로 이어받기는 했으나 실용경제, 창조경제라는 구호적 정책에 성장 단계별 포괄 디자인은 유실됐다. 문재인 정권이 모든 역량을 집중해 온 '최저임금'과 '주 52시간 노동'은 소득주도성장의 두 축이자 '3만 달러 경제'에 걸맞은 유효적절한 정책수단임에 틀림없다.

다만, 기업의 지불능력을 고려하지 않는 것이 결정적 흠이다. 중소기업은 죽을 지경이다. 이 결정적 흠이 정책목표 자체를 갉아먹고, 소득주도성장론의 시의성마저 망가뜨릴 위험에 직면했다. 그래서 이렇게 썼다.

진보지식인들이 '공정경제'와 '소득주도성장'을 근사하게 읊조리는 무대 뒤에서 을(乙)과 병(丙)의 대리전쟁이 치열하다. 메뚜기 알바 청년, 투잡 중년, 영세 점주들이 한결같이 말한다. 표 찍어 줬는데, '왜 나한테 이래요? 왜 나만 갖고 이러시는 거예요?'

정부가 투하한 '최저임금 인상', '주 52시간' 폭탄은 정확히 기업주의 지불능력에 명중했다. 그런 후에, 이름도 화려한 각종 대책으로 달랜들 뭣 하나. 중상위 임금생활자의 임금 자제! 그리고 지원금을 하위소득자에 개별 지급하는 것이 답이다.

이것이 사민주의 복지국가의 집단지성인데, 우리의 노사정협의체는 임금양보를 의제에 올린 적이 없다. 최저임금 인상에 전원 찬성한 공익위원은 틀림없이 외계인이다. 그대들이 이런 사민주의 방정식을 아는가? 정말 미쳐 버리기 전에 외치고 싶다. 제발 현장에 가봐라!●

이 글은 청와대 정책팀을 향한 고언(苦言)이었다. 정책을 고안하고 실행하는 것은 글쓰기보다 수만 배 어렵다. 그럼에도 청와대가 아예 소득주도성장론의 명분 자체를 부정하는 비난성 발언으로 읽지 않았으면 했는데, 일단 밀어붙이자는 결의가 정책팀의 중론이었다. '역효과는 단기적이다. 장기적으론 필경 소득과 고용이 반등할 것'에 운명을 걸었다. 정책팀의 운명이라면 그래도 좋겠으나 나라의 운명이라면 얘기는 달라진다. 필자는 그게 나라 경제의 운명을 좌우하는 지렛대이기에 더욱 우려스럽다. 고집 피워 될 일이 아니다.

이론은 맞지만, 현실은 아니다. 현실을 이론에 맞추려면 무엇보다 기업인과 중소상공인, 자영업자의 지불능력을 훼손하지 않

● "진보지식인 성명에 현장은 없었다", 〈중앙일보〉, 2018년 7월 24일 자.

아야 한다. 지불능력을 중심에 두어야 성공 가능성이 높아지는데, 청와대 정책팀의 설계도엔 그것이 없다.

'그들은 항상 엄살을 부린다. 언제나 그래 왔다!' 이런 분위기가 팽배하다. 그게 사실인가? 재벌기업과 대기업은 엄살을 부린다고 치자. 300만 중소기업인, 700만 자영업자도 그럴까? 경제활동인구의 30%를 점하는 영세 상공인도 급상승된 최저임금과 주 52시간제를 감당할 능력이 있을까? 지난 8개월간 왜 고용이 급락했을까?

정책팀은 단기적 효과일 뿐 곧 반등할 것이라고 믿는다(또는, 희망한다). 정부는 이들에게 최저임금 지원금과 각종 보조혜택 보따리를 마구 풀었다. 그래도 현장은 잔뜩 움츠린 채 기지개를 펴지 않는다. 고용센터와 노동부 직원을 채근해 지원금 신청사업소를 늘려도 영세 상공인들은 고용을 줄이는 방법을 택했다. 왜 그럴까?

번거롭다. 장사하기도 바쁜데 각종 서류 챙기기, 피고용자 설득하기, 세무신고 하기 등에 정신을 팔고 싶지 않다. 채용 3개월 이내에 피고용자가 일을 그만두면 문제가 복잡해지고, 아예 고용사무소에 신고를 원치 않는 사람도 다수다. 고용 신분이 되면 노령연금 수령 자격이 위태로워지고, 4대 보험과 소득세를 내야 한다. 고용신고가 안 된 사람 인건비는 세금공제도 받지 못한다. 주당 15시간을 넘는 고용에는 하루분(分) 주휴수당도 지급해야 한다.

그러니 왜 신고하겠는가? 그러니 왜 고용을 늘리겠는가? 내가 하고 말지⋯. 영세 상공인의 노동시간이 급격히 늘어난 이유다. 소득이 그만큼 늘면 좋겠으나 현실은 혹독해졌다.

이 외에도 영세 상공인이 말 못 할 사정은 여럿이다. 무엇보다 한국은 임금구조가 복잡한 나라다. '시간당 임금만 정확히 계산해 주고 끝!'인 미국과는 다르다. 두산인프라코어 박용만 회장이 들려 준 일화다. 미국의 소형 굴삭기업체인 밥캣(Bobcat)을 인수하러 갔다가 노동자들이 길거리에 앉아 점심을 먹는 장면이 안쓰러웠단다. 식당을 지어 주고 점심을 무상으로 제공하겠다고 제안했더니 뜻밖의 대답이 돌아왔다. "그냥 현금으로 쳐서 주세요!"

구리와 남양주, 화성과 안산에는 외국인 노동자들이 많다. 이들에게 숙식을 무상 제공하는 영세업체가 상당수다. 최저임금 올랐다고 이걸 임금에 산입해야 할까?

식당 사정을 조사해 보면 점주가 왜 장사를 접으려 하는지 금시 파악할 수 있다. 식자재 공제액은 줄고, 널뛰는 매출액을 석 달 평균으로 잡아 부가가치세를 부과하고, 미신고 인건비는 공제에 넣지도 못하고, 최저임금은 급상승, 임대료도 인상됐고, 김영란법에 의해 회식은 사라졌고⋯. 푸념의 리스트는 끝이 없다.

요약하자면, 영세 상공인의 지불능력이 급락했다. '최저임금 1만 원'과 '주 52시간제'에 역량을 쏟느라고 가장 중요한 '고용주의

지불능력'은 심각하게 훼손됐다. '자본은 항상 엄살이다!' 그렇겠
으나 영세 상공인은 자기 노동을 고용하는 사람이지 '자본'이 아
니다. 두어 명을 고용해 먹고사는 사람일 뿐 파트타이머, 잡역부
를 등쳐 축재하는 사람이 아니다.

대안은 있는가?

매우 많다. 여기서는 간단명료한 하나만 제시하자. 기업의 지불
능력을 높이면 된다. 영세 상공인의 지불능력을 훼손하지 않으면
된다. 적어도 고용 축소는 일어나지 않는다.

> 최저임금 보조금을 근로자에게 '직접' 지불하면 많은 문제가 해결
> 된다. 기업주(영세 상공인)는 시장임금으로 고용하되, 고용사무
> 소가 최저임금 미달분을 개별 근로자에게 지급하면 당장 고용대
> 란을 막을 수 있다. 고용주에게 최저임금 인상에 적응할 시간을
> 줘야 한다. ●

> 간단하지 않은가? 이 밖에도 '현장의 목소리'를 종합해 효과적
> 인 대안을 만들 수 있다. 중요한 전제가 있다. 고집을 버리는 것,

● 앞의 글.

일단 밀어붙이자는 조급함을 거둘 일이다. 노동시장 제도를 정비하고, 힘센 노동조합을 달래고, 복지 혜택을 고용과 결부해 정비하는 일이 급선무다. 고임금을 받는 공기업과 대기업 정규직들이 임금양보(혹은 시한부 동결) 모범을 보이는 것도 바람직하다. 어지간해선 쉽지 않다.

이런 일들이 기초 작업일 터, 지불능력을 쥐어짜서 될 일이 아니다. 쥐꼬리 임금이라도 인상된 최저임금을 제공하는 사람은 이들 영세 상공인들이다. 정부를 대신해서 중산층과 중하층의 대리전쟁이 일어나고 있었다.

8월의 약속

중산층의 대리전쟁

연휴 늦은 오후, 춘천 외곽 단골 식당에 들어섰다. 주인은 전화기에 언성을 높이는 중이었다.

"맘대로 하세욧!" 통화를 꽝 끊은 주인이 다가왔다. "글쎄, 불법해고 신고를 했대요. 한 달치 월급을 더 내주게 생겼어요."

얼마 전 고용한 종업원이 주방 불화를 자주 일으켜 그만두라 했던 게 화근이었다. 계약서에 수습기간을 명시하지 않았단다. "못 해먹겠어요!" 주인은 방금 받은 세금 고지서를 들고 울상을 지었다.

들어 보니 그럴 법도 했다. 매출액은 완만한 내리막인데 2018년부터 인상되는 시급(時給)이 걱정이었다. 종업원 3명을 그대로 유지하면 매월 100만 원, 연 1천만 원가량이 더 든다. 4대 보험 부담도 더 늘어난다. 종업원들은 보험비를 아끼려고 고용신고를 회피한다. 실제로 지불되는 인건비가 영업비용에 잡히지 않기에

역으로 주인의 세금은 늘어난다.

"정부가 지원책을 쓴다는데요?"라는 반문에 주인은 쓴웃음을 날렸다. "그까짓 것, 새 발의 피죠."

주인이 손수 몸으로 뛰는 것, 그게 대안이었다. "줄여야죠. 숯불도 내가 피우고."

숯불 피우고 음식을 직접 나를 주인이 늘었다. 역으로 일급(日給)・시급(時給) 고용이 줄어든다는 건 상식이다. 춘천 시내 유명한 먹자골목, 1년 새 간판을 바꾼 집이 대여섯 곳이다. 겨우 버틴 식당 주인들이 모여 말한다. "저 간판 또 바뀔 텐데, 뭐 한다고?" 혀를 끌끌 차지만 정작 자신들도 벗어날 방법이 없다.

그 골목 부근에만 편의점이 여섯 곳이 들어섰다. 이슥한 저녁, 편의점 앞 파라솔에 술판이 벌어진다. 혼밥・혼술 손님을 뺏긴 지는 오래, 그것도 모자라 입가심 손님을 뺏겼다. 전국 도시에서 일어나는 일이다. 편의점이라고 호황일까?

서초동 주택가 편의점 점주가 야간노동을 하고 새벽에 퇴근한다. 낮 12시간은 알바에게 맡긴다. 목이 안 좋은 편의점은 점주 부부가 18시간 일하고 6시간만 맡긴다. '주휴수당이 무서워서'다. 주휴(週休) 수당? 근로기준법 55조, 주 15시간 이상 일하는 자에게 고용주는 1일 시급을 추가로 지급해야 한다는 규정이다. 매일 6시간씩 일하면 월 24시간, 15만 6천 원을 더 지급해야 한다. 내년에는 더 올라간다. 줄잡아 700만 명에 달하는 자영업자,

300만 명의 중소기업주에게 에누리 없이 적용된다. 종업원 3명을 둔 식당이 내년부터 당장 지급할 인건비 추가비용은 연간 약 1,500만 원 정도다. 편의점 점주가 말했다. "5년 안에는 접어야죠." 5년 안에 접힐 점포가 수만 개 대기 중이다.

최저임금을 대폭 올린 정부가 호기 있게 공표했다. 3조 원을 풀어 임금인상분을 지원하고, 부가세를 낮추고, 신용카드 수수료 인하, 기업주의 의료비·교육비·식자재 세액공제율 인상, 사회보험료 지원 등. 그러나 자영업자들은 본능적으로 안다. 내 돈은 쉽게 나가도 지원금은 잘 들어오지 않는다는 사실을. 지원 요건을 채우느라 고생하느니 차라리 몸 쓰고 아끼고 줄이는 게 속 편하다는 사실을.

이게 2017년 노벨경제학상 수상자 리처드 탈러(R. Thaler) 교수가 말한 '보유효과'(endowment effect)다. 사람들은 얻는 것보다 잃는 것에 더 민감하다. 내줄 돈 계산에 예민해진 고용주의 선택이 소득주도성장이라는 정부의 뇌관을 여지없이 파괴한다. 시간제, 임시직에겐 당장 좋은 그림이겠으나 1천만 명 자영업자와 중소기업인의 반격이 시작됐다. 정부가 정책 메뉴를 달리 배치했다면 어땠을까. 매출 늘리는 환경을 먼저 만들고 최저임금을 올렸다면 부작용은 좀 작지 않았을까.

특정 경제이론에 매달린 정부 정책은 대체로 합리성을 가정한다. 경제행위자의 합리성은 경제적·심리적 득실계산에 포박돼

엉뚱한 곳으로 흘러간다. 그 틈에서 부정합(不整合)이 발생한다. 행동경제학자 탈러가 넌지시 권고한다. 행동을 바꾸게 하려면 '팔꿈치로 살짝만 건드려라(nudge)', 부드럽게 유도하는 정책이 과도한 개입보다 백배 낫다고 말이다.

가령, 교통사고 다발지역에 차선폭을 좁게 그리면 운전자가 알아서 속도를 늦춘다. 경고판 수십 개보다 낫다. 하층민 소득증대에 올인한 문재인 정부의 초기 정책은 넛지가 아니라 팔을 세게 비튼 충격요법이다. 악 소리가 난다. 그런데 정작 비용을 대는 전주(錢主)는 하층 전락의 문턱에서 고투하는 중산층이다.

저소득층 소득증대와 고용기회 확대는 시의적절하고 정의로운 정책이다. 그러나 생색은 정권이 내고, 선금 지불은 중산층이 맡았다. 함바 식당이라면 모를까, 사람들은 후불제를 믿지 않는다. 중산층 내부 업종별 분쟁이 격화되고, 점주와 저소득층 종업원 간 밀고 당기는 대리전이 한창이다. 중산층의 대리전쟁, 신음소리가 진동한다. 총선과 지방선거에 발사될 벙커 버스터다. 줄잡아 1천만 명이다.

52시(時)

대한민국의 노동시계가 52시에 멈췄다. • '소득주도성장' 사령부의 준엄한 명령이다. 1인당 국민소득 3만 달러에 도달한 나라의 국격을 지켜야 한다는 비장한 결단이 장시간 노동에 조종(弔鐘)을 울렸다. 기대하던 바다. 육신을 지치게 만들었던 '장시간 저임금'의 세계적 불명예는 이걸로 말끔히 씻길 것이다. 대한민국은 저녁 있는 삶, '단시간 고임금'이란 신세계로의 진입을 눈앞에 두고 있으니 장대하고 야무진 결행에 박수를 보낸다. 아름답다. 그러나 결코 아름답지 않은 방식으로 밀어붙이는 게 불안하다.

방송국 기사 K모 씨는 요즘 머리가 아프다. 아침·저녁 특근을 하지 못하면 월 50만 원 정도 소득이 줄어든다. 월급의 15%다. 미국발 금리인상이 주택담보대출 이자율을 자극할 거란 소문에 재작년 겨우 마련한 성남시 아파트를 처분할지를 두고 장고에 들어갔다. 단골 술집에는 투잡을 찾는 이가 늘었다. "이게 서민을 위한 정책인가요?" 문재인 정권 열혈 지지자인 K씨는 종잡을 수 없다.

편의점 알바 L씨는 3시간짜리 단타 고용을 서너 개 해야 한다. 이동시간과 교통비 손실이 크다. 주휴수당 때문에 주 15시간 고용을 피하고 보자는 사장의 궁여지책에 유탄을 맞았다. 52시에 멈춘 노동시계로 결정타를 맞은 집단이 건설노동자, 계절노동자다. '저녁 있는 삶'을 보내고 '잠 설치는 밤'을 버텨야 한다.

소득주도성장을 향한 야심찬 정책들은 '이론적' 수혜대상자를

● "52시", 〈중앙일보〉, 2018년 5월 15일 자.

174

'실질적' 궁지에 몰아넣었다. 기업도 마찬가지다. 충북 소재 면 생산 중견기업은 최근 기업분할을 결정했다. 340명을 170명씩 쪼개 노동시간 단축 적용을 2020년까지 모면하려는 궁색한 대응 이다. 어떤 대기업 납품업체는 R&D파트와 생산파트를 분할했 다. 정부의 규제망을 일단 벗어나고 신규채용에 고용지원금도 받 을 수 있다는 계산이 섰다. 언제는 '히든 챔피언'이 되라 하더니 이제는 잘게 잘라야 생명을 연장한다.

자동차공장, 힘센 노조원은 연 2천만 원에 달하는 잔업수당에 중독됐다. 연 1억 원 소득을 유지하려면 주말 특근을 해야 한다. 그러나 52시 노동시계는 이들의 중독증에 쐐기를 박았다. '임금 삭감 없는 노동단축'을 투쟁 목표로 내건 금속노조를 정부 대신 기업주가 상대해야 한다. 인건비 인상에 울고 싶은 농민의 심정 을 헤아리는 사람은 없다.

현 정권이 중시하는 하층 노동자들, 영세업 종사자들이 소득주 도성장 정책의 최대 피해자라는 것은 아이러니다. 투잡 뛰는 사 람을 양산하고, 중소 상공인에게는 인건비 폭탄을 안겼다. 작년 대비 인건비 부담이 15% 늘었다. 〈알바천국〉은 파트타임 일자 리가 작년 대비 12% 줄었다고 집계했다. 이런 추세가 반전될까, 이대로 주저앉을까? 청와대 정책팀은 초조하다. 반전일까, 바닥 일까를 정확히 예측할 이론과 근거가 없다.

최저임금의 경우에도 미국의 연구결과는 엇갈린다. 뉴저지주에서 최저임금 인상의 고용감축 효과는 미미했지만, 시애틀에서는 특히 저숙련 노동자에 부정적 충격이 집중됐다. 청와대 정책팀은 그저 최저임금 인상분과 신규채용 지원금을 살포해 상황 반전을 애타게 기다릴 수밖에 없다.

잠복근무하는 형사, 장거리 버스기사, 간병사, 복지사, 서비스 근로자 등 52시를 밥 먹듯 넘는 직업군들에게 노동시간 단축이 가뭄 끝 단비가 되려면 생계비를 우선 낮춰 줘야 한다. 주거, 교육, 양육에 드는 돈 말이다. 이건 경제정책 몫이다. 그런데 기획재정부, 국토부, 교육부 수장들은 수수방관, 남의 일이다. 남북관계팀이 발휘한 팀워크 2할만 보여 줘도 미책(美策)이 졸책(拙策)으로 전락하지는 않을 것이다.

서민은 실험대상이 아니다. 청와대가 고집 피우기를 일단 중단하고, 부문별 특성에 따라 유연근무제와 탄력근무제를 허용하는 일이다. 밤낮 없는 연구전문직, 복지서비스 등 특례업종을 조금 더 늘려 주고, 최하위 소득계층 10%에 한하여 8시간 연장근로를 더 허용하면 된다. 100인 미만 중소사업장은 사정에 따라서 노사합의로 근로시간을 결정하되 탄력적 근무 적용시한을 현행 3개월에서 6개월로 연장하기를 바란다. 미국, 일본, 독일이 그런 유연성을 발휘하는 나라다. 정책의 퇴색도 아니고 정책 의의를 손상하는 것도 아니다. 오히려 지금 같은 '막무가내 고!'가 '52시 정신'을 더 빨리 훼손한다.

한국의 노동열차가 '52시 역(驛)'에 멈춰 섰다. 하층임금 노동자와 중소 상공인을 싣고 유럽으로 향할지, 아니면 허드렛일로 가득 찬 만주대륙으로 갈지 예측 불허다. 유럽행을 원한다면, 길은 있다. 청와대가 현장의 절규를 들어 보면 된다. 다 쓰러진 다음에는 약(藥)도 없다.

8월의 약속

지나는 여름은 좀 서운하다.● 폭염, 뭉게구름, 그리고 잠 설친 열대야(熱帶夜)와 은밀한 작별의식을 치러야 겨우 갈무리할 엄두가 난다. 기록적인 폭염을 견딘 초목도 그럴 것이다. 호박, 가지, 고추와 세 싸움을 하던 댕댕이덩굴도 얌전해졌고, 뜨거운 햇살과 땅기운이 버거워 열매를 주렁주렁 매달았던 나무들도 호흡이 가지런해졌다. 저 멀리 대기 중인 가을 군단(軍團)이 몰려오기 전에 '8월의 약속'을 이행해야겠다는 생각이 든다.

'8월의 약속'? 뭐 그리 은밀하지도 낭만적이지도 않다. 비가 내렸던 봄 일요일 오후, 청와대 사회정책실에서 소득주도성장론 세미나가 열렸다. 관련 비서관들이 모인 그 자리엔 긴장이 감돌았다. 최저임금 추진 8개월째, 추락하던 고용과 소득지표가 정권의

● "8월의 약속", 〈중앙일보〉, 2018년 9월 4일 자.

야심작 '사람중심 경제'의 효용을 갉아먹고 있었다. 주요 언론들과 보수논객들이 회의론에서 무용론으로 돌아설 즈음이었다.

속도조절론과 부문별 차등론을 주장한 필자와 날 선 공방이 오고 간 끝에 타협안이 제시됐다. '기다려 달라'는 것. 그래서 약속했다. 8월까지 고용과 소득지표가 개선되면 반성문을 쓰겠다고 말이다. '8월의 약속'이다.

진정 반성문을 쓰고 싶었다. 서민소득이 올라가고, 주름살이 펴지고, 저녁 있는 삶이 열린다는데 까짓 반성문 아니라 용비어천가를 못 부르랴. 반성문이라면 오죽 좋으랴만, 격문을 써야 하는 현실이 참담하다.

124년 전, 민생도탄에 항거해 일어선 동학농민군의 심정이 그랬을까. 교주 해월(海月) 최시형은 1894년 통유문(通諭文)에서 이렇게 썼다. "도를 빙자하여 속인을 능멸하고 비법(非法)을 행하니 … . 선류(善類)가 안보키 어렵다 … . 사람이 사람을 상식(相食)하는 지경에 이르니 금수(禽獸)와 다름이 없다."

소득주도성장론은 세인을 상쟁(相爭) 속에 몰아 서로 잡아먹는(相食) 야만적 상태를 초래했는가? 3만 자영업자가 광화문에 집결하고, 소상공인이 공장을 매물 처리하는 것을 보면 그렇다고 해야 한다. 알바와 시간제 근로자가 일자리를 두고 고용주와 다투는 형편에 이르렀으니 도(道)의 전선은 을과 병의 대리전으로 확산됐다.

호남접주 전봉준이 무장포고문(茂長布告文)에서 밝혔다. "인민은 나라의 근본인데 … . 지금의 형편이 불더미에 앉은 것과 무엇이 다르랴." 8월이면 정책집행 1년, 정책효과가 충분히 입증되고도 남는 기간이다. 8월의 결재는 명약관화하다. '사람중심(中心) 경제'는 '사람상쟁(相爭) 경제'로, 소득주도성장은 '소득파괴특명'으로 판명되었다.

더 기다려 달라고? 그럴 수 없다. 기다림은 비법(非法)을 행한 그대들의 것, 가게와 공장을 접고 파산과 부채에 짓눌린 고통, 메뚜기 알바와 투잡 현실은 우리들의 것이다. 통계청장을 바꿔도 통계는 바꿀 수 없다. 현장이 피폐하면 선의(善意)의 이론은 악마의 맷돌이 된다. 얼마나 더 많은 공장과 식당과 가게가 깔려 죽어야 그 생존 실험적 기다림을 끝내겠는가.

한국경제는 선진 유럽과 달라서 자영업과 소상공인이 경제활동인구의 25%를 차지하고, 고용의 40%를 담당한다. 비 내리는 그날 저녁 그리 말하지 않았던가. 고용과 소득성장의 뇌관은 '고용주의 지불능력'이라고. 경제학원론 1장에 나오는 원칙을 시민운동 출신 비서관들은 간단히 무시했고, 한국 최고의 경영학자 장하성 청와대 정책실장도 웃어 넘겼다. 그 후 진짜 야심작 '주 52시간제'가 공표됐다. 노동시간 제한은 일자리 나누기와 고용증대를 촉발할 것이라는 경제학원론 수강생 수준의 상상 리포트를 바탕으로. 임금지불자를 제외한 이 셈법은 급기야 고용과 소득의 동반추락을 가져왔다.

기억한다. '자본은 항상 엄살을 피운다'는 운동권적 레토릭을. 자영업과 소상공인은 '자본'이 아니다. 돈은 좀 벌지 몰라도, 봉급날 잠 못 들고, 납품처에 굽신거리는 을(乙)이다.

장하성 실장이 소득주도성장의 3개 축을 재확인했다. '가계소득 높이고, 복지를 확충해, 생계비를 줄인다'고. 여기에 무엇이 빠졌나? 영세 상공인의 지불능력! 복지는 사회적 임금(social wage)이다. 영세 상공인의 지불능력을 훼손하지 않은 채 사회적 임금을 공여하면 소득증대가 어쨌든 일어난다. 54조 원이란 천문학적 재원으로 최저임금 미달분, 주 52시간제로 잃어버린 임금을 개별 보충해 주면 소득이 늘고 고용은 유지됐을 것이다. 아예 빈곤층 600만 명에게 고루 나눠 주면 1인당 900만 원, 소득증가율 45%다. 그런데 그 돈을 다 쓰고도 왜 고용증가는 제로, 소득증가는 마이너스인가? 박근혜 정권의 독소가 아직 빠지지 않은 탓인가?

그대들은 권력이라는 위험한 수단으로 대의(大義)를 구하지 못했다. 곤궁과 파멸을 초래했다. 필자가 격문을 쓰는 것으로 '8월의 약속'을 이행했다면, 그대들은 무엇으로 응답하려 하는가.

진보는 경쟁을 내친다

정권이 바뀔 때마다 바뀌는 것이 또 있다. 교육이다. 좌파와 우파의 양 극단 사이를 진자(振子) 운동했다. 교실은 실험실이다. 학생은 실험대상이다. 바뀔 때마다 대치동 집값이 요동치고 학원가도 구조조정을 단행한다. 학원가의 적응력은 가히 일품이다. 진보정권은 평준화 카드를 내놓았고, 정시 비율을 높이라는 명령을 내렸다. 수시는 학력경쟁을 불러오고 계층별 교육 불평등을 촉발한다는 이유였다. 현 정권은 특목고, 자사고, 과학고, 외국어고에 부여했던 특별전형을 일소하고 혁신학교를 밀어 넣었다. 하향평준화가 평등하게 진행되는 중이다. 21세기 문명을 헤쳐 나가는 중대한 과제에 당면하여 모든 학교의 일반고화(化)가 답인가? 그것은 중등교육의 하향평준화를 재촉한다.

김상곤 초대 교육부 장관은 아무 공적도 없이 물러갔고, 후임 유은혜 교육부 장관의 존재감은 없다. 그러나 교육위원회가 개별심사를 시행해서 자사고 허가를 선별적으로 취소함으로써 하향평준화는 지금껏 추진 중이다.

조희연 서울시 교육감은 필자와 사회학과 동기다. 그는 학부시절부터 아이디어맨이었고 능력이 탁월했다. 그 시절부터 그는 진보적 이념의 신봉자였는데 어쩌다 진보운동 세력에 의해 추대돼 교육감이 됐다. 진보적 평등사상을 교육현장에서 실현하는 것이 그의 꿈이다. 아무튼, 학부모와 학생들의 반발이 커지자 조희연 교육감은 혁신학교를 들고 나왔다. 혁신학교란 학생들의 개성과 끼를 살려 문명적 전환에 대비한다는 의욕적 시도다. 그러나 대학들이 받아 주지 않으면 무용지물이 된다. 혁신학교에 관심을 두는 대학은 없으므로 조희연 교육감의 임기 종료와 함께 혁신학교도 생명을 다할 것으로 보인다. 실험이 끝나고 다른 실험이 이어질 것이다.

중등교육의 혁신은 대학입시의 전면 개편을 전제로 한다. 특히 SKY 중심 명문대의 호응이 없으면 실패는 불 보듯 뻔하다. 그러니 교육혁신을 성사시키려면 대학총장들의 전면 결재가 필요하다. 총장들이 입시제도를 바꾼다는 대국민 약속 말이다.

20세기의 전유물인 주입식 교육, 지식배양 교육의 시대는 대량생산체제의 종언과 더불어 끝났음은 누구나 인정하는 바다. 대학은 인공지능(AI), 바이오(Bio), 빅데이터, 로봇 시대에 대비하려고 몸부림치는데 중등교육은 과목별 학력경쟁에 여전히 매몰돼 있다는 것은 누가 봐도 불합리하다. 0.1점 차, 1점 차로 당락이 결정되고 인생경로가 달라지는 한국의 현실을 언제까지 지속하려 하는가? 중등교육체제를 건드리기 전에 대학입시가 혁신돼야 한다. 어떤 방향이 맞을까? 많은 토론이 필요한데, 필자가 중시하는 몇 가지 핵심 요점은 이렇다.

- 수능을 자격시험으로 전환하고, 수능 점수의 20% 정도만 입시 사정에 반영할 것.
- 본고사는 폐지하고 학생부 중심, 학창시절 학교활동을 중시할 것.
- 학교활동을 여러 유형으로 다기화해서 개별 학생의 기량과 자질을 어떻게 배양했는지에 초점을 둘 것. 이 경우 도농(都農) 간 격차가 심해질 우려가 있으므로 농어촌 학교의 경우 특별사정 기준을 마련할 것.
- 수능과 학교성적에 따른 '점수경쟁' 비율을 정원의 30~40% 정도로 제한하고, 나머지 60~70%는 개성과 자질의 배양에 어떻게 노력했는지를 평가할 것.
- 시민교육을 대폭 장려해서 시민적 미덕을 함양하는 활동과 경력을 평가에 반영할 것.
- 특목고·자사고 등은 현행을 유지하되, 위에 열거한 대학입시 원칙을 적용할 것(프리미엄 금지) 등이다.

달리 말하면 '학력경쟁'을 '개성과 자질의 배양경쟁'으로 교체하는 게 요체다. 지역의 경제적 빈부에 따라 학교별 격차가 발생하므로 가중치를 둬서 불이익을 없애는 보완조치를 다각도로 구상해야 한다. 자질과 그것을 함양하려는 개인적 노력을 여러 각도로 측정할 수 있겠다. 세계 각국의 치열한 경제전쟁과 지식전쟁을 촉발하는 4차 산업혁명은 고답적인 학력경쟁을 요청하지 않는다. 대학교육의 내용과 형식은 바뀌지 않는데 세계 최고의 대학 진학률 75%는 낭비인가 국가경쟁력인가? AI시대를 사지선다형 지식으로 돌파할 수 있을까? 알파고에게 사지선다형 문제를 내면 자존심 상해 할 거다.

그래도 사지선다(四枝選多)?

신입생 5명이 둘러앉은 글쓰기 강좌, 고즈넉한 분위기에 흡족해진 교수가 고전적 질문을 던졌다. ●"지금까지 읽은 책 중 가장 인상적인 걸 말해 봐."

　잠시 침묵이 흘렀다. 할 수 없이 수재형 학생에게 물었다. 답이 나왔다. "걍…."

　"걍?" 그래 이 조어(造語)라면 교수도 익숙하다. 가족 문자에 수시로 등장했으므로. 즉시 다그쳤다. "걍, 뭐?"

● "사지선다에 함몰된 백년대계", 〈중앙일보〉, 2018년 8월 7일 자.

《나미야 잡화점의 기적》!" 학생은 안도했고, 교수는 허를 찔렸다. 베스트셀러에 오르내렸던 그 제목이 낯설진 않았지만 톨스토이, 괴테와는 사뭇 다른 책이었다. 교수는 물러서지 않는다. "가장 인상적인 내용을 말해 봐."

"걍 … ." 읽다 말았다는 뜻이다. 그 학생은 책을 다 읽고 리포트를 제출했다. 그 덕에 교수는 '나미야 잡화점'에서 어떤 일이 일어났는지 알았다.

교가(校歌)에도 뽐냈듯 '이 나라의 준재들이 다 모여'든 서울대 공대 교수들은 미적분을 못 푸는 신입생이 수두룩하다고 난리고, 인문대 교수들은 프랑스혁명을 모른다고 혀를 찬다. 5·16도 모르는 판에 얼마 전 작고한 최인훈을 모른다고 대수냐? 괴테는커녕 이광수를 안 읽었다고 세상이 무너지나?

내신 1등급, 수능 370점 이상인 준재들이 무엇을 배웠는지 교수는 가늠할 길이 없다. 다만 그 정도는 '걍' 배웠고 그 정도는 '걍' 읽었다고 짐작할 뿐이다. 그런데 배우지 않았고, 읽지 않았다.

이런 교육 현실을 탄식해야 할까, 아니면 '탄식하는 교수'를 탄식해야 할까? 헷갈린다. 한국 교육의 민낯이 보이기 때문이다. 평소 평등주의를 주창해 온 김상곤 교육부 장관도 이게 헷갈려 입시안을 국가교육회의로 위임했는데 누군가 참신한 아이디어를 냈다. 만능키, 공론화위원회!

그런데 헷갈리긴 마찬가지였다. 최종 4개 안(案)의 장단점을 판별하기 어려웠고, 더 나은 대안이 있을 듯했다. 결국 판단유예! 김영란 대입제도개편 공론화위원회 위원장은 소신결여, 책임회피 교육부에 대한 '시민의 준엄한 질타'라고 멋지게 마무리했다. 국가의 백년대계가 사지선다에 함몰될 뻔했다.

미결의 원인은 두 가지다. 공론화위원회가 활용한 5점 구간 리커트 척도는 대체로 중앙값 '보통이다'(3점)로 회귀하는 경향이 있고, 참여인원이 늘어나면 더욱 그렇다. 거기에 '소득계층별 격차완화' 대 '미래혁신교육' 구도에 수시/정시, 내신/학종, 수능절대/상대평가 간 짝을 맞춰 내기는 애초에 무리였다. 전문가 천명이 숙의해도 '미결'로 마감했을 거다.

그래도 시민참여단의 속내는 드러났다. '정시 확대, 수시 축소, 수능 상대평가'인데, 수시와 학종이 촉발하는 계층 격차를 용인하지 않겠다는 뜻이다. 평등주의적 심성은 시민성의 중요한 덕목이나 미래혁신교육의 동력과 배치될 수 있다.

이 쟁점이 처음부터 문제였다. 교육부는 현 중3을 '미래혁신교육 1세대'로 규정해 두고 철학과 비전 부재상태를 1년 이상 끌었다. '2022년 수능 과목구조와 출제범위(안)'도 공론에 띄웠을 뿐이다. 기하와 과학Ⅱ(4과목) 제외를 깊이 우려한 13개 과학단체가 합동 격문을 내놨는데도 교육부는 말이 없었다.

21세기 '융합문명의 시대'를 이끌 '교육한국'의 근본원리는 무엇인가? 넓고 얕은 지식을 두루 갖춘 '박이천학(博而淺學)형 인재'

인가, 적성과 장기에 선택 집중하는 '협이심학(狹而深學) 형 인재'
인가? 수능은 전자에 적합한 20세기 대량생산시대의 평가방식이
다. 그건 검색엔진에 맡겨 두자. 이참에 아예 수능을 폐지하고
프랑스의 바칼로레아 같은 자격시험을 도입하면 어떨까. 바칼로
레아는 일반, 공업, 직업 3종으로 나뉜다. 대학 진학생(일반)은
고2 때 자신의 적성에 따라 과학, 사회, 문학, 예술을 선택할 수
있다. 철학은 기본이다. "현실은 수학법칙에 따르는가?" 과학문
제가 이렇다.

구이지학(口耳之學), 귀로 듣고 입으로 나가 버리는 교육은 가
슴에 남지 않는다. 1780년 연행(燕行) 사절로 갔던 연암(燕巖) 박
지원이 청인(淸人)과 나눈 필담에 나오는 얘기다. 지식을 가슴에
담아 발효해야 성벽, 구들장, 수레, 시장점포가 새롭게 보인다.
21세기 대비, 통합사회와 통합과학을 도입해도 선생이 없고 시험
문제도 못 낸단다. 정시, 수시, 수능, 내신, 학종을 아무리 맴돌
아 봐야 13과목을 달달 외운 베이비부머 세대의 프레임을 결코
벗어나지 못한다. 사지선다(四枝選多) 버리기! 교육혁명의 출발
점이다.

혁신성장을 외치는 이 시대에 미래교육의 동력은 어디서 나오
는가? 기왕 원점에 돌아왔으니, 해방 후 70년 지속한 '구이지학'
(口耳之學), '박이천학'(博而淺學) 평가지옥에서 미래세대를 놓아
주자. 감성을 장착한 인공지능 로봇이 거리를 활보할 2050년에

도 우리의 청소년들이 사지선다형 문제에 매달릴 모습을 생각하면 끔찍해서 하는 말이다.

자사고 말려죽이기

말도 많던 강남 8학군 문제를 해결한 것은 교육부·국토교통부·국세청이 아니었다.• 바로 자사고(自私高)였다. 우리의 불쌍한 기러기 아빠! 월급을 몽땅 해외 송금하고 단칸방에 쭈그리고 생활하는 국가 백년대계의 전사(戰士), 기러기 아빠를 면하게 해준 건 바로 특목고와 자사고였다. 중학교 유학생이 2006년 9,246명에서 2015년 3,226명으로 감소했는데 특목고와 자사고가 그 역할을 톡톡히 해냈다. 43개로 늘어난 자사고는 서울 강남 집값을 잡는 데 일조했다.

그런데 자사고가 꼭 조선시대 서원(書院)을 닮아 가기에 일반 향교(鄉校)나 서당(書堂)을 다니는 서민들의 빈축을 샀다. 공교육기관인 향교에 국가 지원이 줄자 교육이 부실해지고 훈장을 구하기도 어려웠다. 향청에 둘러앉은 유지들이 궁리 끝에 계책을 냈다. 사학(私學)을 만드는 것, 서원이었다. 스타 훈장들이 모두 서원으로 몰렸다. 과거 합격자가 대거 서원에서 나왔다. 과시(科

• "자사고 말려 죽이기", 〈중앙일보〉, 2017년 12월 12일 자.

試) 출제자의 성향을 잘 아는 훈장이 많았다. 서원은 날로 융성해 조선 후기에는 권력 양성소가 됐다. 대원군이 철퇴를 내렸다. 재정을 갉아먹고도 대원군 집정에 반기를 들었던 까닭이다.

특목고·자사고는 자립형 사학이다. 권력의 눈 밖에 난 적은 없다. 오히려 예산 절감을 이유로 권력이 만들었다. 그런데 이번에는 평등주의에 반한다는 죄목으로 철퇴작업이 시작됐다. 조희연 교육감 초기부터 가동된 특목고·자사고 죽이기 프로젝트가 문재인 정부에서 새로운 동력을 얻었다. 학부모의 반발이 격해지자 꼼수를 냈다. 교육부와 교육청에 이런 꼼수의 대가들이 포진하고 있음은 진즉 알았지만 아무튼 '입법 예고'한 다음 자축포를 터뜨렸을 법하다.

특목고·자사고 학생 선발방식을 우선선발제에서 일반고와 동시에 하는 후기선발제로 바꿨다. 물론 리스크를 끼워 넣었다. 자사고에 지원해 탈락한 자는 미달된 일반고와 자사고에 강제 배정받는다. 모 아니면 도다. 올해 서울지역 자사고 7개교가 정원 미달됐다. 학부모들이 리스크를 피해 갔다. 일반고 지원자는 선택권이 10개가 넘는다. 자사고 지원자는 단 1개, 떨어지면 강제 배정. 선택권을 제한했다. 공부 좀 해보려고 마음을 다진 학생에게 부여한 문 정부의 심각한 처벌이다.

대체 뭐 이런 나라가 있나. 자사고가 도입된 것은 김대중 정부 때다. 평준화만으로는 도저히 미래 대비를 할 수 없기에 수월성

(秀越性)을 강조한 특목고와 자사고가 장려됐다. 평등주의 성향이 너무도 강한 한국사회에서 수월성을 강조하려면 조건을 달아야 한다. 학비는 자율로 책정하되 학교재단이 예산의 3～20％를 자체 조달할 것, 정부 재정지원은 일절 없음이 그것이다.

이명박 정부 당시 이주호 교육부 장관은 특목고와 자사고에 할당될 예산 2천억 원을 아껴 일반고에 쏟아부었다. 광양제철고는 15년간 총 662억 원을 포스코재단에서 받았고, 전주 상산고는 개인 출연이 439억 원에 이른다. 왜 이들은 거금을 출연했을까? 인재를 양성한다는 백년지대계의 일념이었다. 맞춤형 수업, 교과교실제, 개인 연구, 무학년 무계열 통합수업, 교과 외 프로그램, 양서 읽기, 토론수업 등 일반고에선 상상할 수 없는 현장 개혁이 이뤄졌다. 수도권 집중을 막은 것도 이들이었다. 제주외국어학교에 육지민들이 몰린다. 국토 균형발전을 위한다면 지방도시에 특목고와 자사고를 더 만들 필요가 있다. 단, 자사고가 일반고 인재를 수시로 빼 가는 것을 금지하는 단호한 규정을 달고 말이다. 일반고의 원성이 높다.

자사고를 정상 궤도로 올려놓는 데 15년이 걸렸다면 무너지는 데는 5년이 채 안 걸릴 것이다. 현 정부 임기 내에 충분하다. 열공하는 학생을 골고루 배치해 공교육 붕괴를 막는다는 것이 교육부·교육청의 발상이다. 그렇다면 다음의 질문에 답해 보라. 특목고·자사고를 없애면 학력 수준이 올라갈까? 교육부가 발표했고 국제학업성취도평가(PISA)도 입증한바, 한국의 수학능력 미달자 비율이 중3은 6.9%, 고2는 9.2%로 더 치솟았다. 특목고와 자사고를 말려 죽이면 수포자는 줄어들까?

SRT는 아산병원·삼성의료원 환자와 가족들, 대치동 학원가에서 족집게 강의를 받으려는 학생들로 붐빈다. 지방 거점 고등학교를 살리지 않으면 SRT는 지방 불균형을 촉진하는 특급 철도가 된다. 미국·영국의 엘리트 교육은 수백 년 전통을 자랑한다. 자사고와 특목고는 엘리트 교육도 아니다. 그저 학력 높이기 교육에 도달했을 뿐이다. 나라가 위급할 때 목숨을 내놓는 견위수명(見危授命)이라야 진짜 엘리트 교육이다. 다 같이 놀자. 국무회의가 이런 계책에 도장을 꾹 누르는 순간, 강남 쏠림과 조기 유학 붐이 재점화될 것이다. 지난 정부는 '끼'를 살리라 했고, 지금은 '끼'를 죽이라 한다. 대체 우리의 '끼'는 뭘까?

진보는 경쟁을 기피한다

조희연 교육감이 폭탄선언을 했다. ● 특목고·자사고 일괄 폐지안을 공론에 부치자고 말이다. 찔끔찔끔 없애다 남은 불씨가 활화산처럼 타오를까 위기감이 스쳤다. 남은 자사고에 학생이 몰리

● "진보는 경쟁을 기피한다, 내칠 뿐이다", 〈중앙일보〉, 2019년 7월 22일 자.

는 광경도 심란하고, 차기 정권에서 역공당할 수도 있다. '고교 서열화'와 전쟁에 나선 조 교육감에게 부유층 엘리트 학교는 '공공의 적', '스카이캐슬' 같은 국민적 악몽이다. 대신 계층·지역 차별 없이 꿈을 키우는 푸른 초원이 그가 소망하는 공정한 교육현장이다.

삼척동자도 다 알지만, 대학입시를 없애면 꿈은 이뤄진다. 강남·강북, 도농(都農) 간 격차를 줄이면 된다. 시골에서 소 키우다 명문대 합격증을 받는 낙원을 상상해 볼 수 있겠다. 조 교육감 자신도 '개천에서 용 난' 인물이니, 모조리 실개천을 만들어 '꿈 경쟁'을 해봄 직하다. 인재를 선점한 자사고는 금·은수저 용소(龍沼), 특목고 역시 위화감을 조장하고 인성교육을 망치는 악의 꽃, 폐지다.

필자가 인터뷰한 일반고 선생은 자사고 폐지를 열렬히 환영했다. "방학 후 우등생이 이탈한 교실은 허탈하다"고. 자사고는 인근 우등생들을 수시로 빨아들였고, 실험, 탐구, 동아리, 참여 등 비교과활동을 마련해 학종 스펙을 멋지게 꾸며 줬다. 그럴 능력과 자원이 부족한 채 입시경쟁에 들러리 서는 일반고 현실이 서글프다고 했다. 자사고와 특목고는 스카이(SKY) 대학에 인재를 대는 '납재(納才) 캐슬', 선망대상이지만 1등급 성적과 고액 등록금 장벽이 가로막는다. '기회 평등' 원리에 어긋나 분명 적폐다.

개혁이 필요하다. 그런데 '악의 꽃'을 발본색원해 평준화 원점으로 되돌리는 것이 근본 해결책인가? 조 교육감의 굳은 신념에는 20년간 겪어 온 공교육 붕괴의 전철을 다시 밟을 위험은 없을까. 전국 80%를 차지한 진보계열 교육감은 공교육 증기기관차를 녹슬고 노쇠한 선로(線路)로 다시 옮기려는 것은 아닌지 의심해 봐야 한다. 대안이 시원찮아서다. 진보진영이 개창한 혁신학교의 실체는 여전히 모호하고, 학생·교사 참여형 교과과정과 교육방식은 서툴고 유동적이다. 명분은 멋진데 그곳에 자녀를 맡겼다간 영원히 녹슨 길로 접어들까 좌불안석이다.

인구가 많은 자유주의 국가에서 평준화는 반드시 명문고를 출현시켰다. 일본이 그랬고, 미국이 그렇다. 《일본고등학교》를 쓴 인류학자 롤렌(T. Rohlen)은 평준화 후 오사카 지역에 등장한 사립명문고 주변 집값이 폭등했음을 경멸조로 분석했는데, 그것은 미국도 마찬가지였다. 미국 사회학자 콜먼(J. Coleman)은 1980년대 초 '교육보고서'에서 교육 성취도가 현저히 낮은 공립학교에 왜 국가예산을 집중하는지 되물었다. 평등성은 구제하겠지만, 노력 형평성과 성취 효율성을 해친다는 논리였다. 콜먼은 '낭비'라고 단정했다. 한국에서 이런 의견을 냈다간 패가망신하기 십상이다.

국제학업성취도평가(PISA)에서 줄곧 수위를 차지했던 한국의 가파른 추락은 진보계열 교육감만의 책임은 아니다. 일반고 교육현장이 날로 부실해진 탓이다. 그런데 이 공유된 책임을 자사고와 특목고 탓으로 돌려 일괄 폐지한다고 21세기 백년대계(百年大計)가 설까. 혁신학교는 물론 진보계 교육의 대안이 흐릿해서 하는 말이다. 4차 산업혁명 시대엔 PISA가 강조하는 학업성취도 중심 교육이 오히려 패착일 수 있다. 인성, 자질, 꿈의 배양이 더 중요함을 모르는 바 아니거늘, 땡빚을 내더라도 일반고를 탈출하고 싶은 수요자 심정을 누가 탓할 수 있을까.

우파 정권이 10년을 키운 자사고·특목고·특성화고는 전국 고교 2,358개 중 802개(34%)로 확대됐다(자사고·특목고는 312개). 이제 '공교육의 적'으로 몰려 쫓겨나는 그 빈터에 혁신학교가 들어서고 있다. 수많은 고등학생이 생경한 지역으로 강제 이주해야 한다. 교육청은 자격요건을 심사해 예산을 살포했다. 137개 고등학교가 재정지원을 좇아 혁신학교로 간판을 바꿔 달았다. 비용은 물론, 형평성과 수월성 쟁점은 '입시교육 주범' 프레임에 함몰됐다. 명백히 불공정 게임이다.

우파 모델은 그냥 두고 좌파 대안을 경쟁시켜야 공정하다. 좌파는 경쟁을 기피한다, 그냥 내칠 뿐이다? 사비 463억 원을 들여 가꾼 전주 상산고는 반론 기회도 없이 '의대 특화반' 오명을 둘러썼다. 억울할 것이다.

입시교육을 탈피하려면 우선 대학과 대적해야 한다. 대학의 '입시 갑질'에 공교육은 꼼짝하지 못하는데 "성적에 구애 안 받고 꿈을 실현하는 교육"이라. 진보 대안의 이 멋진 꿈이 실현되려면

'꿈과 앎을 정밀 측정하는' 명문대학이 탄생하면 된다. 스펙도 못마땅해 즉석 문제풀이를 시키는 명문대는 이런 폭탄선언을 아랑곳하지 않는다. 모조리 내치기 전에, 조 교육감이 할 일이 있다. 모교 서울대 총장과 담판해서 '꿈의 순도(純度)'를 측정하는 획기적 입시안을 만들라. 이건 만리장정 감이다. 그러니, 자사고·혁신학교 간 공존경쟁이 최적이다. 선택지를 뺏으면 탈출행렬이 장사진을 이룬다.

정 주고 내가 우네

요즘 이런 사람들 많다. 정말 많다. 정(情) 주고 우는 사람들, 표(票) 주고 땅 치는 사람들 말이다. 2017년 봄 대선에 선택지는 없었다. 2번의 보수정권이 박근혜 탄핵으로 파산당하고 전국에 번진 촛불은 이미 민주당 후보를 청와대로 초청한 상태였다. 게다가 학생운동과 노동운동에 청춘을 바친 열혈지사 친문세력이 친노동, 친하위층, 친복지 정권임을 선언하지 않았던가. 처음 들어본 '소득주도성장'은 발성조차 산뜻해서 내용을 몰라도 일자리와 소득이 철철 넘칠 거라는 희망 메시지로 가슴이 벅찼다. 전경버스가 점령했던 광화문광장이 주권의 불빛으로 반짝였으니 말이다. 그리하여 재벌, 부자, 고위층, 권력집단이 결성한 세습사회와 부패 네트워크가 굉음을 내며 허물어지는 상상만으로도 행복했다.

정 주지 말 걸

행복은 딱 상상에서 멈췄다. ● 상상이 환상으로, 결국 난감한 현실로 뒤바뀌는 데에는 많은 시간이 들지 않았다. 최저임금을 고용주에게 떠넘겼을 때 조금 이상하기는 했다. 공적은 정권이 독식하고 책임은 고용주에게 전가하는 정책 마인드가 과연 운동권의 정의(正義)인지 헷갈렸다. 사실, 운동권의 청춘에 각인된 자본가 이미지가 착취, 악덕, 부패, 권력형 비리와 맞닿아 있음은 당연한 이치겠지만, 점주, 식당 주인, 영세 사업가도 한솥에 쑤셔 넣어 중탕을 끓여 댈 줄 누가 알았겠는가.

하층민, 패자, 취약집단을 구제하려면 자본가는 물론 기업과 자영업을 쥐어짜야 한다는 해묵은 좌파논리에서 한 발짝도 벗어나지 않은 그 빛나는 일관성을 집권 2년이 코앞인 이제야 알아차리겠다.

우선 편의점 점주들. 아무리 따져 봐도 수입은 줄고 노동은 늘었다. 부부가 번갈아 밤을 새워도 생활비 벌기 빠듯한데, 늘어난 알바 주휴수당 전표는 수두룩 쌓인다. 식당 주인들. 서비스 인력은 줄여도 식자재를 바꾸고 밑반찬을 줄일 수 없는 법, 여기에 회식 손님이 한산하니 장부를 몇 번 셈해도 적자를 면할 수 없다.

● "정 주고 내가 우네", 〈중앙일보〉, 2019년 4월 29일 자.

접을 수밖에. 집권 첫해, 개인·법인 사업자 90만 명이 폐업을 신고했는데, 도소매업 24만 명, 음식숙박업이 19만 명에 육박했다. 2018년 실질 경제성장률 2.7%, 6년 만에 최저였다. 2019년 1분기는 -0.3%, 설비투자 -10%대를 기록했으니 폐업 행렬이 강을 이뤘을 것이다.

영세기업 사장들은 더 곤혹스럽다. 임금체불이나 주 52시간 노동제를 어기면 곧장 구속이다. 안산공단, 시흥공단에 기계매물이 급매로 나와도 팔리지 않는다. 감옥 가려고 공장 돌린 것은 아닌데, 박근혜 정부보다는 나을 거라고 표 찍어 줬는데, 정 주고 내가 운다.

우는 사람 또 있다. 무더기로 있다. '보따리 장사'로 불리는 시간강사들, 대학을 전전하며 가족 생계를 꾸리던 학문 후속세대들 말이다. 한 과목 월 80만 원, 세 과목 맡으면 월수 240만 원 남짓. 그것으로 신혼살림을 꾸리거나 논문용 참고도서를 사야 한다. 이런 사람이 작년에 7만 6천 명에 달했고, 올해엔 8만 명에 근접할 거다. 지난 대선에서 문재인 후보에게 도장을 꾹꾹 눌렀던 사람들, 그러나 이제 정 주고 내가 우는 실없는 사람이 됐다. 8월에 시행 예정인 강사법 때문이다.

강사법은 최저임금제나 주 52시간 노동제와 꼭 닮았다. 보따리 신세에 사회보험 없는 열악한 형편을 구제한다는 선의(善意)는 장대했으나 정작 강사들에겐 악마(惡魔)다. 쫓겨나는 강사가 인산인해를 이룬다. 강사당 6시간, 사회보험 제공, 방학기간 임금지불, 최장 3년까지 재임용 원칙을 강행하면 한 곳에 둥지를 틀 거라는 환상 때문이었다. 절반은 구제받겠으나, 절반은 영원히 보따리를 싼다. 올 하반기부터 SKY대학에서 쫓겨난 강사가 줄잡아 2천여 명에 달할 예정이다. 박사 수료생은 강사진에 끼지도 못한다. 올 4월에 1만 6천여 명이 실직했다고 하니, 강사법이 발효되는 하반기에는 약 3만 명을 너끈히 넘을 거다.

자영업자와 영세공장이 폐업·파산으로 대응한 지난 2년간의 쓰린 충격파가 아직 집권세력에게 도달하지 않은 탓이다. 얼마나 더 무너져야 이념의 토치카에서 나올까? 이 정부는 정책효과를 점검하고 조정할 의지와 능력이 과연 있는가.

세금을 살포해 경제활력을 지피는 것이 좌파 논리다. 그럴 필요를 인정한다. 현 정권은 너무 쓴다. 집권 2년 동안 예비타당성 면제사업비로 51조 원을 인준했다. 올해 추가경정예산으로 6조 7천억 원을 벌써 상정했다. 전국 지자체가 민주당에 요청한 사업비만 125조 7,858억 원에 달한다. 아낌없이 주련다. 그러나 신강사법 시행에 교육부 지원금은 288억 원에 불과했다. 학문 후속세대를 절멸한다는 뜻인가? 총비용 약 3천억 원을 대학에 떠넘겼다. 대학도 자구책을 내놔야 하겠는데, 가장 쉬운 게 강사 해고와 합반(合班) 조치다. 학문 후속세대는 벌판을 헤매고, 꽉 찬 강의실은 어수선하다. 정 주고 울어 봐야 속절없지만, 제 길만 가는 무지한 그대에게 애원은 해야 할까 보다. "괴로움 남기시고 그대 홀로 가려 하오/ 첫사랑 고백하던 그 말씀을 잊으셨나요."

일편단심 민들레야

지난 번 "정 주고 내가 우네"를 썼던 필자는 간담회 후 "미워도 다시 한 번"을 쓰려 했는데, 고심 끝에 제목을 바꿨다. 세대 경험과 역사적 해원(解冤)에 일로매진하는 집권세력, "일편단심 민들레야"다.

　앞에서 언급했듯, 2019년 5월 사회원로회의에 초대됐다. 5월의 청와대는 쾌청했다. ● 곱게 단장한 소나무와 단풍나무가 근위대처럼 도열한 길을 따라 천천히 올랐다. 북악산을 병풍 삼아 가부좌를 튼 영빈관의 육중한 모습이 권력의 위엄을 스스로 발광(發光)했다. 수십 년 이어진 권력의 부침을 저 나무들이 지켜보았을 것이다. 영욕의 길, 그곳에 출몰했던 빈객(賓客)들은 시대 영웅 반열에 올랐거나 더러는 수인(囚人)이 되어 몰락을 재촉했다. 모두 혁명의 꿈을 품었을 것이다. 바위처럼 꿈쩍 않을 장대한 포부로 마음을 단련하지 않으면 북악산 기슭의 저 드센 지기(地氣)와 대적하기란 쉽지 않아 보였다.

● "일편단심 민들레야", 〈중앙일보〉, 2019년 5월 13일 자.

저 벅찬 기운을 서생(書生)이 어찌 감당하랴. 상소(上疏) 책문을 하나씩 들고 사회원로들이 등청했다. 무슨 말을 해도 면책되는 중추원(中樞院) 회의였다고 할까. 조선시대 같으면, '아뢰옵기 황송하오나'로 시작해, '통촉하여 주옵소서'로 마감하는 그런 읍소(泣訴)의 시간이었다. 실제로 분위기가 그랬다.

원로들은 노련했고 사욕이 없었다. 시간이 모자랐을 뿐 후사가 두려워 말을 아끼는 사람들이 아니었다. 군주, 아니, 대통령도 진지하게 경청했다. 대통령의 '마음의 행로'는 어떨까, 초면이지만 그걸 읽고 싶었다.

대통령의 표정은 솔직했다. 어느 관상학자가 소상(牛相)이라 하지 않았는가? 노무현 정권 비서실장 때도 너무 진지해서 탈이었다. 그런데 어두웠다. '정치가 힘들다'는 모두(冒頭) 발언에 그런 마음의 상태가 실렸다. 북한이 다시 강짜를 부리고 미국의 호응도 예전 같지 않은 탓이라 짐작했다. 거기에 야당(한국당)이 거리로 뛰쳐나갔으니 '협치'는 끝장났다는 낭패감이 겹쳤다. 피로감이 역력했다. 진지하고 솔직한 기질은 눙치지 못하는가. 표정 연출을 할 수는 없는가.

원로자문단이 필요한 시점인 것이다. 김대중 정부와 노무현 정부는 원로자문단을 운영했다. 고(故) 노무현 대통령은 북악산 정자에서 대취해 원로의 부축을 받고 하산하기도 했다. 대통령은 철인(鐵人)이 아니다. 원로들은 꾸짖지 않는다. 다만 길을 가르

치고 지혜를 줄 뿐이다.

대통령이 열거한 통계가 시정(市井)의 현실과 동떨어졌음을 알려 줄 사람도 원로다. 지난 KBS와의 단독대담에서 대통령이 콕 집어 말한 수치들이 정말 맞다고 맞장구칠 사람이 얼마나 있을까. 외려 가슴을 쳤을 것이다. 가구소득 격차, 청년체감 실업률 역대 최고, 경제성장률과 설비투자율이 바닥을 친 현실은 제쳐두고 살짝 고개를 든 경제지표를 보라고 했다.

냉해를 입어 주저앉는 매실나무도 안간힘을 내 꽃을 피우기는 한다. 생명에 노련한 농부는 직감적으로 안다. 밑둥을 자를지, 가지를 쳐낼지, 아니면 새로 씨를 받을지를.

속도전에 남다른 한국에서 2년은 긴 세월이다. 백령도에서 일어난 사건이 마라도까지 닿는 데 1분이면 족한 나라다. 속전속결로 생계를 이어 온 서민들이 청와대발(發) 정책에 대응태세를 갖추는 데에 1달이면 족하다. 최저임금 인상에 속도조절이 필요하다는 사실을 대통령이 처음 인정한 대담이었다. 속도조절조차 필요치 않는 영역으로 이미 이동한 영세 공장주, 자영업자들은 향후 대책을 고대했건만 조금 기다려 달라는 권유를 받았을 뿐이다. 임금노동자 형편은 나아졌다! 통계상 맞는 말이다. '주 52시간 규제'가 50인 사업장까지 적용될 내년에도 그럴까? 시간제, 계약제, 하층 노동자들에게 '주 52시간 규제'는 사약(賜藥)일 뿐이다.

그럼에도 말 속에 서린 결기는 서늘했다. '국정농단'과 '사법농단' 심판은 완결되어야 하며 '타협하고 싶지 않다'고도 했다. 의당 그래야 하지만, 우두머리들의 목을 치고 공수처 설치로 '완결!'을 선언하면 충분하지 않을까. 삼족을 멸한다고 제초제 뿌린 밭엔 푸성귀도 자라지 않는 법. 새로운 행군을 위해 이쯤 전환하는 게 좋겠다는 원로들의 권유가 비굴하게 느껴질 정도였다. 지지율이 빠지면 혁신동력이 고갈된다. 민주화 이후 예외 없이 겪었던 일종의 풍토병, '빈곤한 업적, 지지율 급락' 쓰나미가 현 정권도 덮칠까 위기감이 스쳤다.

집권 3년 차, 대선정국 1년을 빼면 거의 반환점을 돈 셈이다. 현 정권이 올인한 노동개혁은 부작용에 아우성이고, '정의로운 나라'의 정의(正義)는 적폐청산의 벽을 넘지 못한다. 인권변호사 경험과 노무현 정권 당시 재벌과의 샅바싸움에서 터득한 그 바위 같은 확신에 필자가 어물쩍 제안한 '고용주도성장'은 결국 식자의 꼼수로 간주됐다.

한국의 군부독재가 잉태한 '혁명세대', 이젠 586세대로 불리는 혁명세대의 전위(前衛)가 집결한 청와대는 단호했다. 핵무장 북한을 이만큼이나마 움직였고, 한국의 정치경제와 역사인식을 보수의 시궁창에서 건져 낸 진보세력의 공적에도 불구하고 원로들의 시선엔 우려가 쌓였다. 간담회가 끝난 쾌청한 오후, 걸어서 집무실로 향하는 대통령의 무거운 어깨에 햇살이 굴러 떨어졌다.

우울한 세금통지서

보기만 해도 가슴이 설레는 풍경이 있다. ● 골짜기를 굽어 도는 강줄기, 바람 부는 날 흔들리는 꽃, 기슭에 모여 앉은 산촌. 흔히 보는 것 중에는 빨간 우체통이 그렇다. 정겨운 소식이 날아드는 작은 통. 예전에는 먼 나라로 이민 간 친구의 분투기나 시골학교 선생이던 누이의 눈물겨운 편지가 들어 있었다. 밤새워 쓴 편지를 조심해야 한다는 건 두근거리는 청년기를 보내 본 사람이면 안다. 대학시절 내 친구는 연인에게 쓴 편지를 새벽에 부쳤다가 며칠 뒤 그 집 우체통을 뒤져 소인 찍힌 이별사를 간신히 저지하기도 했다.

애틋한 사연을 전하던 우체통은 이제 아파트 로비 벽에 벌집처럼 붙어 있다. 거기에 날아드는 소식 중 정겨운 것은 없다. 가슴을 쓸어내릴 것뿐이다. 과태료, 관리비, 건강보험료, 국세청 고지서. 시도 때도 없이 날아드는 청구서를 한껏 삼킨 우체통은 채무이행을 명령하는 국가의 스피커가 됐다. 준엄하다. 우체통발(發) 국가명령을 이행하지 못한 자에게 최후통첩을 발하는 곳도 우체통이다.

박근혜 정권 초기, 국세청 직인이 찍힌 통지서에는 이런 구절

● "5월의 우체통", 〈중앙일보〉, 2019년 5월 27일 자.

이 발견되었다. "귀하의 은행계좌를 추적했음을 알려드립니다." 나, 마약상? 혹은 불법자금 세탁업자? 그런 음험한 느낌에 섬뜩했다. '특이사항 없음'으로 판명되기는 했다.

5월의 우체통은 섬뜩하다. 종합소득세 납부일을 알리는 통지문이 벌써 도착해서 그곳에 있다. 정부의 씀씀이가 커지면 세금이 오른다. 현 정권에서 정부예산은 가파르게 상승했다. 불과 2년 만에 400조 원(2017)에서 470조 원(2019)으로 커졌고, 2020년에는 500조 원을 돌파했다. 경제 강국에 걸맞은 규모다. 세금을 올려야 한다. 가장 쉬운 것이 법인세와 소득세다. 6년 동안 조금씩 오른 법인세율은 22%에서 25%로 원상 복귀했고, 부자증세로 옮겨간 현 정권에서 소득세율이 상향조정됐다. 예컨대, 연봉 9천만 원 소득자는 35%, 1억 5천만 원 이상은 38%, 3억 이상은 40%다. 일자로 따지면, 정월부터 5월 중순까지 번 돈을 몽땅 국고에 반납해야 한다. 여기에 4대 보험, 재산세, 종부세, 기타 소소한 고지서 액수를 합하면 42~45%에 근접한다. 세금노동일이 대충 5월 하순까지 연장된다. 결코 작은 수치가 아니다. 고세금(高稅金) 국가다.

한국이 고세금 국가? 이 질문만큼 계층 간 이해충돌을 빚는 것도 드물다. 하층은 면세점 확대와 부자 증세를 강력히 원하고, 중상위 부유층은 감세와 절세를 노린다. '건강, 노동, 복지'와 하층민 소득증대에 매진하는 현 정부는 말할 것도 없이 '증세'다. 우파는 돈을 벌고 좌파는 돈을 쓴다. 현 정권이 내세운 증세 논리는 두 가지다. GDP 대비 조세부담률이 한국은 27%로서 OECD 평균 34%에 못 미친다는 것, 소득세와 법인세를 대폭 올려야 복지확대가 가능하다는 주장이다. '법인세를 낮춰 줬더니 투자는 외면한 채 금고에 쌓아 뒀다'거나, '소득이전이 커야 평등사회가 가능하다'는 말이 세를 얻기 시작했다. 맞는 말이다.

백번 인정해도 세금은 여전히 버겁다. 받는 것보다 주는 게 훨씬 많다는 손실감을 떨칠 수 없다. 우체통이 한없이 미워지는 순간이다. 왜 그런가? 준조세 형태의 잡다한 항목을 봉급자가 지불하기 때문이다. 교육, 양육, 부모부양, 주택처럼 뭉텅이로 돈이 들어가는 소비영역이 한국인의 가처분소득을 갉아먹는다.

단일세금인 사회보장세를 소득에 따라 30~60% 납부하고 주거, 교육, 노후, 4대 보장을 모두 수혜하는 스웨덴과 핀란드의 임금생활자들은 흑자 살림이다. 사실 이런 나라들의 복지재정은 주로 기업이 내는 사회보험 분담금과 고용주세(稅)로부터 나오기는 하지만, '고부담에 저복지?' 매우 밑졌다는 생각이 우리에게 널리 퍼진 데에는 다른 이유도 있다. 대통령 공약예산, 즉 통치예산이다.

공약은 정권의 얼굴이다. 폐기하면 공약(空約) 남발, 실없는 정권으로 찍히고, 지키자니 천문학적 예산과 분란이 뒤따른다. 노무현 정권과 이명박 정권 공약사업비에 195조 원이 들었고, 박근혜 정권도 100조 원가량을 썼다. 현 정권의 행보는 우렁차다. 26조 원이 소요된 4대강 보(洑)를 다시 돈을 들여 허물기로 했다. 최저임금 지원에 벌써 60조 원을 썼고, 노후보장, 건강보험 혜택을 대폭 늘렸다. 60조 원에 달하는 예비타당성 면제사업을 지정해 돈을 풀 만반의 준비를 갖췄다. 지자체가 요청한 돈만 100조 원에 달한다. 파업이 일어나면 돈으로 해결하기 일쑤다. 버스 파업에 1조 원을 풀었고 버스비 인상을 암시하고 있다. 공유택시에 저항하는 택시파업도 세금투여로 풀 것이다. 합하면 하층 면세자 750만 명에게 연 20만 원씩 걷은 세수와 맞먹는다. '보편 과세'를 궁리 중이지만 돈은 이렇게 샌다.

최소 비용으로 사회적 합의를 일구는 것이 좋은 정치다. 항의하면 세금으로 틀어막는 정치, 60조 원을 투하해 저소득층 일자리를 외려 망가뜨리는 정치에 꼬박꼬박 세금내고 흔쾌하다 할 사람이 있을까. 5월의 우체통은 밉다. 두렵다.

괴로운 아파트 공화국

우울한 봄이 가고 여름이 왔다. 역대급 장마와 코로나에 지친 서민을 타격한 건 '집값 전쟁'이었다. ● 누가, 어떻게 만들었는지 알

● "괴로운 아파트 공화국", 〈중앙일보〉, 2020년 8월 17일 자.

길 없는 김현미표(標) 답안인 임대차보호법과 부동산 관련 세금 인상. 김 장관은 집값을 마침내 잡는다는 듯 당차게 선언했는데, 그게 또 무슨 화근일지 두려운 시민들은 각자의 셈법에 돌입했다. 아무리 계산해도 아리송했다. 번듯한 내 집은 가능할까? 세금은 겁나게 올랐다. 세무사에게 문의했더니, '공부 중'이라는 답변. 시민들은 근심 속에 날이 새고, 김현미 사단은 신약(神藥)을 찾아 행군 중이다. 내 집 마련에 절치부심하던 40대가 떠올랐다. 그건 악몽이었다.

한국의 40대는 고달프다. 인생의 장대한 꿈과 엄혹한 현실이 충돌하는 10년이 인생의 성패를 가른다. '40은 불혹(不惑)'을 되새겼다간 '이생망'(이번 생은 망했다) 또는 '찌질한' 패자로 남기 십상이다. 반드시 넘어야 할 유혹의 3봉(三峯)은 출세, 교육, 아파트다. 과장, 차장은 부장 고지를 향해 육탄 돌진을 감행하고, 가게 주인은 중형 매장, 영업직은 판매 신화에 도전한다. 그러는 사이 자녀들이 부쩍 큰다. 부부의 시간은 입시교육을 중심으로 맴돈다. 자녀가 대학에 안착해도 한시름 놓을 사이도 없다. 아파트는?

20년 전, 서울로 올라온 필자는 고덕동에서 발산동까지, 죽전에서 갈현동까지 발품을 팔았는데 안착할 곳은 없었다. 결국 일산에서 틈을 봐야 했다. 40대 중반을 넘은 나이에 서울살이를 시작했으니 한참 지각이었다. 전세금에 대출을 얹어 내 집을 마련하는 것은 대체로 40대 초반, 그런데 기쁨도 잠시, 거기서 행군을 멈추는 사람은 바보다. 큰 평형, 브랜드 아파트로 두어 번 이사를 감행해야 재산과 위신 경쟁에서 낙오되지 않는다. 아파트는 제2의 연봉, 아니 연봉보다 힘이 세다. 40대는 틈새전략과 투기로 날이 샌다.

3봉을 힘겹게 넘은 40대는 중산층 대열에 합류한다. 부부는 주름살이 는다. 나훈아의 천연덕스런 노래가 가슴을 울린다. "광화문에서 봉천동까지/ 전철 두 번 갈아타고/ 졸면서 집에 간다." 그래도 내 집이라면 좋다. "홍대에서 쌍문동까지/ 서른아홉 정거장/ 지쳐서 집에 간다." 지쳐 가도 내 집이면 괜찮다. 그런데 봉천동도 쌍문동도 집값이 치솟았다. 서울 아파트 평균가격이 10억 원, 중위가격은 8억 원, 정말 억 소리 난다. 이제는 봉천동에서 군포까지, 쌍문동에서 의정부까지 가야 한다. 자녀가 결혼이라도 할라 치면 대출금 신세를 또 져야 한다. 작은 내 집을 옥죄는 빚 터널을 빠져나오는 때는 대체로 50대 말, 지천명(知天命)은 알 바 없고 노후 준비에 돌입한다. 50대는 '채무와 전쟁' 기간이다.

지방은 딴판이다. 몇몇 광역시를 제외하면, 지방 아파트 중위가격은 2억 원이 채 안 된다. 지난 3년간 서울 아파트 가격은 평균 3억 원 상승한 반면, 경북, 경남, 강원, 전북은 일제히 하락했다(〈중앙일보〉, 8월 13일 자). 어쩌다 올라도 2~3천만 원, 투기는 커녕 '선방'이 문제다. 아파트는 전 국민을 괴롭히는 불평등의 원

흥이 됐다. '아파트 공화국'(전상인 교수의 작명)에서 계층을 좌우하는 가장 확실한 지표가 부동산이다. 서울과 수도권 소재 아파트 소유자는 중산층이 될 확률이 급상승한다. 틈새전략과 운(運)이 중요하다.

지방민들이 상대적 박탈감에 몸을 떠는 이유다. 10억 원 아파트 자산가로 등극한 서울 친구 목소리가 결코 반갑지 않다. 3∼4억 원 아파트, 생활에 여유가 있지만 왠지 낙오자라는 느낌을 지울 수 없다. 23차 답안인 세금 폭탄이 지방민의 쪼들린 마음을 위로할지 모르겠는데, 덩달아 폭탄을 맞았다. 세금은 서울과 지방을 가리지 않는다. 임대인 장려혜택은 모두 말소됐고, 부동산관련 세금이 폭등했다. 세금폭탄이 '주거 정의'와 '분배 정의'를 동시에 달성하는 유일한 방식인가? 다주택자 소유 물량이 대거 풀려 나올까?

시장의 반응은 달랐다. 전세금이 폭등했고 전세 물량도 자취를 감췄다. '수해 때 신선식품 값이 일시에 오른 것과 같다'는 정책수석, 집값 안정세라는 대통령의 말에 희망을 걸고는 싶은데 정부 실력을 믿는 사람은 드물다. 실력보다 오기가 빛나는 정부가 이번엔 공급대책을 내놨다. 서울과 수도권에 빈터를 찾아 26만 호를 다 지으려면 5년은 족히 걸릴 것이다. 그 기간에 서민들은 널뛰기 시장에 적응하느라 혼쭐이 날 것이다. 30∼40대에겐 웬 천벌인가 싶다. 7월 가계대출이 역대 최고를 기록했다. 더 늦기 전에 중산층에 합류하려는 몸부림이다.

세금은 소유권 이동경로를 노린다. 이게 좌파의 양식(樣式)이다. 세금폭탄이 주택 분배에 별 도움이 안 된다는 것은 오래전 입증됐다. 종부세 투하로 의기양양하던 노무현 정부는 외려 집값 폭등에 시달렸다. 세금경제학은 정권교체의 정치학이다. '닥치고 증세 정부'가 벌이는 '주거 정의' 전쟁에 자멸(自滅)의 액운(厄運)이 어른거린다. 집값 고공행진도, 서민들의 고난의 행군도 끝날 기미가 없다. 아, 괴로운 아파트 공화국이여.

다 괜찮을 겁니다!

조선은 인민의 머리를 지배했던 지식국가였다. 500년 통치에 인민봉기나 민란(民亂)이 없는 나라는 드물지만 조선은 예외였다. ● 19세기 후반, 드디어 민란이 발생했다. 1862년, 나무꾼 집단인 초군(樵軍)과 빈농이 주도한 진주민란에 신흥부자와 몰락양반이 합세했다. 관아와 사족(士族)들의 집이 불탔다. 조정은 사간원 정언을 지낸 박규수를 안핵사로 파견했다. 직언으로 명망이 높은 그가 사태를 왜곡할 리 없었다. 조정에 장계(狀啓)를 올렸다. "진실로 그 이유를 따져 보면, 탐학관원과 사족들이 결탁해서 과도

● "안정세라니까요!", 〈중앙일보〉, 2020년 10월 26일 자.

한 세금을 부당 징수한 까닭입니다. 묘당(廟堂)이 품처(稟處)하게 해주소서."

부랑자와 무뢰지배의 난동이어야 했다. 그러니 고관의 가렴주구(苛斂誅求)와 부세(賦稅) 모순을 지목한 박규수의 간언을 조정이 순순히 받아들일 리 없었다. 세도정치가 극에 달한 조정은 앓아누운 철종의 왕위 계승에만 열을 올렸다. 박규수는 파직됐다. 민란은 전염병처럼 번졌다. 1860년대에 삼남지역에만 70여 군데, 1876년에서 1893년까지 북부지방에서 50여 차례 민란이 발생했다.

패휼(悖譎)을 일삼는 무리는 다름 아닌 조정이었다. 사란(思亂)이 싹텄고, 사란은 창란(創亂)으로 급기야 작변(作變)이 됐다. 패휼, 도리에 어긋나며 남을 기망(欺罔)하는 일. 망국의 작태가 민주화 33년 된 나라의 현실과 겹치는 요즘이다.

세상의 도(道)에 어긋나며 국민을 기망하는 일, 김현미 국토부 장관의 말을 듣다 보면 '패휼'이 떠오른다. 집값은 안정된다는데, 진정 안정세인가? 도봉구와 노원구에도 전용면적 84제곱미터에 10억 원을 호가하는 아파트가 나왔다. 강남 잔혹사는 서울 전역으로 퍼졌고, 지방 도시에서도 아파트값이 치솟는다. 불과 5년 전만 해도 10억 원 아파트는 부자의 징표였다. 내 집이 10억 원을 돌파해도 반갑지 않다. 종부세와 재산세만 더 물게 생겼다. 서민층과 젊은 세대에게 아파트 단지는 진입이 차단된 성(城)이다.

전세 물량도 씨가 말랐다.

'안정세에 들어섰어요!'를 앵무새처럼 반복하는 국토부 장관과 길에 나앉을 판인 홍남기 부총리의 천연덕스런 답변에 억장이 무너진다. 촛불광장에서 시민주권을 외치던 대통령의 존재감은 사라졌다. 실상을 알고는 있는지를 되묻는 것도 부질없다는 생각이 드는 요즘이다. 현 정권이 천문학적 재정을 쏟아부은 정책들이 하나같이 서민생계에 치명적인 부실공사였음이 드러나도 묵묵부답이다. 소득주도성장은 자영업과 영세업자를 결딴내고 끝났다. 책임자는 흩어졌다. 기회 평등과 과정의 공정을 실현한다던 '비정규직의 정규직화'로 정규직 진입의 문이 닫힌 지 오래다. 정규직 대상자들의 비정규직화가 한창 진행 중이다. 도대체 노동시장 개념은 있는가? 누구의 손에 기안되어 어떻게 국책(國策)으로 옮겨지는가?

숲을 파헤치고 벼랑에 위태롭게 늘어선 태양광 발전시설들은 태풍에 뒤집혔다. 토사가 흘러내려 민가를 덮쳐도 탈원전 시책은 꿈쩍도 하지 않는다. 태양광에 올인했던 대만은 이제 호수에 설치된 발전기판을 뜯어내기 시작했다. 물이 썩고 생태계 파괴가 심각해진 탓이다. 태양광산업에 정권 배후세력이 들러붙었음은 다 아는 사실, 산자부는 탈원전 공약의 전초부대였다.

예전 같으면 암행감찰은 사헌부 소관, 요즘 감사원에 해당한다. 감사원장은 월성 1호기 폐쇄 감찰결과를 보고했다. 재정 손실 수천억 원, 산자부 직원들이 컴퓨터 저장문서를 통째로 지웠다는 사실이 적시됐지만 조정과 세도배(勢道輩)들의 활약으로 묻혔다. 탈원전 공약은 어떤 비용을 치러도 완수돼야 할 천명(天命)이다. 감사원장은 '패휼' 공세를 견디고 있다.

형조판서와 대사헌 간의 드잡이는 볼썽사납다. 예전에 대사헌은 어명은 물론 형조와 사헌부의 지시를 따라야 했지만, 정치적 중립과 독립성을 지켜야 하는 것이 국민국가 검찰총장의 헌법적 책무다. 유재수 수뢰 연루자, 울산시장 선거 불법행위는 풍설로 남았다. 정권비리 수사로 청와대 압수수색을 감행한 검찰총장은 위험천만한 수괴(首魁)다. 감히 어딜! 불경죄에 대역죄가 추가됐다. 추미애 장관 아들 문제 난투극은 검찰개혁을 저지하려는 불온한 세력의 패휼로 규정됐다. 감사원장과 검찰총장이 국민의 인내심을 그나마 지켜 내는 마지막 보루다. 숱한 정권을 겪어 봤지만, 현 정권의 '흠결 제로' 결벽증은 단연 으뜸이다. 집권 여당 180명 정치인의 소신이 그렇게 한결같을까. 부작용이 명약관화한 사안도 하룻밤 사이 밀어붙이는 담합의 댐에 국운은 익사 직전이다. 검찰총장을 결박하면 단군 이래 최대 금융사기극 라임·옵티머스 사태도 풍설로 남을 것이다. 법무부 장관의 오기와 검찰총장의 결기, 대체 개혁대상은 누구인가? 명백한 물증을 들이대도 꿈쩍 않는 고관대작들의 이상(異常) 언행에 국민들은 헷갈리기 시작했다.

이젠 헛웃음이 나지만 어쩌랴, 안정세라는데. 세상은 안정세다. 자꾸 성가시게 되묻지 말라. 장안에 말귀를 못 알아듣는 사람이 부지기수로 생겼다. 정권의 항해는 무적함대다. 권력도 경제도 안정이다. 다 잘될 겁니다. 안정세라니까요! 사란(思亂)이 작란(作亂)이 될 날이 머지않았다.

4부

친북親北과
반일反日의 합주

핵(核) 파는 처녀

1980년대 학생운동권의 두 산맥은 PD와 NL이었다. 학술개념이 아니고 운동개념이다. 세계 학계에서는 낯선 이 개념은 한국에서만 통용되는데, PD(People's Democracy)는 민중민주파, NL(National Liberation)은 민족해방파로 불린다. PD파는 계급해방을 우선적 목표로 정했고, NL파는 민족해방을 대치시켰다.

계급모순과 민족모순은 1920년대부터 식민지 한국의 핵심과제로 대두돼 사회사상사의 맥을 형성한 오랜 역사를 가진다. 1925년 한국 문단과 운동권에 등장한 KAPF(조선프롤레타리아예술가동맹)파가 계급모순을 식민지 극복의 최대과제로 설정했다고 보면, PD파는 그 연장선에 놓여 있다. 반면 NL파는 민족해방과 통일을 최우선 과제로 추구하던 만주와 연해주 독립운동가들의 후예이다.

그런데 소련의 붕괴에 충격을 받아 1990년대의 운동권 양상은 사뭇 달라졌다. NL파가 PD파를 압도하고 운동권의 주류세력으로 부상한 것이다. 이후 PD파는 주로 사회·경제 영역에 진출해

계급모순의 타파에 힘썼고, NL파는 노동운동, 시민운동, 정치
운동에 투신했다. 정치권에 NL파가 주류를 형성한 것은 자연스
런 결과다. 이들은 노무현 정권에서 정치입문을 했고, 9년의 보
수정권을 거쳐 문재인 정권에서 날개를 폈다. 임종석, 이인영,
송영길 등이 대표적 인물이다. 정권의 행보가 민족통합, 민족통
일을 추구해 친북적 성향이 강한 것은 이런 배경에서이며, 이는
곧 자연스럽게 반일(反日)정서로 이어진다. 민족통일이라면 어
떤 수모도 견디는 인내심이 여기에서 나왔다. 심지어는 문재인
대통령에게 '삶은 소대가리'라고 욕설을 퍼붓고, 남북공동연락사
무소 건물을 폭파해도 말을 아낀다. 자존심을 내세우기는커녕 민
족통합을 위한 불가피한 고통이라고 생각한다. 김정은의 어깃장
과 왈패 같은 행동도 수용할 준비가 돼 있다. 이인영이 통일부 장
관에 임명이 되자마자 속초로 달려가 대북지원 의지를 토로한 것
도 이런 까닭이다. 국민이 보기엔 생뚱맞지만 그들에게는 청년시
절의 꿈, 혁명의 꿈이다.

친북(親北)과 반일(反日)의 합주가 현 정권에서 울려 퍼지는
까닭이다. '빨갱이' 낙인은 사라졌고 그 자리에 '토착왜구'가 들어
섰다. 친북과 반일은 서로 잘 어울리는 한 쌍의 역사관이다. 필자
가 주장하였듯, 한국은 '군사대치선'과 '역사대치선'에 갇힌 섬나
라다. 이를 군사분절선, 역사분절선이라고 해도 좋겠다. DMZ
가 중국·북한·러시아와 미국·일본·한국 간 군사동맹을 나누

는 군사분절선이라면, 역사분절선은 일제식민지에 대항한 중국·북한·한국을 한편으로 묶고 거기에 일본과 미국을 대치시키는 경계선이다. 미국의 위치가 애매해지는데 대체로 현 정권은 미국을 일본과의 역사동맹국 범주로 분류해 반미적 성향을 띠게 되는 것이다. 반드시 반미는 아니라도 사안별로 반미와 친미를 오락가락한다. 워싱턴 당국이 가끔 불편해 하는 이유다.

여기에서 모순이 발생한다. 한국과 미국은 '북한의 비핵화'를 추구하는 연합세력인데, 핵무기 개발을 통한 군사동맹의 강화라는 군사대치선의 목적과 정면 배치된다. 문 정권이 역사대치선의 심화(반일 정서)로 북한을 달래고, 평양 당국이 어떤 변덕을 부려도 다 받아 주는 어처구니없는 인내심을 보여 주는 것은 바로 이런 모순을 풀고자 하는 심태(心態)다. 사드 배치는 문 정권의 전략적 구도를 완전히 깨는 보수정권의 결단이었기에 중국과 북한의 엄청난 보복을 감수해야 했다. 군사대치선을 강화해 민족통합에 한 발짝 다가선다는 문 정권의 이념노선을 망가뜨리는 보수정권의 적폐였다. '위안부 합의'도 문 정권이 절대로 수용하기 어려운 일종의 협잡으로 규정되었다.

그래서 문 정권은 북(北)으로 한없이 다가갔고, 일본에서 한없이 멀어졌다. 트럼프는 대북정책에서 장사꾼 속내를 드러냈다. 이익이 있는 한 김정은을 세계에 둘도 없는 친구로 여겼지만, 이익이 보장되지 않으면 외면했다. 트럼프 재임기간에 워싱턴 당국이 일관성 없는, 지그재그식 대북정책을 내놓은 배경이다.

2018년 평창 동계올림픽은 북한에 다가갈 수 있는 절호의 기회였다. 박근혜가 멍석을 깔고 문재인이 결실을 거뒀다. 현송월이 왔고, 고위급 인사가 대거 남한 땅을 밟았다. 민족통합의 전제조건인 '종전(終戰) 선언'이 코앞에 다가선 듯했다. 정권 초기 남북관계는 거의 밀월 수준이었다. 순풍에 돛을 단 듯했다. 노벨평화상도 어른거렸다. 그러나 주사파(NL)의 꿈이 깨지는 데에는 2년이 채 걸리지 않았다. '저런 허접쓰레기들을 날려 버리라우!' 김정은의 벼락같은 분노에 개성의 남북공동연락사무소 건물은 허망하게 주저앉았다. 운명인가?

제국의 오디션

프랑스 68혁명의 기수 베르나르 앙리 레비(Bernard-Henry Lévy)가 2004년 미국 여행길에 올랐다. ● 그의 청년시절은 1960년대 프랑스 지성계를 풍미했던 마오쩌둥 사상에 경도되었다. 동양의 민본과 서양의 실존을 결합해 신철학을 구상한 레비는 인간을 억압하는 권력을 야만으로 규정했다. 자본도, 학력과 권위의 상징인 대학도 그러했다. 공화국의 화신인 드골 대통령이 사임했다.

● "제국의 오디션", 〈중앙일보〉, 2017년 6월 27일 자.

노조 대의원이 공장을 장악했고, 명문 소르본대 명패가 떼어졌다. 반제국주의를 넘어 무정부주의로 치닫던 68혁명의 행진은 몇 년 후 진정됐다.

50대 중반의 나이, 미국은 초행길이었다. 2001년 9·11 테러로 반(反) 이슬람 감정이 팽배하던 미국사회는 그 어느 때보다 날카로웠다. 레비는 친미/반미의 이분법을 내려놓았다. 유럽의 자손이 유럽을 지배하려 드는 미국의 오만, 전쟁을 문명사적 미션으로 미화하는 사상적 결함을 일단 접어 두었다.

그러자 풍경이 눈에 들어왔다. 사막과 초원을 가로지르는 적막한 도로, 마천루가 가득한 도시, 임시 촌락들과 인디언 보호구역, 석양에 반짝이는 스카이라인. 그 속에 무한 자유를 추구하며 살아가는 각양각색의 인간들, 작가와 예술가, 정치인, 할리우드 스타, 소수자, 무엇엔가 홀린 광신도들의 거대한 스펙터클이 펼쳐졌다. 레비는 미국을 빚어 낸 풍경에 현기증을 느꼈다. 《미국 현기증(American Vertigo)》, 그가 쓴 미국 여행기 제목이다.

"미국은 천 갈래 길을 숨긴 숲이다." 이라크 침공도 한 개의 길, 근본주의와 인종주의도 한 개의 길일 뿐이다. 미국의 전성기는 지났지만 그래도 제국의 위용을 갖추고 있음을 레비는 목격했다. 미국은 경계와 한계가 없고, 핵심도 없는 노쇠한 제국이 되었는데, 각 국가는 어쨌든 발을 담그지 않을 수 없다고 결론지었다. 그것은 천 갈래 길이 수렴되는 하나의 점, 미국의 가치인 자유민주주의 때문이다.

문재인 대통령이 내일 미국 초행길에 오른다. 골수 운동권은 아니었어도 반독재와 인권운동에 헌신했던 그의 청년시절은 전체주의에 항거했던 레비와 닮았다. 1970년대, 1980년대 한국의 운동권에서 반핵, 반테러, 반자본(反資本), 반제국주의는 단짝처럼 붙어 다녔다. 이런 이종(異種)의 이데올로기를 연결시킨 편리한 개념이 반미(反美)였다. 반미·반제가 당시 제3세계에 풍미한 자민족 중심주의와 결합하자 친북(親北) 이념이 잉태됐다. 북한은 민족 화해의 손짓을 정치적으로만 활용했다. 그런 경향때문인지 레비는 반미(反美)주의를 세계의 온갖 잡동사니를 쓸어담는 쓰레기 개념이라고 단호하게 규정했다.

미국과 짙고 깊은 인연을 맺은 한국은 유럽과는 사정이 다르다. 극단적 전체주의로 이탈한 북한에 민족정서가 남아 있는가? 북한주민은 다른 문제다. 아무튼 워싱턴은 한국의 반미주의에 촉각을 곤두세울 것이다. 고(故) 노무현 대통령의 성향은 이미 알려진 바이고, 최근에는 사드(THAAD) 반입을 둘러싼 정부의 돌발적 반응이 워싱턴을 긴장시켰다. 미국은 웜비어의 사망에 항의하려고 전략폭격기 '죽음의 백조' 두 대를 한반도 상공에 띄웠다. 정작 한국인의 반응은 뜻밖이었다. 지난 24일, '사드 철회 평화행동' 시위대가 미국대사관을 둘러쌌다. "사드 가고 평화 오라!"는 구호가 워싱턴에 긴급 타전됐을 것이다. 사드가 가면 평화가 올까? 위험하긴 마찬가지다.

'사드 어떻게 할래?' 이것이 '제국의 오디션'에서 문재인 대통령이 부를 첫 지정곡이다. 미국과 중국 사이에서 애매한 랩을 하는 것만큼 위험천만한 가창(歌唱)은 없다. 중국의 통제는 무력하고, 북한은 미사일을 쏴 대는 마당에 트럼프 대통령이 '달빛정책'을 얼마나 이해할까? 그는 민족정서를 환상이라고 쏴붙일 것이다. 사드 1기만 들여오라는 '1 + 5' 발언 역시 궁여지책이다. 독선적 성격의 트럼프에게는 화끈하고 간단명료한 말 한마디, '기왕에 들어온 거 다 갖고 와라!' 이게 답이다. 그러곤 한국의 딜레마를 납득시키는 게 수순이다.

한·중 역사동맹, 한·미 군사동맹 중 택일 궁지에서 바둑의 고수 알파고조차 균형자적 묘수를 찾지 못한다. 시진핑을 달래는 것은 차후의 문제다. 역사는 변하지 않기에 역사동맹을 재건할 가능성은 아직 남아 있다.

워싱턴 DC에 조성된 한국전쟁 기념공원 비석에 이런 구절이 새겨 있다. "생전에 몰랐던 나라, 만나 본 적 없는 국민들로부터 부름을 받은 우리의 아들과 딸을 존경하며." 미국인 사망자 5만 4,246명, 실종자 8,177명은 생면부지의 한국인을 위해 청춘을 이 땅에 묻었다. 6만 2,423명의 생명은 결국 미국의 국익을 위해 희생됐다고 어느 철부지 반미주의자가 항변해도 한국이 이렇게 번영한 기원을 통째 지울 수는 없다. '제국의 오디션'에 오르기 전에 한국전 기념공원을 잠시 들러도 좋겠다. 신시내티에 있는 웜비어 무덤에 조의를 표해도 좋겠다. 오디션에 임하기 전 목청을 가다듬는 것처럼 말이다. 미국과 중국 사이, 생존의 오디션은 언제 끝날까?

통영 가는 길

통영 가는 길은 멀었다. ● 섬진강을 남하해 순천에 닿았다. 강 하구를 건너 하동에 머물렀다가 사천으로 옮겼다. 매년 해오던 박경리 선생 묘소 참배가 올해는 이리 늦었다. 늦은 김에 한반도 서남부를 둘러 왔는데 강마을과 길섶엔 가을이 영글었다.

차창 풍경은 공포의 언어들로 자주 일그러졌다. 수소폭탄, 핵잠수함, 죽음의 백조 같은 쇠붙이 단어가 가을 강, 벼이삭, 감나무 같은 계절 언어를 산산조각 냈다. 강마을은 정취를 주지 못했고, 이른 어둠이 하구 노을을 빨아들였다. 추심(秋心)에 전쟁 그림자가 어른거렸다.

전쟁을 겪은 세대(世代)가 손자 세대를 낳아도 증오의 기억이 선혈(鮮血)처럼 지피는 우리의 현실을 기어이 인정해야 하는가. 문중(門中)의 원한은 3대가 지나면 소멸되거늘, 재발을 거듭하는

● "통영 가는 길", 〈중앙일보〉, 2017년 10월 3일 자.

민족의 원한은 달이 차고 이울수록 점멸하는 까닭을 알 수 없었다. 외교책략가와 국제전문가들이 기발한 지략을 짜내도 서민들의 얼굴에 쏟아지는 공포의 언어를 걷어내지 못한다. '한·미 동맹을 깨더라도 한반도 전쟁은 안 된다'는 문정인 특보의 공언(公言)은 전쟁을 억제하는 말인지, 전쟁을 부추기는 말인지 알쏭달쏭했다.

노벨문학상 수상자인 스베틀라나 알렉시예비치(S. Alexievich)가 말했다. "전쟁은 여자의 얼굴을 하지 않았다"고. 전쟁은 모든 생명체의 발아와 생장의 스토리를 짓밟는다. 전의(戰意)의 진정제, 전운(戰雲)의 항생제가 그 사소한 얘기들에 들어 있음에도 말이다.

남도(南道)엔 전쟁 상흔을 안고 살아온 문인이 많다. 소설가 정지아의 부모는 빨치산이다. '빨치산의 딸'은 남부군 정치위원 출신 노모를 모시고 구례에 산다. 남로당 도당위원장 아버지가 묻힌 계곡에서 지척이다. 상복이 터진 소설가 한강의 아버지 한승원은 '물에 잠긴 아버지' 얘기를 썼다. 남한의 모스크바로 불렸던 장흥군 유치면 일대를 장악했던 유격대 아버지는 일본 유학을 다녀온 엘리트였는데 6·25 때 행방불명됐다. 후손이 평생 감당한 사상적 혐의의 현실적 고통은 장흥댐 물에 잠겼다. 역시 장흥 출신 작가 이청준, 구순 노모를 모시며 부친이 남긴 짐을 글로 다스려야 했다.

섬진강 하구를 건너면 하동이 있다. ● 《지리산》, 《관부연락선》의 작가 이병주가 태어난 곳, 해방공간에서 민족 구원의 불꽃을 피웠던 열혈 학병(學兵) 세대를 배출한 고장이다. 더러는 지리산으로 갔고, 더러는 시정(市井)에 남았다. 학병 출신인 작가는 학병 세대의 이성과 윤리가 속절없이 좌절되는 광경을 소설로 구제하고 싶었다. 일제 말에서 해방 10년, 식민의 압살과 전쟁으로 일그러진 그 기막힌 공간이 이성적 사유를 짓뭉갠 지형을 그렸다. 후대의 정치가 애국과 반역으로 공식 판별한 그 갈림길의 운명적 선택에 숨겨진 개별 인간들의 스토리로 소설적 역사를 새로 썼다. 역사는 재단하고, 문학은 치유한다.

전쟁의 회한(悔恨)은 과연 문학의 바다에서 치유되는가? 진주를 거쳐 통영으로 가는 길에 문득 그런 의문과 조우했다. 작가 박경리도 씻을 수 없는 전쟁의 상흔을 안고 살았다. 6·25가 발발하고 인천 전매청에 출근한 남편은 끝내 돌아오지 못했다. 노량진과 마포를 헤맸으나 허사였다. '축제와 같이 찬란한 빛이 출렁이고 시끄러운 소리가 기쁜 음악이 되어 가슴을 설레게 하는 곳' 시장(市場)에서 그녀는 따스한 인정을 건지며 살고 싶었다. 그러나 전장(戰場)이 그 소박한 꿈을 부쉈다. 북에서 온 장교 '기훈'이 애

● 당시 필자는 2017년 '이병주 국제문학상' 수상자로 선정돼 상을 받으러 갔다. 팔자에 없는 문학상이었지만 내심 기뻤다. 수상작은 《강화도》(나남, 2017). 강화도수호조약 때 활약했던 판중추부사 신헌(申櫶)의 행적을 그린 소설이다.

인 '가화'를 총으로 쏘고 자신도 스러지는 《시장과 전장》의 마지막 장면은 혼(魂)의 전화(戰禍)를 묻은 작가의 제례(祭禮)였다.

제례 뒤엔 화해가 따른다. 화해의 문을 여는 그 떨리는 손으로 작가는 기어이 《토지》를 완성했다. 작가가 생전에 말했다. "거제도 너른 들 가을 벼의 노란색과 호열자가 번져 오는 죽음의 핏빛"이 겹쳐 생명에 눈을 떴다고. 민초들의 사소한 삶과 사연이 응축돼 마을의 내력을 이루고, 그 지류들이 서로 얽혀 대하로 흘러간다. 문학은 원한을 증류하고 피곤한 영혼을 적신다. 전쟁을 진정시키는 진짜 힘이 거기서 나온다.

북한은 핵무기로 원한을 증폭시켰다. 오늘날의 현란한 사상체계나 전략적 구상도 이 기억의 비틀림을 정상적으로 돌리는 데 실패했다. 새 한 마리 겨우 앉을 공감대를 구축하지도 못했다. 이쪽의 손자 세대는 공포를 이고 살고, 저쪽의 손자 세대는 전의(戰意)를 불태운다. 모두 전쟁을 모르기는 마찬가지인데, 공포와 전의는 통제되지 않는다.

이 집단화된 갈림길, 두 개의 대립된 역사를 문학의 보(褓)에 싸서 발효하면 증손자 세대가 서로 만나 춤출 그런 지평이 열릴까. 적어도 오늘 밤 떠오를 추석 달은 남북한을 골고루 비출 터이다. 통영 가는 길은 멀고 막막했다.

핵 파는 처녀

〈저 하늘에도 슬픔이〉, 전쟁고아 이윤복의 일기에 남녘 동포들이 눈물을 줄줄 흘리던 1960년대, 북녘 동포들은 아동극 〈꽃 파는 처녀〉로 혁명 의지를 다졌다. ● 정비석의 《자유부인》에 심기 일전한 한량 남녀가 〈낙엽 따라 가버린 사랑〉을 부르며 스텝을 사뿐히 밟을 때, 북한 주민들은 '천리마 운동'에 등골이 휘었다. 새벽별 보며 나서는 북녘 동포들의 허기를 혁명가곡이 채웠다. 전사(戰士)의 등을 떠미는 힘은 음악과 미술에서 나온다는 게 사회주의 예술론이다. 동북항일연군과 조선의용군은 가두연극과 집단가창으로 지친 심신을 달랬다. 행군하다 쉬는 곳이 즉석 무대다. 그 전통이 김일성 부자와 손자대로 이어져 이른바 '음악정치'의 전술적 의미가 완성됐다.

선군(先軍)정치의 백코러스인 음악정치 유전자를 건드린 것은 김정일의 매제 장성택이다. 그는 음악 소양을 갖춘 김일성대 청년들을 조직해 '택성악단'을 창단했다. 이 발랄하고 당돌한 음악 밴드가 정치범수용소를 위문공연하자 김정일의 분노가 폭발했다. 장성택만 빼고 모조리 처형됐다. 전술에 능한 김정일은 악단을 거꾸로 활용할 계획을 세웠다. 재능과 끼를 갖춘 젊은 미인들

● "핵(核) 파는 처녀", 〈중앙일보〉, 2018년 2월 26일 자.

로 예술단을 만들고 북한 체제를 미화 선전하는 것. 왕재산 경음악단, 보천보 전자악단이 창단됐다. 당정 고위간부 연회 때 기쁨조로 활약하다가 나이가 차면 음악정치라는 명분하에 국가행사로 내몰렸다. 2009년에는 이설주, 현송월이 속한 은하수 관현악단이 창단됐다.

혁명가극 〈꽃 파는 처녀〉의 영화주제가를 김정일이 작곡했다. 금성악단 소속 화영초대소 성악배우가 주제가 〈꽃 사시오〉를 정말 눈물지게 불렀다. 북한의 내로라하는 작곡가들이 황금예술의 극치라고 김정일을 치켜세웠다. 한층 고무된 김정일은 북한 음악계의 거장이자 〈당의 참된 딸〉을 작곡한 이찬서에게 평을 부탁했다. 이찬서가 무뚝뚝한 표정으로 말했다. "한심하네요. 이 노래는 미국 동요 〈클레멘타인〉의 명백한 표절입니다." 그러고는 피아노 앞에 앉아 〈클레멘타인〉을 연주했다. 연회장은 쥐 죽은 듯 고요해졌다. 며칠 뒤, 이찬서와 가족은 평양에서 사라졌다(김평강, 《풍계리》).

아버지의 유전자가 작동했는지 김정은도 모란봉악단(2012년), 청봉악단(2015년)을 연달아 창단했다. '음악정치는 수만 톤의 쌀, 수천 대의 탱크보다 더 위력적'이라는 아버지의 유훈을 떠올린 김정은이 세계의 겨울잔치인 평창 동계올림픽을 그냥 스칠 리 없다. 아이스하키팀을 포함한 대표선수는 고작 40여 명에 불과한데 삼지연 관현악단 140명, 응원단 230명, 태권도 시범단 34

명 해서 400여 명의 종합예술단을 선심 쓰듯 내려보내기로 했다. 근사한 말과 함께. "민족의 위상과 기상을 대내외에 과시할 수 있는 좋은 계기가 될 것이며 … 올림픽이 성과적으로 개최되기를 바란다."

대화 창구를 고대하던 청와대가 자다가 벌떡 일어날 경사였다. 통일부를 필두로 '평양손님 모시기'가 극진하게 펼쳐졌다. 평양 손님들은 어제도 왔고, 오늘도 온다. 혹시 눈발이라도 날리면 국정원은 우산을 받쳐 들 것이고, 청와대는 평양 당국이 삐칠까 노심초사 온갖 수발을 다 들 것이다. 고인이 된 가수 백설희가 불렀던 〈봄날은 간다〉의 그 여인처럼 말이다. "오늘도 옷고름 씹어가며 산 제비 넘나드는 성황당 길"에서 "알뜰한 그 맹세"를 의심치 않는 여인.

알긴 알 것이다. 평양 당국이 글로벌 쇼 무대에서 젊은 예인 (藝人)들의 끼를 한껏 살려 세계인의 눈을 사로잡겠다는 속셈을. 〈꽃 파는 처녀〉로 감정선을 자극해 핵놀이 기억을 지우겠다는 그 음악정치의 속 깊은 뜻을.

김정일 작사·작곡 주제가가 울려 퍼지는 무대 장면은 이렇다. "꽃 사시오 꽃 사시오 어여쁜 빨간 꽃/ 앓는 엄마 약 구하러 정성 담아 가꾼 꽃/ 꽃 사시오 꽃 사시오 이 꽃 저 꽃 빨간 꽃." 주연배우의 구성진 곡조가 심금을 울릴 때 배경화면에는 천리마운동과 미사일 발사장면이 혁명 의지를 고조시킨다. 이게 음악정치의 실체다.

평양은 한국 민요와 세계 명곡을 연주한다고 남한 당국을 미리 안심시켰다. 알뜰한 맹세대로, 아리랑을 부르고 베토벤의 교향악을 연주한다. 현송월이 남녘 남자들의 심금을 울리고 세계인의 찬사를 받는다. 남북대화 창구가 열린다. 민족의 위상과 기상이 천정부지로 상승한다. 그랬으면 좋겠다. 진정 환영할 일이다.

그러나 잊지 말 게 있다. 음악정치의 본질은 바뀌지 않을 것임을, 현송월의 앞모습은 '꽃 파는 처녀'이고, 뒷손엔 핵무기가 들려 있음을. 말하자면 '핵(核) 파는 처녀'다. '핵 사시오 핵 사시오 인민의 피로 빚은 어여쁜 핵.' 알긴 알 것인데 '오늘도 언 가슴 두드리며 실없는 그 기약'에 또 마음을 실어 보는 남녘 정권에 님은 올까, 아니면 쌍코피 터질까. 봄날은 벌써 갔는데.

종전(終戰)입니다!

1950년 6월 27일, 서울 한복판에 포탄이 떨어졌다. 집이 허물어지고 담장에 깔린 사람들의 비명소리가 진동했다. ● 당시 19세, 문학소녀였던 장모님은 가족과 인근 동산으로 피신했다. 서울 묵정동 소재 작은 주택이 포화 속에 주저앉았다. 이후 찾아온 궁핍

● "종전입니다!", 〈중앙일보〉, 2018년 5월 1일 자.

과 핑음 공포증을 한평생 버텨 냈다. 7월 15일, 소달구지에 가족을 태우고 영주에서 예천으로 피란하던 21세 나의 젊은 아버지는 더 빨리 남하한 인민군에게 소를 징발당했다. 천신만고 끝에 예천 처갓집에 도착했다. 아버지는 마루 밑에 숨어 의용군 차출을 모면했다.

1950년 7월 20일, 예천 대마리(里)에 살던 당시 8세 권 주필은 집 마당에 들어선 인민군 장군이 무서웠다.● 장군은 백마를 외양간에 묶고 대청마루로 성큼 올라섰다. 한 시간 후, 부모와 얘기를 끝내고 나온 장군은 소년 권 주필을 불러 무릎에 앉히곤 손톱을 깎아 줬다. "공부 잘해라." 이 말을 남기고 홀홀히 백마를 타고 떠난 그는 작은아버지였다. 2005년 언론인 평양방문 때 작은아버지를 찾았으나 전쟁 포연과 사라졌다고 했다. 나의 부모는 땅에 묻힌 지 오래, 노환이 찾아온 장모님은 전쟁 시(詩)를 남기고 와병 중이다.

"그날, 우리들은/ 뿔뿔이 목숨, 제 몫의 목숨들이/ 산산조각 났다/ … /허우적거리던 날/ 포성은 터지고/ … / 청춘은, 꿈은, 죽음처럼 늪게 했다/ 전쟁, 그 전쟁은."(추은희, 〈그 날 이후 1〉)

이게 어디 나와 인연을 맺은 사람들뿐이랴. 1940년, 일본 최고 문학상인 아쿠타가와상(芥川賞)을 받은 작가 김사량은 해방을 맞

● 〈중앙일보〉 권영빈 주필을 지칭한다.

아 고향인 평양으로 귀환했고, 전쟁 때 할 수 없이 종군작가로 남하했다. 무정(武亭)이 이끄는 2군단 문화선전부 지휘관이었다. 지리산까지 내려간 그는 9월 중순 미군 인천 상륙 때 퇴각하다 원주 치악산에서 병사했다. 조선총독부 전매국장을 지낸 그의 친형은 서울 종로 낙산에서 9월 말 인민군에게 납북됐다. 형은 북상해 죽고, 동생은 남하해 죽었다. ●

전쟁을 일으킨 김일성, 그의 손자 김정은이 군사분계선을 넘으며 발한 일성(一聲)이 그래도 피로 물든 회한(悔恨)을 어루만졌을까, 전후세대의 가슴에도 희망이 전해졌다. "우리는 대결하며 싸워야 할 이민족이 아니라 단합하여 화목하게 살아야 할 한 민족이다." '대결의 시대'를 마감한다는 청년 김정은의 감성적 레토릭은 전후 태어난 남한 중장년들의 부채의식을 정확히 건드렸다. 포화 속에 살아남은 부모세대의 간난(艱難)을 모른 채 천방지축 살아온 정전(停戰) 세대의 어설픈 세상살이를 말이다.

그러나 정전세대 맏형인 문재인 대통령의 한마디는 그 세대 빚을 청산하고자 했다. "이제 우리가 사는 땅, 하늘, 바다, 어디에서도 서로에 대한 일체의 적대행위를 하지 않을 것이다. … 이제 우리는 결코 뒤돌아 가지 않을 것이다."

4강의 강력한 견제 속에서 뚝심을 잃지 않으려는 유별난 '한반

● 필자는 김사량의 스토리를 소설로 썼다. 《다시 빛 속으로》(나남, 2018) 다.

도 운전자'. 그는 사문화된 2000년 '6·15 공동선언'과 2007년 '10·4 공동선언'의 차가운 비석에 묘목을 꽂아 꽃을 틔우고자 했다. 화무십일홍, 벌과 나비가 잉잉거려야 열매를 맺는 법, 정전(停戰)이 종전(終戰)이 되고, 대결이 평화가 되는 길은 멀고 험하지만, 김정은을 불러내 평화 로드맵을 그린 판문점 드라마는 어떤 변덕에 무너질지 모르겠으나 일단 쾌거임에 틀림없다.

의구심도 피어난다. 여행은 시작됐지만 길은 희미하다. 장사꾼 기질이 충만한 트럼프를 달래고, 대범한 척 주판알 튕기는 시진핑을 설득하는 길이 어디 쉬우랴. 한몫 끼려 틈새만 노리는 일본과, 전리품에 눈독 들이는 러시아의 자존심을 세워 주는 일이 어디 쉬우랴만, '이제 한반도에 전쟁은 없다'는 한민족의 결속은 역사의 대장정이라 일단 믿고 싶다. '한반도에 전쟁은 없다!', 이 엄청난 선언은 우리의 인식공간을 결박했던 이념의 말뚝을 벗겨 낼 것이다. 남한의 아사달과 북한의 아사녀가 휴전선 비무장지대에서 손잡고 노래할 시간이 온다고 믿고 싶다.

보수진영의 견제 화살과 관행적 우려가 맵기는 하지만, 이 역사적 국가대사에 동참하는 것은 중대한 의무다. '완전한 핵폐기'는 북·미 정상회담 몫. 핵폐기 북·미 담판으로 가는 길을 닦는 것이 판문점 선언의 최고치라면, 남북 두 정상은 일단 '시대적 소명'을 천명한 것으로 봐도 무리는 없을 듯싶었다.

'종전입니다!'로 향한 길을 뚫었을까. 두 정상의 합창이 8천만 민족 전체의 코러스로 울려 퍼질 그날, 전후세대인 나도 감격의 눈물을 흘릴 준비는 되어 있다.

〔부기〕권 주필께 소값 물어내라 했다가 접수증이 없어 실패했다. 대신 술만 얻어먹었다. 병상에 누운 장모님은 TV에 출현한 김정은을 보고 눈물지었다. '우리가 다 치렀다'는 세대의 메시지였을 거다.

반전(反轉),
다시 대치로

반전

그럼 그렇지! 남북정상이 만난 지 보름도 못 돼 김정은의 악다구니가 다시 살아났다. 미국의 강경발언이 쏟아졌다. 비핵화가 아니라 핵폐기! 김정은이 워싱턴발(發) 메시지를 듣고 노발대발했다. 핵을 그냥 폐기할 나라가 있을까? 더구나 고픈 배 움켜쥐고 핵에 목숨을 건 북한인데.

아찔했다. ● 8천만 겨레의 꿈이 강물 속에 처박힐 뻔했다. 비핵화 담판의 두 주역을 태운 차가 절벽 아래로 추락하기 직전 운전수가 핸들을 틀었다. 토요일 오후, 문재인 대통령은 북방한계선을 넘어 북측 통일각으로 내달렸다. 경호와 격식을 따질 계제가 아니었다. 측근 소수에게만 알린 채 통치자가 북방한계선을 넘은 초유의 사건이었다. 군이 비상경계령을 은밀히 내렸겠으나 그만

● "반전, D-14", 〈중앙일보〉, 2018년 5월 29일 자.

큼 절박했던 거다. 워싱턴의 신호등이 적색에서 다시 청색으로
바뀌었다.

　그러기에 왜 미국은 김정은의 푸념대로 그리 '주제넘게 놀아
댔'는가. 사실 탈선 위기의 책임은 북미 양측에 다 있다. 이 역사
적 대전환 앞에서 양측 모두 입방아를 찧지 않고 좀 지긋하게 물
밑 접촉을 했다면 이런 사태까지 가진 않았을 것이다. 마이크 펜
스 부통령과 존 볼턴 안보보좌관이 제멋대로 강경발언을 쏟아 낸
게 트럼프의 진짜 전술인지 모르지만, 입단속이 필요한 시점이었
다. 이에 질세라 막말의 끝판왕 북한이 장사포를 쏴 댔다. 펜스
는 '얼치기 촌뜨기', 볼턴은 '사이비 우국지사'로 비하됐다.

　'선(先) 핵폐기, 후(後) 보상'이란 매수조건에 선뜻 응할 장사꾼
이 어디 있을까. 아무리 그래도, 김정은처럼 '횡설수설 주제넘게
놀아 댔'고 욕설을 퍼부으면 흥정은 끝이다. 끝장날 조짐이 짙
어졌다. 문재인 대통령이 김정은의 변덕을 끝내 참아 내는 이유
다. 이게 문제다. 참는다고 문제가 해결되지는 않는다.

　북한 핵외교는 이른바 '쌍궤도 전술'로 이뤄진다는 게 탈북 북
한공사 태영호의 증언이다(《3층 서기실의 암호》, 이하 《암호》). 북
한의 생명줄인 핵은 전적으로 중앙당 소관이다. 김계관과 최선희
가 속한 외무성은 중앙당의 지령을 연기하는 바람잡이다. '일격
에 끝장내는 비핵화'라면 아예 접자는 중앙당의 결사 의지를 그렇
게 천박한 칼춤으로 연출했다. 미국이 움찔하길 기대했겠으나

'거래의 달인' 트럼프는 엎어치기로 응수했다. 풍계리 폭파는 트럼프의 느닷없는 일갈에 묻혔다. 오히려 당황한 김정은이 문재인 대통령에게 SOS를 타전했다.

남북 정상 중에 누가 설득하고 누가 설득당했는지는 모를 일이다. '친구처럼 만나고, 격의 없이 소통해야 한다'는 근사한 말에 내막이 덮였다. 김정은 위원장이 통일각으로 향하던 그 시각에 북한 대외선전용 SNS에 이런 글이 올라왔다. "경애하는 원수님을 따라가면 민족의 앞길에 평화도 번영도 통일도 온다. … 그이의 힘찬 발걸음에 겨레의 봄이 실리었다." 김정일 후계사업이 본격화되던 2009년 북한 중앙TV가 보급하던 노래가 〈발걸음〉이었다(《암호》). "척척척 척척 발걸음/ 우리 김 대장 발걸음/ … / 발걸음 발걸음 힘차게 한 번 구르면/ 온 나라 인민이 따라서 척척척." 그 김 대장이 김정은이었는데, 그이가 '척척척' 달려와 '척척척' 말하고 평양으로 돌아갔다. 그랬더니, 사태가 다시 반전됐고, 세계는 안도의 한숨을 내쉬었다.

비핵화의 방식은 아직 오리무중이다. 이 시점에서 묻고 싶다. 매물로 나온 게 정말 핵(核)일까? 아니면 가면무도회 입장권일까? 외신기자들은 풍계리 폭파가 장관이었다고 전하지만, 사실은 용도 폐기된 핵실험장 입구를 막은 정도라는 의구심을 떨칠 수 없다. 김정은의 발걸음이 그렇다. 김정은은 2012년 4월 핵보유국임을 헌법에 명시함으로써 할아버지의 유업을 완성했다. 3차 핵실험을 거쳐 2013년 3월, 핵·경제 병진노선을 천명했고, 2015년을 '조국통일 대사변의 해'로 공포했다. 그리곤 2017년 '핵무력 완성과 핵질주'를 거쳐, 2018년 '평화무드 조성의 해'로 돌입했다. 평창 동계올림픽이 그이의 발걸음에 딱 맞아 떨어졌다. 문재인 대통령의 중재 노력과 남한의 애절한 희망이 그의 발걸음에 놀아나는 건 아닌지 트럼프의 뚝심을 믿어 볼밖에 다른 도리가 없다.

핵무기는 대체 어디에 갈무리해 뒀을까. 은곡농장이란 게 있다. 백두혈통과 혁명 엘리트 가족들에게 주식과 고기를 조달하는 특수 농장인데, 북한은 이런 곳을 여러 개 운영 중이다. 김정은과 중앙당이 소형화된 핵폭탄 수십 발, ICBM과 미사일 수백 발을 남몰래 은닉할 장소는 차고 넘친다는 얘기다. 비핵화 담판 후 핵사찰을 대비해 분산 배치해 뒀을 거다. 체제보장에 위험신호가 오면 소형 핵탄두를 하나 꺼내들 테고, 경제보상이 시원찮으면 ICBM을 한 발 날릴 것임은 누구라도 예상할 수 있다.

미국 강경파 존 볼턴이 아예 몽땅 들어내 텍사스주 핵무기 창고에 이관해야 한다고 외친 절박한 심정을 이해할 만하다. 맞는 말이지만, 자신의 보검(寶劍)을 선뜻 내줄 나라가 어디 있을까.

경제악화로 곳간이 빈 김정은도 속이 달았다. 평화무드를 연출하며 발걸음을 척척 내디딘 김정은을 일단 협곡으로 유인하는 인내가 필요하겠다. 유인 이후엔 출구차단, 뭐 이런 단순명료한 해법은 없을까. 종전과 평화무드로부터 또 다른 반전은 사절이다.

하노이, 평양, 서울

1년 후 드디어 북미 정상회담이 성사됐다. 1년 동안 조마조마했다. 화해무드가 깨질까, 비핵화에 대한 미국의 보상이 또 엎질러질까 노심초사한 나날이었다.

김정은을 태운 기차가 2019년 2월 24일 오후 베이징 남쪽 스좌장(石家莊)을 통과했다. ● 1940년대 스좌장은 조선의용군 사령부가 운신한 태항산맥으로 향하는 환승역이다. 연안파로 불리는 의용군에 합류하려고 열혈 청년들이 이곳에서 비밀 연락병과 접선했다.

'1호 기차'는 다음 날 우한과 창사를 거쳐 남하했다. 일본 제국과 대적한 임시정부와 광복군이 피를 흘리며 퇴각하던 회한(悔恨)의 도시다. 김정은은 엇갈린 역사의 운명을 알고는 있을까. 만주에서 빨치산 투쟁을 하다 소련군 88여단의 지대장으로 입국한 조부 김일성은 블라디보스토크에서 배를 타고 원산에 입항했다. 중국 대륙에서 벌어진 독립항쟁 드라마와는 별 인연이 없었다.

기차는 20세기 혁명의 이미지를 싣고 달렸다. 초음속 여객기와 우주항공의 시대에 그 낡은 혁명정치를 세상에 전파하려는 듯이 말이다. 세계인은 마치 흑백영화를 보듯 격랑(激浪)의 세월을

● "하노이, 평양, 서울", 〈중앙일보〉, 2019년 3월 4일 자.

회고했을 것이다. 중국대륙을 가로질러 기관차가 닿은 곳은 베트남 국경, 중·월 분쟁으로 얼룩진 동당역(驛)이었다.

조선과 월남이 기관차로 연결된 유사 이래 최초의 사건이었다. 240년 전, 청 건륭제의 명령을 받은 기병 10만이 처음 디딘 땅, 그보다 훨씬 전, 쿠빌라이 칸의 몽골 군대가 월남 정복을 감행할 당시 건넌 국경이었다. 중국에 짓밟힌 수백 번의 전투에서 유일한 두 번의 승전이 그것이다. 청 기병을 몰아낸 응우옌후에(阮文惠), 몽골 기병을 퇴각시킨 쩐흥다오(陳興道) 장군. 번영하던 모든 월남 왕조를 기마병으로 번번이 짓밟은 중국은 월남인의 민족 원수이지만 중국의 동맹국에 기꺼이 국경을 열었다.

월남과 조선은 중국의 변방국이면서 위상이 달랐다. 월남은 중국에게 천덕꾸러기였고, 조선은 학문을 연마하는 모범생이었다. 베이징에 간 조선 사신이 인질로 잡혀 온 월남 왕족을 더러 만나 보기는 했었다. 반미(反美) 전선을 다지려 오래전 김일성 주석이 베트남을 방문하기도 했다. 오늘 월남은 핵보유국이 된 애꿎은 형제국에게 역사적 우의를 지키려 남행 기차를 환영했다. 게다가 북·미 정상회담의 모든 비용을 댔다. 월남인은 김정은에게 뼈에 사무치는 한마디 말을 건네주고 싶었을 것이다. '핵을 포기해라, 인민을 먹여 살려라, 그게 살길이다'라고.

김정은의 기차 로드쇼는 무위(無爲)로 끝났다. 젊은 청년이 노회한 '협상의 달인' 트럼프를 이길 도리는 없었다. 김정은은 다급했고, 트럼프는 서둘 이유가 없었다. 낡은 영변 핵시설은 값이 나가지 않았다. 강선과 희천에 갈무리한 비밀 우라늄 농축시설이 미국 첩보위성에 들키자 북한은 구매가치가 전혀 없는 상품을 들고 나왔음을 깨달아야 했다. 그렇다고, 혁명의 로드쇼를 벌인 김정은이 물러설 수는 없는 법, 하노이 회담은 결국 결렬됐다. 베트남은 혀를 찼고, 중국은 낭패의 눈빛을 감출 수 없었을 것이다. 트럼프는 즉각 귀국 비행기에 올랐다. 그리곤 그의 충복이었던 마이클 코언이 투척한 청문회 폭탄에 반박문을 날렸다. 코언의 폭탄발언에 등이 단 트럼프와, 핵무기 세일 무산으로 난감해진 김정은의 귀로(歸路)는 도긴개긴이다.

인류문명사에 최대의 적은 핵무기다. 핵무기 제조에도 격한 모험이 필요하지만, 일단 확보된 핵을 폐기하기란 더욱 힘들다. 최강 국가를 테이블에 앉힐 수 있는 마력(魔力)과, 적대국가에 해원(解冤)할 수 있는 괴력(怪力)을 동시에 품는다. 그런데 마력과 괴력을 즐기는 데에는 그만한 대가가 따른다.

일단 만들어진 핵무기는 제조자의 논리와는 질적으로 다른 독자 논리로 굴러간다. 핵무기는 '폐기'보다는 '폭발'되고 싶은 본능을 갖고 태어난다. 폭발 본능을 억제하는 것이 정치이고 국제정치 역학이다. 트럼프와 김정은은 핵무기의 폭발 본능을 통제하려 만났지만, 수준과 방식이 달랐다. 스몰딜(small deal)이나마 애타게 고대하던 문재인 대통령의 진로도 일단 막혔다. '곧 만나자'는 트럼프 대통령의 전화 한 통화를 받았을 뿐이다.

그렇다고 3·1절 기념사에서 문재인 대통령이 밝힌 '신(新) 한반도 구상'이 끝난 것은 아닐 터이다. 외려 비중이 더 커졌다고 할까. 그러나 비책은 없다. 오늘 아침 스좌장을 통과한 '혁명의 기관차'에서 김정은은 만감이 교차했을 것이다. 개혁개방으로 활력을 되찾은 하노이의 풍경과, 전력과 식량 부족에 시달리는 평양을 비감하지 못하는 통치자는 역사의 패륜아(悖倫兒)다.

AI와 가상현실의 시대는 김일성, 김정일, 김정은 3대 세습의 길을 결코 순탄하게 놔두지 않는다. 독자논리로 굴러갈 핵무기도 김정은을 배반할 날이 온다. 마치 전화(戰禍)로 괴멸된 하노이가 적대국 미국과 손을 잡았듯이, 평양도 서울에서 탈출구를 찾아야 할 때가 온 것이다. 하노이와 평양을 잇는 도보다리 서울이 나설 때지만 갈 길이 아득하다.

피에 젖은 경계선

남북 화해는 끝내 불발로 끝났다. 종전(終戰)의 꿈도 날아가 버렸다. 트럼프는 워싱턴에서 주판알만 튕기고, 김정은은 트럼프와 문재인에게 놀아난 분을 삭이고 있다. 어떻게 복수할 것인가? 그것에 사로잡힌 평양을 달랠 방법은 없다. 남북관계는 다시 적대(敵對)로 돌아앉았다. 러시아 전투기와 중국 전투기가 한반도

공해를 날아다녔다. 한반도 국제정세는 다시 옛날로 회귀했다. 불안했다.

우리보다 더 위태로운 민족이 있다. 터키 땅에 거주하는 쿠르드족.● 쿠르드족이 사는 터키 동부 국경도시 카르스(Kars)를 가봤다. 이슬람의 신비를 간직한 도시 카르스는 오르한 파묵이 쓴 소설 《눈》의 무대다. 보스포루스해협을 건넌 버스는 끝없이 펼쳐진 초원지대를 한나절 달렸다. 지평선 위로 카라반 숙소인 세라이가 가끔 스쳤다. 해질 무렵 도착한 카르스는 모래바람에 잠겨 있었다. 흙담 위에 켜진 가스등이 희미하게 길을 비췄을 뿐 인적은 보이지 않았다. 어둠을 타고 낙타 울음소리가 들렸다.

여장을 푼 호텔 레스토랑에서 조촐한 악단이 노래를 불렀다. 한국인에게 익숙한 〈위스크다라(Uska Dara)〉. 보스포루스해협 동쪽 마을 처녀가 이스탄불로 이주한 연인을 그리는 노래다. 한강 두세 배 정도의 폭일 뿐인 그 해협은 동서 문명의 경계선이다. 문명 간 갈라진 애틋한 사랑, 민요가 될 법하다. 그런데 그 악단은 터키족이 아닌 쿠르드족이었다.

늦은 오후 잠시 들른 마을에서 만난 유랑민족. 거기에서 카르스까지 인종은 쿠르드족으로 바뀌었다. 터키 인구의 20%, 그러나 위험한 변경에서 살아가는 비운의 민족이다. 카르스에서 산을

● "피에 젖은 국경선", 〈중앙일보〉, 2019년 10월 28일 자.

넘으면 이라크 국경이 있는데 거기에 600만 동포가 산다. 〈위스크다라〉가 아니라 산 너머 이산 혈족을 그리는 쿠르드 민요여야 했다. 〈야란(Yaran)〉〈내 사랑〉. "야란 야란 살아 있는지 보여 다오. 다시 볼 수만 있다면, 몸과 마음의 고통이 녹아내릴 거야."

쿠르드족은 이 노래를 울음과 함께 삼킨다. 이 노래를 불렀다간 집과 가족을 잃는다. 아니, 국경 너머 〈야란〉을 부를까 봐 터키군은 쿠르드 자치정부 수도 코바니를 공습했다. 분리독립 의지를 괴멸하려는 군사작전명은 "평화의 샘". 쿠르드 민병대(YPG) 340여 명이 전사했고, 피난민 7만여 명이 시리아로 향했다. 쿠르드 민병대가 이슬람 극단조직 IS와 생사를 걸고 싸운 것은 국경선 위에 국가를 수립하려는 민족의 절규였다. IS를 내쫓은 그들을 다시 터키가 내쫓았다. 갈 곳은 없다. 시아파 이란은 미국의 적대국, 수니파 이라크 북부엔 IS가 여전히 활약 중이다.

여성과 노인까지 총을 들고 IS를 격퇴한 공로는 사막 위 희미한 국경선을 사수하는 중동국가의 위험한 민족주의로 소멸됐다. 그 국경선은 제1차 세계대전 직후 강대국이 지도 위에 임의로 그은 상상의 경계선일 뿐이어서 100년 동안 적대와 증오를 뿜어냈다. 종교, 인종, 석유자원이 뒤엉킨 땅에 미국과 러시아의 패권전(霸權戰)이 숨 가쁘게 전개된 곳에서 전쟁은 오히려 일상이었다. 전쟁은 독재를 불러왔고, 인접국과 타 인종에 대한 학살과 파괴가 멈추지 않았다. 국제기구도, 세계 지성과 유엔평화군도 '피에 젖은 경계선'에 위태롭게 올라 앉아 〈야란〉을 부르는 4천만 민족을 구출하지 못했다. 종교적 적대와 극단적 민족주의가 작동하는 한 쿠르드족의 유랑과 핍박은 계속될 것이다.

우리의 국경선은 안녕한가? 한(韓) 민족의 안위를 보장하던 국경선은 아시아에서 유례없이 안전한 천연의 요새였다. 북쪽엔 강, 삼안(三岸)은 바다였으니 말이다. 두만강이 곳곳에 여울을 품었다 해도 간도 지역엔 인적이 드물었다. 세계에서 가장 오래 평화를 누렸던 이유다. 그 대가는 혹독했다. 국경선은 곧 제국 침략의 야만과 내전의 유혈로 물들었다. 두 개의 국경선이 생겨 났다. 대한해협에 그어진 역사단층선, 휴전선에 그어진 군사경계선이 그것이다.

강대국의 화염(火焰)이 충돌하는 위태로운 군사경계선과, 혈맹의 짝짓기를 교란하는 민족감정의 단층선 안에 한국이 갇혀 있다. 군사장벽이 낮아지면 역사대립이 높아지고, 역으로 대한해협에 화해무드가 깃들면 군사적 긴장이 고조된다. 딜레마다. 이 역설에 포획된 한국이 쿠르드족보다 안전하다 할 수 있을까.

지난 10월 22일 아침, 블라디보스토크에서 발진한 러시아 조기경보기가 울릉도 상공을 잠입 비행했다. 곧이어 전투기 3대가 삼안을 한 바퀴 돌고 유유히 귀환했다. 중국 전투기가 대한해협을 정찰하고, 영해를 침범한 일본 초계기에 한국의 광개토대왕함이 레이저 경고를 준 것이 불과 몇 달 전이었다. 성주의 사드 포대가 긴장했다. 한국의 방공식별구역은 21세기 신(新) 제국들이 상대의 진의를 염탐하는 놀이터가 됐다.

트럼프 대통령은 터키군과 쿠르드 민병대가 "그냥 싸우게 놔두라"고 남 얘기하듯 말했다. 한·일 역사분쟁에 결코 끼기 싫은 미국이 한국정부의 견미(睊美, 흘겨봄) 태도에 화가 치밀어 '글로벌 망토'를 쉽게 벗어던지지는 않겠지만, '결미(結美), 연일(聯日)'을 교두보로 친중러(中露)을 꾀해야 하는 민족 안위전선에 적색등이 켜진 것을 모르는 건 정작 한국인이다.

핵을 숨긴 김정은이 금강산에서 말했다. "저 너절한 건물들을 쓸어버리라"고. 문 정권의 애절한 구애가 그 한마디로 뭉개졌다. 아니, 그는 이미 오래전에 떠났는데 '가도 아주 가지는 않노라'고 믿고 싶은 사랑의 노래는 홀로 남은 여인 주변을 맴돈다. 《눈》의 주인공 케림이 카르스를 떠나는 기차역에서 이슬람 순례자가 된 그의 연인을 헛되이 기다렸듯이 말이다. 남북관계가 예전으로 회귀한 이때, 우리의 국경선은 안녕한가? 우리의 주사파는 여전히 무엇을 기다리는가?

반일이 능사가 아니다

문 정권은 '토착왜구'란 말을 유행시켰다. 토착왜구, 친일적 성향을 가진 인사들을 냉소하는 말이다. 여기에는 일본에 약간의 호감을 가진 사람도 포함되므로 이 말을 듣는 순간 무의식적으로 자신을 검열 대상에 놓는다. 움찔한다. "일본 유학파는 모두 토착왜구다!" 조정래 작가가 이런 말을 했다가 온통 난리가 났다. 문맥을 빼고 들으면 몰지각한 이분법이다. 노무현 정권은 친일청산법을 만들어 추진하다가 엉망이 됐다. 어느 선까지가 친일인가? 일률적 잣대로 잴 수 없는 것이 심적(心的) 공간이다. 영혼을 잴수 있는가? 이광수는 친일, 최남선도 친일이지만, 할 말은 많다. 〈동아일보〉 설립자 인촌(仁村) 김성수 선생은? 청춘은 민족, 노년은 친일? 민족자본과 민족지를 지켜 내려면 순일(順日)이 불가피한 선택이었을 것이다. 저항은 감옥행이다. 전체주의로 돌아선 일제 말기, 생존과 생계를 위해선 순종할 밖에 다른 도리가 없었다. 살아 있는 것이 친일이었다. 일본인도 견디기 힘겨운 극악스러운 체제였다.

필자는 심성(心省)은 반일, 행동(行動)은 실용이다. 일본을 활용해야 한다, 때로는 배울 필요도 있다. 무작정 배척한다고 식민지 상처가 치유되는 것은 아니다. 필자는 저서《국민의 탄생》에서 일본 제국주의의 역사적 기원을 살폈는데, 고립과 공포가 제국주의의 기저(基底) 심성이었다. ● 문명 중심에서 떨어져 있다는 고립감, 외국의 침략에 완전히 노출되었다는 공포감이 그것이다. 제국주의로의 진군은 고립과 공포를 떨치기 위한 역사적 반작용이었다. 점령국에서 무자비하고 잔악한 행동을 일삼은 것도 신정적 천황제에 대한 충직한 복무였다. 천황제는 현대판 신정(神政), 일본 군대는 무사고(無思考)의 상태에서 황조의 신칙(神勅)을 그냥 따랐다. 모든 선악행위는 천황제 복무로 정당화됐다. 정작 잔혹한 일본인들도 신정적 천황제의 희생자라는 생각에 미치자 가엾다는 생각까지 들었다. 전후 도쿄대 정치학자 마루야마 마사오(丸山眞男)는 이런 심성을 '무책임의 전통'으로 불렀다.

일본은 아무리 속죄해도 지나치지 않다. 그런데 일본 정치인과 일본인들은 한·일 국교정상화로 모든 것이 청산됐다고 믿는다. 돈도 줬다. 더 이상 제국주의의 잔혹한 죄를 거론하지 않는다고 믿는다. 그러나 피해국은 어디 그럴까? 피해의 상처는 국면마다 재발을 거듭했다. 한국에는 정권교체가 일어날 때마다 대일 정서

● 《국민의 탄생》, 민음사, 2020.

가 바뀐다. 그런 되풀이 상태를 일본인들은 이해하지 못한다.

역사는 청산의 대상이 아니다. 그래서 친북·반일 정서는 잘 어울리는 짝이다. 토착왜구 공세가 거세지면서 파묘(破墓) 논쟁이 불거졌다. 현충원에서 친일인사 묘를 이장하라는 것. 광복회 김원웅 회장은 반일정서와 토착왜구 색출운동에 앞장선 인물이다. 그 기세와 논리가 마치 해방 후 북한에서 일어난 반일인사 축출운동과 흡사하다. 나가도 너무 나갔다. 불가피한 순일(順日), 배워서 싸운다는 학일(學日)도 있다. 아무튼, 대전 현충원으로 향하는 백선엽 장군 유해를 가로막았다. 그게 애국 행위인가? 일본과 장벽을 쌓고 반일감정을 북돋우고 원수 취급하면 민족 연대감이 활활 타오르는가? 학계 일각에서는 21세기 들어 민족주의에 대한 반성적 성찰이 진행 중이다. 획일적 민족주의는 고립으로 가는 길, 21세기 세계추세와는 맞지 않는 자민족중심주의(ethnocentrism)로 이끈다.

반일정서와 민족주의는 궁합이 잘 맞겠는데 그런 민족주의가 세계주의와 접합할 수 있는가? 유연성과 연대감을 동시에 살리는 논리는 어디에 있는가? 문재인 정권에서 이런 질문들이 꼬리를 물고 이어졌다. 국민들은 헷갈린다. 반일과 친일, 그 중간 어디가 적정인가? 언제가 돼야 식민지 피해 심성을 치유할 수 있을까? 일본도 한국도 변해야 하거늘, 양국 모두 민족주의 울타리 안에서 상대를 질책하는 소리만 지른다.

불량외교

이 무더운 삼복더위에 600만 관객을 동원한 영화 〈군함도(軍艦島)〉. 이 영화에 자꾸 신경이 쓰이는 것은 광복절이 다가왔기 때문만은 아니었다. ● 몇 년 전 대학 동료들과 나섰던 역사탐방 길이 성난 파도에 막혔던 기억이 새로웠다. 하시마(端島)의 그 격랑(激浪)은 작은 연락선을 사정없이 강타했는데 해군장교 출신 동료도 난간을 잡고 웅크렸다. 소낙비가 내리쳤다. 물줄기 사이로 중세 성벽처럼 솟은 군함도가 일렁였다. 당시 탈출을 감행하던 조선인 징용자를 수장(水葬)시킨 그 물결이었다.

뱃길을 돌렸다. 귀항 길에 들른 다카시마(孤島)엔 미쓰비시탄광 역사관이 있었다. 갱부 작업복과 굴착기, 개미굴 같은 해저 갱도와 장비들이 제국 일본의 자부심인 양 번쩍였고, 지상엔 미쓰비시 창업자 이와사키 야타로(岩崎彌太郎)의 동상이 섰다. 조선인 흔적은 지워졌다.

당시 나가사키 공장지역에 끌려온 조선인 수는 약 2만 명, 다카시마와 하시마 탄광에만 약 4천 명을 헤아렸다. 하시마에서 항쟁은 일어나지 않았다. 죽음의 노예노동을 나가사키에 투하된 원폭이 끝장냈을 뿐이다. 영화 〈군함도〉처럼 일본군을 죽이고 석

───────

● "불량 외교와 바늘구멍 찾기", 〈중앙일보〉, 2017년 8월 8일 자.

탄수송선에 올라탄 징용자들의 귀향 투쟁은 상상의 한(恨)풀이다. 해방 75주년, 우리는 아직 상상의 복수전을 끝내지 못했다. 잔혹한 식민의 기억은 이렇게도 아프다.

난징대학살 기념관, 일본도(刀)에 죽은 30만 명의 영혼을 기리는 곳이다. 중국 청년들은 한결같이 외쳤다. "인간은 용서하지만, 역사는 잊을 수 없다"고. 시진핑 주석이 한 말이었다. 과연 인간을 용서했을까? 아니다. 요즘 시진핑 주석의 언행을 보면, 20세기 중국의 치욕에 대한 한(恨)이 읽힌다. 역사의 상처와 학살 기억을 한꺼번에 치유하려는 패권적 발상에 오기가 서렸다. 일본엔 그렇다 치더라도, 피해자 한국을 저리 사납게 내치는 것은 중화문명의 도(道)가 아니다. 시진핑의 군사력 대행진에 현대차, 아모레퍼시픽, 롯데마트가 짓밟히고, 한류가 쫓겨났다. 한·중 관계는 1992년 수교 이전의 냉랭한 상태로 돌아갔다.

예정된 코스가 앞당겨졌을 뿐이라는 진단에 수긍이 가지만, 외교는 작고 사소한 불씨가 결정적이다. 박근혜가 단독 감행한 사드 배치가 화근이었다. 사전 양해가 있었다면 문풍지 바늘구멍에 스미는 한 가닥 햇살 같은 출구가 가능했을지 모른다. 사후라도 특사를 보내 달랬어야 했다. 대인기피증이 심한 박근혜의 외톨이 외교에 뒤통수를 세게 맞았다.

한·일 관계가 엉킨 것도 그렇다. G20 정상회의에서 아베 총리를 싸늘하게 외면하던 박근혜의 심중에 어떤 괜찮은 복안이 있는 줄 알았다. 그런데 웬걸, '위안부 합의'란 걸 뚝딱 내놓았다. 대가는 단돈 10억 엔. 지금 복기해 보면, 최순실과의 야밤 대화가 그대로 정치언술에 출현하던 시기였다. "동 문제가 최종적이고 불가역적으로 해결될 것임을 확인"한다는 합의문 구절에 이르러서는 기가 막힐 노릇이었다. 사드 배치와 위안부 합의가 예고 없이 급작스레 이뤄진 '급(急)결재'의 전말과 책임소재는 반드시 밝혀내야 한다. 한·일, 한·중 관계를 엉망으로 만든 불량(不良) 통치다. 국부(國富) 손실은 천문학적이고, 외교적 낭패는 역대급이다.

되돌릴 수는 없지만, '느닷없는 회군(回軍)'의 사정을 한국인조차 납득하지 못한다는 사정을 중국과 일본에 알려 줘야 한다. 그 불량통치 당사자는 탄핵 심판을 받아 감옥에 갔렸다고. 일본 지식인들은 1965년 한일협정과 1966년 대일청구권 자금으로 피해 보상이 일괄 타결되었다고 믿는다. 일반 시민들은 국가 간 약속을 자꾸 번복하는 한국에 피로감을 느낀다. 한마디로 피곤한 한국인이라는 정서가 강하다. 중국의 분위기도 비슷하다. 미국의 강수를 한국이 어떻게 거부할까. 사드 갈등을 '미·중(美·中) 문제'로 규정하는 소수 지식인의 목소리는 '줏대 없는 얄팍한 민족'이란 대중 욕설에 묻혔다. 북한은 기세등등 반미(反美) 미사일 놀이로 날이 샌다. 영화 〈군함도〉의 상상적 한풀이가 8·15 광복의 인류사적 의미를 되살리지는 못한다.

광복(光復), '다시 빛 속으로'는 가해자 일본의 치졸한 변명을 문명적 대의로 부끄럽게 만드는 일로부터 시작해야 한다. 원폭 피해의식을 앞세워 가해의 역사를 지워 버린 일본에는 피해보상보다 한 수 위의 대일외교를 구상해야 했다. 패권주의로 치닫는 중국몽(中國夢)은 일본보다 더 잔혹한 가해자를 예고한다는 것을 피해자 한국이 알려 줘야 한다. 일본과 중국에 끼여 쩔쩔매는 한국, 트럼프의 전쟁불사론, 역대급 외교 낭패. 불량외교의 전말과 책임소재를 밝혀야 바늘구멍을 찾는다. 올해 광복절의 최대 현안이다. 그럴 걸 예견했는가. 〈군함도〉의 마지막 장면, 탈출하는 석탄수송선에서 원폭 버섯구름을 바라보는 주인공 어린 소희의 표정은 난감했다.

백 년 후 '오등'(吾等)은?

한국프레스센터 19층은 논쟁 열기로 후끈했다.● "백 년 후 오등(吾等)은 누구인가?" 한국국제정치학회 주최 '3·1운동 100주년 특별학술회의' 종합토론 사회를 맡은 하영선 교수가 던진 질문에 장내가 숙연해졌다. "오등은 자(玆)에 아(我) 조선의 독립국임과…"로 말문을 연 독립선언서는 조선인 개개인이 '동양평화로

● "백 년 후 오등(吾等)은 누구인가?", 〈중앙일보〉, 2019년 3월 18일 자.

일부를 삼는 세계평화, 인류행복에 필요한 계단'으로 나아가는 주체임을 선포했던 까닭이다.

독립선언서는 이른다. "과거 전(全) 세기에 연마광양된 인도적 정신이 바야흐로 신문명의 서광을 인류역사에 투사하기 시(始) 하도다." 그리하여, "오등은 안전(眼前)에 전개된 신천지로 나서서 세계개조의 대기운을 발양하라"고 했다.

다시, 지금 이 자리, 오등은 그리했는가? 백 년 후 오등은 그리할 것인가? 원로 정치학자 최장집 교수가 받았다. 지금 오등은, 아니 오등을 이끄는 문재인 정권은 그와는 거리가 멀다고. 최 교수는 문재인 대통령의 '3·1절 기념사'에 명기된 '친일잔재 청산'에 비판의 포문을 열었다. "정부주관의 친일잔재 청산은 일종의 문화투쟁인데, 가능하지도 않고, 역사를 정치적 관점으로 좁혀 해석하는 발상이다. 관제(官製) 민족주의다." 말하자면, 2019년 오등은 다성(多聲)적 민족주의를 특정 스펙트럼에 끼워 맞추려는 정권의 행보로 소모적 이념투쟁에 내몰려 있다는 뜻이다. '착오상태를 개선광정하려 신천지로 나서는 오등'을 막아선다!

너무 나간 감이 없지는 않았지만, 좌든, 우든, 제도정치를 우회해 운동정치를 앞세우는 어떠한 정치적 시도에도 경고를 서슴지 않았던 최 교수의 소신 발언이었다. 토론자인 문정인 청와대 안보특보가 나서 최 교수의 발언이 약간의 오해에서 비롯되었음을 완곡하게 지적했다.

필자는 친일청산보다는 작금의 적폐청산에 초점을 맞춰 논쟁에 가세했다. "적폐청산은 과거 백 년간 배양된 '정치적 국민'의 관점에서 '다성적 시민'을 공격할 위험을 안고 있다"고 말이다. 이쯤 되면, 3·1운동의 존귀한 정신의 죽비(竹篦)로 현 정권을 내리치는 모양새가 되었다. "결코 구원(舊怨)과 일시적 감정으로써 타(일본)를 질축 배척함"이 아니라, 일대 각성을 통해 "정경대원(正經大原)으로 귀환"케 한다는 3·1운동의 평화사상에 이르면 적폐청산이 초래할 부정적 결과를 우려하지 않을 수 없었다.

그날 밤 늦게 대통령의 '3·1절 기념사'를 다시 찬찬히 훑어봤다. 최 교수의 염려와는 사뭇 다른 진취적 내용들이 천명되어 있음은 뜻밖이었다. 민주화 이후 나온 기념사 중 가장 잘된 것이라는 생뚱맞은 생각도 들었다. 특히 친일잔재 청산이 그랬다. "친일은 반성할 일이고, 독립운동은 예우받아야 할 일이라는 가장 단순한 가치"로부터 정의와 공정한 나라가 시작된다는 구절이 그렇다. 기념사는 '현실적 척결'보다 '정신적 청산'을 주장하고 있었다. 내면의 광복! "서로에 대한 혐오와 증오를 버릴 때 우리 내면의 광복은 완성되는 것입니다!" 3·1운동의 정신적 죽비를 내리칠 까닭을 잃었다.

새로운 백 년의 발걸음을 내딛는 연대적 각성의 멋진 선언이다. 그렇다면, 거의 2년을 끌어 온 적폐청산은 왜 현실적 척결인가. 정신적 청산과 미래 구상은 어디로 갔는가?

다시 묻자. 지금의 오등은 관용과 대의(大義)의 바다로 나갔는가? 백 년 전 오등은 민족 자립을 말살한다 하여 "일본의 소의(少義)함을 책"하지 않았다. "고식적 위압과 양 민족의 원구(怨溝)를 날로 심하게 한다" 하여 일본의 무신(無信)을 죄하려 하지 않았다. 일깨워 공명정대의 대초원으로 같이 가게 함이었다. 그러했는가? 날로 악화되는 대일, 대중관계는 그들의 소심(小心)과 자기변호를 익히 알고 있는 오등이 대부(大夫)적 인식지평을 펼치지 못한 소이(所以) 아닌가? '혁신적 포용국가'임을 천명하고도 배척과 유배를 서슴지 않고, 포용 대상인 하위계층을 되레 빈곤과 실업의 절망에 맞닥뜨리게 하는 것은 웬일인가?

　　이게 지금 오등의 초라한 모습이다. 백 년 후 오등은 어떠해야 할까? 독립선언서가 오등의 갈 길과 민족심리의 방향을 지정한다. "진정한 이해와 동정으로 우호적 신국면을 만들어 동양이 공도동망(共倒同亡)의 비운을 맞게 됨을 막아라!" 그러나 정확히 20년 후, 동양은 중일전쟁과 태평양전쟁에 휘말렸고, 그 유산 속에 여태 갇혀 있다. 미래의 오등은 여전히 서로 어긋난 군사동맹선(한·미·일)과 역사동맹선(한·중)에 포획된 영토에 살 것이다. 즉, 군사대치선과 역사대치선이 엇갈린 내부 영토가 5천만 오등의 주거지다.

　　독립선언서는 묻는다. "아(我)의 자족한 독창력을 어떻게 발휘할 것인가?" 답은 자명하다. 지난 백 년간 원구(怨溝)로 가득 찬

민족주의를 우선 버릴 일이다. 중국발 미세먼지에도 민족주의적 분노를 표출하고, 일본의 위선에 기탄(忌憚)을 주저하지 못한다면, 원화소복(遠禍召福)과 공존공영의 동양평화는 불가능한 일이다. 중국과 일본의 민족주의적 굴기를 방지할 임무가 향후 백년 오등의 역사적 대임이다. 독립선언서는 오등에게 명한다. '정치적 국민'에서 '상호공생적 시민'으로, 더 나아가 세계시민으로 진화하라고.

동경(東京)에서 묻다

오랜만에 들른 일본은 들떠 있었다.● 야경은 현란했고 시민들의 즐거운 표정과 대화가 넘쳤다. 앵화(櫻花)가 만발한 탓이겠지만 벚꽃보다 더 만개한 경제가 여유를 가져온 때문이었다. 일왕 즉위일이 코앞이었다. 아베 내각이 선포한 나루히토 왕의 연호(年號), '레이와'(令和)를 예비하는 일본 열도는 옛 기억을 지층에 묻고 미래의 문을 열고 있었다. 희망의 시간을 맞으려면 의례가 필요한 법, 일왕 즉위일 5월 1일 전후 열흘을 '국민축일'로 지정했다. 뜻밖의 긴 축일을 선물받은 일본인들은 '잃어버린 20년'의 쓰린 회한을 봉합하고 강한 국가, 강한 경제를 향한 행진에 가슴이

● "동경에서 묻다", 〈중앙일보〉, 2019년 4월 17일 자.

벅차다.

《만엽집》구절, "초춘영월 기숙풍화"(初春令月 氣淑風和)에서 두 글자를 따왔다. '초봄 상서로운(令) 달'과 '성숙한 기에 바람이 부드러운(和)', '레이와'(令和)다. 새로운 통치를 펴겠다는 표현이다. 과거의 영광을 열창해 온 아베 수상은 강성 이미지를 감추려는 듯 문화적 색채로 신(新) 연호를 조명했다. "사람들이 아름다운 마음을 모아 문화를 잉태하고 배양한다"는 것.

다이쇼(大正)와 쇼와(昭和) 시대의 잔혹한 역사가 각인된 한국인에게 연호는 결코 부드러운 우방(友邦) 이미지가 아니다. 《서경(書經)》〈요전(堯典)〉1장 "백성소명 협화만방"(百姓昭明 協和萬邦, 백성은 빛나고 만방은 화합한다)에서 유래한 쇼와(昭和) 시대, 한국은 제국의 맷돌에 갈려 찢기고 신음했다. 야마토 민족을 정점에 둔 '5족협화'의 몽상에 조선, 중국, 만주, 몽골이 이류, 삼류 인종으로 전락했었다. 일본 연호에 토혈(吐血)하는 이유다.

예나 지금이나 일본은 이웃의 경계(警戒)에 신경 쓰지 않는다. 중국몽과 일대일로를 선언한 시진핑에 뒤질세라 일본은 강성대국이 목표다. 집권 7년 차, 삼(三) 연임의 길을 이미 닦은 아베 수상은 '2020 도쿄올림픽'을 발판으로 국민총생산 600조 엔 고지를 향해 질주한다. 아베노믹스는 절찬리 방영 중이다. 도쿄 시내엔 각종 공사가 한창이고, 신주쿠, 아카사카, 긴자에 신축빌딩이 마천루를 이뤘다. 일본인과 거리가 먼 '융통성'은 오랜 경제침체에서 배운 교훈이었다. 고층빌딩을 관통해 차도를 설계하고, 철로 변 용적률을 높여 백화점과 편의시설을 끌어들였다. 우중충한 서울역, 용산역과는 너무 다른 세련된 역세권이 도처에 형성됐다.

일자리가 넘쳐나도 연봉 1억 2천만 원 이하 계층에게는 시간외 초과근로를 허용했다. 탄력근로제다. 오타쿠를 제외하곤 모든 청년이 취업한다. '1억 총활약상(相, 장관)'은 희망출산율을 1.8로 올려 잡았고, 100세 시대를 대비해 의료천국을 구축 중이다. 100조 엔에 달할 가사(家事) 시장을 기업 간 협업 스마트 라이프(smart life) 정책에 맡겼다. 예전의 일본이 아니다. 곳곳에 활력과 희망이 넘친다. 아베에게 '레이와'는 신이 내려준 선물이다.

중화문명의 변방국 일본은 645년부터 연호를 사용했다. 중국의 눈에 거슬렸지만 응징하기에는 너무 멀었다. 반(半) 주변국 조선은 연호를 사용할 수 없었다. 대신 태평성대를 구가한 세종대왕 시절엔 '시간의 무늬'를 가꾸는 데에 심혈을 기울였다. 집현전학사가 과학적 발명으로 뒷받침했다. 해시계가 정오를 가리키면 보신각종을 울렸고, 북악산 물을 흘려보냈다. 백성의 농사일과 생존을 책임진다는 성군(聖君)의 시간 정치였다. 아악(雅樂)을 정리하고 속악(俗樂)을 보급해 정치가 음악에 닿도록 했다. 천명(天命)을 받든 나라였다.

동경에서 바라본 오늘의 한국은 갑갑했다. 문재인 정권이 내건 '나라다운 나라'는 무엇인가. 반문은 자꾸 이어졌다. '정의로운 나라'는 무엇인가? 백성의 현실에 닿지 않는 정권의 정의(正義)는 여전히 정의인가? 우리는 희망을 갖고는 있는가, 누가 미래를 얘기하는가? 원호(元號)에 환호하는 이웃 일본처럼 소록소록 희망을 샘솟게 하는 정치를 펴고 있는가?

세간의 담론이 왜 버닝썬, 승리, 김학의, 장자연 같은 민망한 사건에 쏠리는가. 저 남부지청쯤에서 해결해도 될 누추한 사건들이 미래 담론을 짓밟고 창의적 사고를 훼손하도록 조장하는 옹졸한 행태에 한숨만 나왔다. 미래 한국을 눈물로 호소하는 청와대 참모는 없는가? 탁현민은 연출에 능한 곡예사였고, 사회수석 김수현은 부동산 감시센터장, 여기에 중국과 일본은 나 몰라라 북쪽만 응시하는 외교책사들. 그러다 '오지랖 넓은 짓 그만하시라'는 핀잔을 들었다.

'위안부 합의 파기'는 하수(下手) 였다. 100억 원에 팔아치운 박근혜의 무지한 결재가 적폐 중 으뜸이었지만, 그래도 국제 관례를 무시하고 국가 간 합의를 일방 폐기하면 어떤 부작용이 있을지 따져 봐야 했다. 과격한 무효선언이 일본의 도덕적 양심을 일깨웠나? 외려 일본인에게 한국은 '믿기 어려운 나라'로 낙인찍혔다. 동경에서 바라본 한국은 '불신 국가'며 미래 담론이 증발한 '과거 회귀 국가'였다. 동경에서 한국을 돌아보자 체증이 도졌다.

되살아나는 제국(帝國)

악화일로를 걷던 한일관계, 올 것이 왔다. 일본의 요격미사일은 정확하고 치밀했다. ● 일본 경제산업성은 한국경제의 급소인 반도체와 디스플레이 산업을 겨냥했고, 제조공정에 소요되는 일본산 독과점 상위품목 3개를 특별 심사대상으로 지정했다. 허가를 받아도 90일이 소요되고, 만약 금수조치가 떨어지면 반도체 생산은 전면 중단된다. 한일관계가 악화될 때에도 이런 일은 없었다. 삼성과 SK하이닉스 재고는 대체로 2개월 안팎, 일본산 정밀화학재료를 확보하지 못하면 한국경제는 만신창이가 된다. 이걸 노렸다. 뿐만 아니라 한국이 70%를 점하는 반도체 세계시장에 물류대란이 발생한다. 세계의 비난까지도 멀리 내다보았을까. 경제로 타깃을 전환한 일본의 정치보복은 정말 쓰리고 아프다.

넋 놓고 일격을 당한 한국은 중얼중얼 혼수상태다. 사드 문제로 중국 사업을 철수한 롯데의 악몽이 채 가시기도 전에 이번에는 일본의 결정타를 맞았으니 정신이 혼미할 수밖에. 국무회의에서도 뾰족한 해법은 나오지 않았으며, 관계부처 장관들은 기업인들을 앞세워 뒷북치기 진상파악에 나선 정도다. '유치하고 속 좁은 일본!' 이빨 사이로 아무리 곱씹어 봐야 현실은 냉혹하다.

● "되살아나는 제국", 〈중앙일보〉, 2019년 7월 8일 자.

강제징용의 법정다툼에 대해 '무역제재'로 대응한다는 일본의 공공연한 엄포를 한국이 허언(虛言) 따위로 치부한 대가 치고는 치명적이다. 이명박 정권 이후 지속된 '10년 냉골'이 급기야 적대관계로 악화됐다. 박근혜와 아베가 서로 시선을 피하는 장면이 아직 또렷한데, 현 정권 대법원에서는 아예 징용 일본기업의 한국자산 압류를 선언했다.

아베 수상의 말이 걸린다. 핵심품목 수출규제가 경제보복은 물론, 정치보복은 더구나 아니란다. 그것은 '안전보장상의 수출관리 차원'이며, 3개 품목과 관련한 '군용 용도'라는 안보논리를 끌어 댔다. 이건 더 큰 문제다. 안보 우려로 금수조치를 취한다? 아베와 일본정부에게 한국은 '가상적국'이자 한·미·일 군사공조체제가 깨졌음을 확증한 선언에 다름 아니다. 우리가 식민사(植民史)를 들춰 반성의 념(念)을 상기시킬수록 일본인들은 제국의 향수(鄕愁)로 귀환한다는 사실을 인류적 양심에 기대 무시했던 것이다.

제국의 향수, 그 한복판에 놓여 있는 정서가 바로 안보(安保)다. 안보는 섬나라 일본을 제국으로 키운 집단공포심이다.

메이지유신 사상가들은 일본을 신국(神國)으로 정의했다. 해 뜨는 신국은 대륙에서 떨어져 망망대해에 놓여 있다. 고립과 공포감, 여기서 방어논리가 발현했다. 우선 바다를 막았지만〔海防論〕 그것으로는 불안했다. 역으로 공격과 점령이 답이었다. 홋카이도와 오키나와를 점령했다. 그리곤 대만과 한반도가 눈에 들어왔다. 아베의 정신적 스승인 요시다 쇼인(吉田松陰)은 조선 문제를 대놓고 얘기했다. '우리가 공격하지 않으면 반드시 저들이 쳐들어 올 테니'라고. 조선은 쇄국정치로 문을 닫아 걸 때였다. 육군 군벌의 수장 야마가타 아리토모는 1890년 제국의회 연설에서 '이익선'인 한반도를 점령해야 '주권선'이 안전하다고 역설했다. 안보논리는 곧 '미개국' 조선 계도(啓導)의 사명이 됐다. 한국 반도체 공정 필수품목을 금수 조치해야 일본 안보가 확보된다는 논리는 조선을 공격해 안보를 확증한다는 제국논리와 무엇이 다른가.

'일본이여, 국가가 되자!'는 구호는 1970년대 전후 패전의식에 대한 씻김굿이었다. '일본이여, 전쟁을 수행할 수 있는 국가가 되자!' 아베가 외치는 이 구호는 7월 21일 참의원선거를 휩쓸고 내년 헌법 개정까지 밀고 갈 것이다. 레이와(令和) 시대의 개막에 제국의 향수를 피워 올렸다. 이런 상황에 한국정부의 '과거사 정치'는 일본의 진정한 사죄를 끌어내기는커녕 '제국 향수의 정치화'를 자초했다. 중국의 센카쿠열도 점령에 일본은 안보를 외치지는 않았다.

식민배상 문제가 불거질 때마다 한·일 청구권협정(1965년)으로 입막음해 온 일본에게 개별청구권은 아직 유효하다고 주장하는 한국은 어쨌든 '믿을 수 없는 국가'가 됐다. 이 어설픈 양국의 현실을 직시해야 우회로가 보인다. 어쩌다 이 지경까지 왔는가.

  20년 전, 김대중-오부치 공동선언 같은 멋진 드라마도 있었다. 오부치 일본 수상은 '통절한 반성과 사죄'를 표명했고, 고(故) 김대중 대통령은 '화해와 선린우호 협력'을 약속했다. 이명박 정권은 국고(國庫)로 징용보상금과 위로금을 지급했다. 역사적 채권국이 신뢰채무국으로 낙인찍힌 저간의 상황은 무엇 때문인가. 누가 책임을 져야 하는가.

  종전일(終戰日)마다 피해국 위령탑에 엎드려 사죄하는 독일과, 원폭투하 원점에서 피해자 심정을 되새기는 일본의 본성은 다르다는 점을 직시해야 한다. 대책이 없는 게 아니다. 문 대통령의 단호한 외길을 버리는 게 우선이다. 노련한 외교 책사들로 전문가위원회를 설치하고 여기서 도출된 대안을 대통령이 무조건 수용하는 게 수순이다. 아베 수상을 무조건 만나야 한다. 제주도도 좋고 쓰시마도 좋다. 대법원이 내린 결정을 어쩔 수 없다고 방관하는 것은 정치가 아니다. 특별법도 있다. 출구 없는 상황, 대통령의 용단만이 길을 뚫는다.

전범국가 일본에 묻는다

한국 금수조치에 대한 일본 각의 결정이 타전되었을 때 군복무 시절이 떠올랐다. ● 감촉마저 생경했던 살상용 쇠붙이들이 긴 세월을 가로질러 적의(敵意)를 몰고 왔다. 스스로 놀랐다. 스가 요시히데 관방장관의 브리핑은 구토를 유발했다. "대항조치가 아니다"는 궤변은 진주만 공습 직전 미국 국방성에 수신된 일본 외교문서를 상기시켰다. "우리는 평화교섭을 원한다." 항모 6척에서 발진한 360대의 제로센 전투기가 진주만 공격을 개시한 시각이었다. 태평양전쟁은 미국의 석유 금수조치에 대한 일본의 항전(抗戰)이었다.

금수조치란 적개심의 명백한 징표다. 청일, 러일전쟁 때는 조선을 강제로 떼내 합병한 일본이, 백여 년 후 지금 중·북·러 진영으로 밀어내는 저의는 무엇인가? 금수조치에 전쟁을 불사했던 나라가 금수조치로 전쟁을 방지한다는 모순된 언명을 어떻게 세계에 납득시킬 수 있는가. 고작 위안부 합의 파기, 징용배상 판결을 했다고 '불신국가'로 낙인찍는 저 졸렬한 행동은 전범 조부(祖父)의 황도(皇道) 노선에 대한 사적 봉공인가, 아니면 팔굉일우(八紘一宇) 깃발로 수백만 명을 살상한 야만을 아예 잊었다는 뜻인가?

가해자도 고통을 느낀다. 그 인간적 비애는 '개인사'로 사장(死藏)되기 쉬운 반면 피해자의 고통은 시대적, 현재적이다. 세대 간에 유증(遺贈)되고 재발한다. 1937년 12월, 일본은 난징을 침

● "전범국가 일본에 묻는다", 〈중앙일보〉, 2019년 8월 5일 자.

공하여 30만 명을 학살했다. 일본군은 살인기계였다. 살인, 강간, 학살, 방화 등 모든 유형의 만행을 '5족협화' 명분으로 자행했다. 난징대학살 추모관 벽에 숫자 '300,000'이 쓰여 있다. 악의 평범한 자행, 당시 죄의식은 없었다. 왜 그랬을까? 살인축제에 참여한 병사들은 전후 가슴앓이를 하다가 대체로 1990년대에 죽었다. 국회의원 이시하라 신타로가 중국에 조롱하듯 물었다. 학살 증거를 대보라고.

1942년에 일본군은 '삼광(三光) 작전'을 벌였다. 모조리 불태우고(燒光), 모조리 죽이고(殺光), 모조리 뺏는다(搶光). 중국 산둥에서만 민간인 수만 명이 생포돼 남방 섬에 보내졌다. 그중 20%가 죽었다. 전후, 산둥지역 사단장 후지타 시게루(藤田茂) 전범재판에서 중국 법정은 금고 13년 형을 언도했다. 후지타 중장은 오열했다. 사형시키라고 울부짖는 방청객들에게 재판장은 베이징 지도부의 말을 전했다. "일본과의 영원한 우정을 고려해 용서한다." 중국정부는 200만 일본포로를 본국으로 돌려보냈다. ●

몇 년 전, 난징대학살 추모관에서 만난 한 대학생은 시진핑의 말을 인용해 이렇게 말했다. "용서한다. 그러나 잊지는 않겠다." 수십만 동족의 죽음을 어찌 묻을 수 있을까만, '용서한다'는 그 한마디가 평화의 심성이다. 전범(戰犯) 일본은 이런 토대를 만들

● 호사카 마사야스(정선태 역), 《쇼와 육군》, 글항아리, 2016.

었는가?

1956년생 필자는 어떤가? 나의 '적의'는 100만 징용자의 강제 노역, 수만 징병자의 죽음, 수천 명 무고한 조선인의 학살현장에서 피어오른다. 3·1운동 당시 농민, 학생시위대 교살장면은 분노를 현재화하고야 만다. 가해는 다르다. 가해 당사자가 죽으면 기억은 묻힌다. 독일처럼, 지도자가 꾸준히 기억을 들춰 내지 않으면 '현대사(史)'가 되지 않는다.

1954년생 아베는 아니다. 그는 전쟁세대가 이웃나라에서 벌인 잔인한 범죄를 죽은 조개처럼 역사의 무덤에 버렸다. 하얼빈에서 난징, 미얀마에서 남양군도까지, 평화·속죄를 담은 일본 기념물은 없다. 대신 히로시마와 나가사키에 원폭피해 위령탑을 세웠다. 그렇게 둔감한 역사를 밟고 선 아베의 대륙 '적개심'과, 통한(痛恨)의 식민지사(史)가 일상 속에 재현되는 필자의 '적의' 사이에 접점이 있을 리 없다.

급부상한 중국, 틈을 노리는 러시아, 핵보유국 북한의 위협 앞에 아베는 화려했던 제국(帝國)이 일개 민족국가로 축소되는 위기감을 느꼈을 터이다. 한국의 북한 포용정책도 심각한 위협이기에 차제에 '일본 대(對) 대륙'의 원점에서 전의(戰意)를 다지고 싶은 게다. 섬나라로 위축된 불만을 확산해 혐한(嫌韓) 강병(强兵)의 길로 나서는 아베의 일본에겐 안중근 의사의 질책이 딱 들어맞는다.

"용과 호랑이 위세로 뱀과 고양이 행동을 한다."

110년 전, 안중근 의사가 '동양평화론'에서 이렇게 썼다. 서세동점(西勢東漸) 환란, 특히 러시아의 위협을 동양인이 일치단결해 막는 것도 벅찬데, "어찌하여 동종인 이웃나라를 치고 우의를 끊어 스스로 방휼지세(蚌鷸之勢)를 만드는가?"

전범국가 일본에 묻는다. '조개와 도요새가 물고 물리는 형세'(방휼지세)를 이 시대에 다시 연출해서 무엇을 꾀하고자 하는가? '이웃나라를 해치는 자는 독부(獨夫) 신세를 면치 못하거늘', 한국을 대륙에 밀어붙이고 일본은 망망대해를 떠도는 독부가 되려 하는가?

그대들이 짓밟은 이웃나라의 고통을 진정으로 공감한다면, 5억 달러 보상금이 시대사적 고통, 인류적 패악(悖惡)을 완치한다고 생각하는가? '불신국가'는 외려 전쟁범죄를 망각한 자국 일본임이 분명해졌다. 안중근 의사의 '동양평화론', 그 대국적 가르침으로 쇠붙이의 기억을 겨우 진정시켰다.

한국사학자 카이텐(回天)

극한 반일(反日)도 문제투성이거니와, 일본 옹호는 너무 나갔다. 식민제국 일본에 의해 한국경제가 발전했다, 한국은 일본의 덕을 봤다고 주장하는 이영훈 교수. 식민통치가 한국 근대화의 기본설계를 완성했다는 것이 그의 입론이다. 이른바 식민지근대화론.

필자는 서울대 재직시절 그와 연구실을 아래위층에 뒀다. 나는 그가 쓴 저서의 열독자였다. 잘 썼기도 하거니와 무엇보다 역사적 자료가 풍부했다. 단 하나, 한국 경제성장의 기원이 일본 식민통치라는 그의 확고한 신념은 불편하기 짝이 없었다. 일본 위안부는 한국인이 자발적으로 만든 기업형 매춘이라는 주장에 대해서는 입이 벌어졌다. 한때 그의 연구실이 폐쇄됐다. 반일단체가 집단으로 몰려와 항의했다.

일본 덕을 봤을 수도 있겠다. 근대적 제도를 도입했으니까. 그렇다고 착취와 식민지적 강제와 탄압의 흑역사는 어디로 갔는가? 그도 인정한다. 하지만, 발전은 아무튼 그렇게 이뤄졌다는 것! 이런 신념이 장벽처럼 굳건하다.

필자는 한국 근대화의 기원을 공론장(公論場) 분석에서 찾아내고자 했다. 일종의 내재적 발전론에 속하겠는데, 몇 개의 내적 요인으로 근대화를 설명하려는 내재적 접근법에 꼭 들어맞지는 않는다. 이영훈 교수의 종착역은 일본 식민통치의 미화까지는 아니더라도 긍정적 평가다. 나는 부정적 입장에 서 있다. 일제의 탄압으로 공론장은 찌그러지고 왜곡되고 내부의 동력을 잃었기 때문이다.

아무튼 광복절에 그 화제의 책을 집어 들었다.● 이영훈 교수 (외), 《반일(反日) 종족주의》. 무모하고 섬뜩했다. 그의 평생 연구는 '식민통치하 경제발전'을 입증하는 것. 생산성과 소득 각 영역에서 괄목할 성장을 이뤘기에 일제를 착취로만 회칠할 수 없다는 것. 수탈론에 성찰을 촉구한 것은 분명한 업적이다. 이 책도 그러려니 했다.

그런데, 성찰은커녕 아예 '일본 면책론'까지 치달았다. 과거사를 핏빛 원한으로 재현하는 한국인의 야만적 심성, 이른바 '반일 종족주의'가 한일관계를 파탄 낸 주범이다! 최근의 쟁점에도 충격 판결을 내렸다. '한국의 맹목적 적대감이 원죄, 일본은 무죄다.'

독자들은 사료와 통계에 압도돼 기가 꺾인다. 원로학자의 이런 행군은 어디서 비롯되었을까? 붕괴 일로의 조선에는 희망은 없었고 결국 제국쟁탈전에서 망국(亡國)이 운명이었다는 체념의식. 윤치호가 그랬다. 항일운동 '105인 사건'으로 옥고를 치르자 무력한 조선을 절감했다. 출옥 후 그가 매진했던 것이 실력양성론, 3·1운동을 불장난이라 나무랐다. '2·8독립선언서'를 초안한 이광수가 '민족 개조론'으로 돌아선 이유이기도 하다. 이 교수 역시 일제의 폭력성을 부정하지는 않는다. 억압 속에 싹튼 한국인의 근대화 노력이 소중하다면서도 주로 일제의 개발효과를 부각시키는 항로를 개척했다. 그가 도착한 항구는 일본 공적론·무죄론

● "한국사학자 카이텐", 〈중앙일보〉, 2019년 8월 19일 자.

이다.

체념 속에 핀 꽃인가, 일제의 개발성과를 인정해야 한다는 그의 주장은 급기야 민족주의론에 창을 겨눈다. 식민사를 착취와 수탈로 상품화해 문화권력을 움켜쥔 사기꾼들이다. 필자도 맹신 민족주의를 경계하지만, 그의 논조는 2015년 일본 현지대담에서 자위대 참모총장 다모카미 도시오(田母神俊雄)가 뱉은 그것이었다(이 다큐멘터리는 KBS에서 방영됨).

도시오는 포효했다. "당신이 경성제국대학 교수인 것은 대일본 제국의 은혜다." 필자가 꾹 참고 물었다.

"위안부는?" "돈벌이 매춘이다."

"그럼 징용은?" "그걸로 먹고 살았다."

놀라지 마시기를. 이 책에 그대로 쓰여 있다. "위안부는 조선인의 기업형 매춘이며, 조선 관기, 종군위안부, 미군 기지촌 여인은 같은 계열이다."

징용문제는 더 나갔다. "징용은 선망의 대상이었고, 조선인 갱부 평균임금은 교사의 4.6배, 현장에서 민족차별은 없었다." 그리곤 일갈했다. "왜, 배상 타령인가?" "대법원은 왜 선동질인가?"

두 가지 오류를 범했다. '사료의 편파 선택'과 '일부로 전체를 왜곡하는 일반화의 오류'. 이 책은 대체로 밝고 정상적인 사료만 골랐다. 그렇다면 해방 후 부산항엔 돈 번 귀환자가 가득해야 했다.

10년 전 군함도(하시마)에 가봤다. 미쓰비시의 다카시마와 하시마 탄광에서만 4천 명 조선인 징용자가 노역했다. 하시마의 파도는 무서웠다. 왜 조선인들이 탈출하다 익사했을까? 고소득은 미끼였다. 주식과 생필품 비용을 공제하고 강제저축, 국채구입을 강요당해 실제 지급액은 쥐꼬리였다. 송금은 언감생심 빚진 사람이 속출했다(그는 송금통장을 사진자료로 실었다). 일본 패망으로 저축과 국채는 휴지조각이 됐다(김호경 외, 《일제 강제동원》). 이런 자료는 산처럼 쌓여 있다.

일본군이 요청하지 않았다면 '종군 위안부'가 가능했을까? 전쟁 말기, 왜 조선 처녀들이 결혼을 서둘렀나? 군 개입과 강제연행 입증자료가 미국 기록문서고에서 수차례 발견되었다. 누가 거짓과 허위를 생산하고 있는가.

전범기업과 군(軍)이 요청하면 할당량이 내려왔다. 모집책, 면장과 순사가 같이 다녔다. 그는 계약서만 제시할 뿐 실상을 외면한다. 일본 후생성 통계로 징용 연인원 112만 명, 아베가 신임하는 하타 이쿠히코(秦郁彦)는 군 위안부를 5~8만 명으로 추정한다. 이 교수는 군 위안부가 3,600명이란다. 그중 소수자료만으로 '강제동원, 강제연행은 허구'라고 판정했다. 정확히 '일반화의 오류', 왜곡이다. 그 왜곡의 비수를 '한일청구권'에도 꽂았다. "애초에 한국은 청구할 게 없었다." 왜? "일본이 남긴 재산 52억 달러 중 남한이 22억 달러 물권을 접수했기" 때문이다.

적산(敵産)은 일제의 전진기지였다. 1905년부터 40년간 한국에서 창출한 천문학적 자본수익금은 어디로 갔는가? 자국 민생과 전쟁에 쓰였다. 그래도 경제와 생활형편이 나아졌다!

그런 논조로 구축한 '반일 종족주의' 개념 자체가 허구다. 종족주의는 근대 이전 어디나 존재했던 보편적 현상으로 지금껏 일부 유증되는 문화적 심성이다. 보편 현상을 한국의 특수 집단심리라고 매도하는 것은 설(說)에 불과하다.

일본의 '선민적 인종주의'는 거론도 안 했다. 신주(神州)의 천손(天孫)은 선·만·지(鮮·滿·支)와는 다르다는 광기(狂氣)의 신화(神話)는 그가 종족주의의 요소로 든 샤머니즘의 일본식 변종이다. 선민주의는 내선일체라는 민족멸절(滅絶)의 인종폭력으로 둔갑했다. 냉철한 반성이라면 좋았을 것을.

그는 식민지 한국을 원죄국가로 바꿔치기해 잠수 공격하는 일제의 인간어뢰, 카이텐(回天)이 되었다. 왜 그래야만 했을까?

남(南)으로 가는 길

전화가 왔다. 평소에 잘 알고 지내는 김 총장이었다. 그의 유머러스한 어법은 곧 비장해졌다. LA에 사는 그의 사촌형이 전화를 했는데 반일단체가 아버지 묘를 파헤치려 한다는 전언이었다. 김 총장의 작은아버지다. 자초지종을 캐물었는데, 작은아버지 이름은 김득모, 6·25 당시 중령이었고, 흥남부두 철수작전의 공신

276

이었다. 마지막 LST를 지휘해 남하했다. 김득모 중령이 썼다는 책을 읽었고 역사적 자료를 검토했다. 파묘(破墓) 역풍이 더 거세지기 전에 써야 했다.

파묘(破墓), 국립묘지 안장 자격 박탈하기. ● 얼마 전 도올 김용옥이 뜬금없이 이승만 대통령 파묘를 주장하더니, 일파만파, 친일반민족행위자 파묘법안을 개정 발의하겠다는 당찬 초선의원도 출현했다. 현대판 부관참시(剖棺斬屍)다.

이에 화답할세라 민족문제연구소는 대전 현충원에 묻힌 51명의 '파묘인사 묘역 찾기' 대회를 벌였다. 현충일이었다. 대학생들은 보물찾기 하듯 인증샷을 찍어댔는데, 50기를 맞춘 팀에게 포상 30만 원이 수여됐다.

묘석 하나가 눈에 띄었다. 김득모 중령, 6·25 당시 2사단 헌병대장. 주최 측이 명기한 죄목은 대전형무소 학살 핵심가해자. 진실화해위원회 기록에 따르면, 인민군이 수원을 돌파하고 남하하던 1950년 6월 30일부터 7월 16일 대전을 내줄 때까지 형무소 재소자 700~1,500여 명을 처형한 사건이다. 김 중령이 대전 주둔 2사단 헌병대장이었으니 그렇게 간단히 분류했을 법하다.

그런데 이 간단한 낙인(烙印)과 즐거운 인증샷이 우리가 열렬히 성토하는 역사왜곡의 길을 열 수도 있다. '역사를 바로 세운다'

● "남으로 가는 멀고 좁은 길", 〈중앙일보〉, 2020년 6월 22일 자.

는 정의로운 외침에서 외려 역사를 짓밟는 무지한 폭력이 발원할 위험 말이다.

학살이 자행될 당시 그는 대전에 없었다. 2사단은 포천을 사수하라는 명령을 받고 의정부에 집결 중이었다. 6월 28일, 서울에서 인민군과 맞닥뜨린 그는 사단 병력과 함께 안양으로 퇴각하다가 수원 부근에서 인민군 탱크의 공격을 받아 대오에서 이탈했다. 야산 덤불에 포화가 쏟아졌지만 용케 살아남았다.

스미스부대가 오산, 평택을 사수하는 동안 그는 수십 개 산자락을 타고 대전에 홀로 귀환했다. 7월 6일 새벽이었다. 패잔병이 따로 없었다. 2사단이 궤멸된 탓에 대기발령 중 김백일 소장이 이끄는 1군단 헌병대장에 임명된 것이 12일, 낙동강 너머로 퇴각이 시작됐다. 인민군은 7월 16일 대전에 몰려들었다. 퇴각 2~3일간 그의 행적은 알려지지 않았다. 여기에 '학살 혐의'가 찍혔을 거다.

친일반민족행위자 색출에 혈안이 된 난시(亂視)에는 김득모 중령이 흥남부두 철수작전의 책임자라는 사실은 인화(印畫)되지 않는다. 그는 회고록 《남(南)으로 가는 길》을 남겼다. 인천상륙작전을 신호로 북진이 개시됐다. 원산과 청진을 거쳐 회령까지 밀고 올라간 국군 1군단과 미 10군단 선봉에 그가 있었다. 두만강을 코앞에 둔 회령에서 의외의 복병을 만난 것이 12월 초, 맥아더는 비밀리에 흥남 철수를 발령했다. 흥남부두에 피란민 10만 명이 몰려들었다. 10군단 사령관인 알몬드 소장은 피란민 승선을 거부했다. 피란민이 아니라 '현지 주민'이었고, 10만 병력과 화기(火器) 철수가 우선이었다. 적의 포탄이 눈발로 덮인 흥남시내로 날아들었다.

단호한 알몬드 소장을 감화시킨 사람이 김백일 소장과 김득모 중령이었다. 자유를 찾아 공산치하를 탈출하는 '민주시민'을 엄동설한에 버리고 갈 수 없다는 간언(諫言)에 그가 동의했다. 낮엔 병력을, 밤엔 피란민을 몰래 싣는다는 조건이었다.

12월 12일, 목선 200척에 1만 5천여 명이 남으로 향했다. 김득모 중령이 징발한 낡은 어선군단이었다. 15일엔 LST 조치원호, 20일 LST 온양호가 2만여 명씩을 태우고 어두운 동해바다로 나섰다. 24일 성탄절 이브, 알몬드 소장이 진두지휘한 상선 3척에 최후의 피란민 3만여 명이 부산을 향해 떠났다. 흥남부두는 대기하던 미 공군에 의해 불바다가 됐다. 김득모 중령이 지휘한 LST에서 아기가 1명 태어났다. 해남(海男)이라 이름을 지어 줬다. 김 중령은 부산진과 장승포에 난민을 하선시켰다.

문재인 대통령의 부모도 거기 어디에 끼어 있었을 거다. 국제시장을 개척한 실향민이 그렇게 생겨 났다.

〈흥남피란민탈출실록〉이란 부제가 붙은 책에서 김득모 중령이 회고했다. "가족을 부둥켜안고 울부짖는 그들을 외면하는 것은 전시 명령불복종에 비할 수 없는 죄악이었다." 3척의 상선에선 6

명의 아기가 태어났다. 전란 속 민족대이동 대열에 희망을 준 해남이는 잘살고 있을까, 장군이 된 김 중령은 해남이를 불쑥 떠올렸다. 혹시, 인증샷을 찍은 대학생들이나 주최 측에 올해 일흔이 된 해남의 지인 자제들이 끼어 있을까.

김 중령의 묘비에 민족문제연구소가 가져간 시커먼 조화(弔花)가 다시 걸렸다. 파묘 인증이었다. 생사를 걸었던 험난한 길, 남으로 가는 '먼' 길을 실향민들과 그렇게 건너 왔건만, 아직 남으로 가는 '좁은' 길은 통과하지 못한 것인가. 그 좁은 길목을 지킨다는 역사의 경비대에 면허증을 내준 사람들은 누구인가.

파묘 논쟁은 누구든 옮겨 붙을 기세다. 당장 백선엽 장군이 논란의 대상이 됐다. 만주군관학교(1940), 간도특설대 장교(1943) 경력이 낙동강 다부동 전투의 전사(戰史)적 의미를 갈기갈기 찢었다. 칠곡이 뚫렸다면 무정(武亭)의 2군단과 박성철의 15사단은 부산에 도착했을 터, 남으로 가는 멀고 좁은 길은 영원히 폐쇄됐을 것이다. 6·25 70주년, 평화시대 후손들이 스스로 물어볼 일이다. 우리들은 언제 대의(大義)에 생명을 걸어 본 적이 있는가.

국민과 시민

며칠 후 백선엽 장군이 작고했다. 그날 새벽, 박원순 서울시장이 숨진 채 발견됐다. 다시 파묘 논쟁에 불이 붙었다. 현충원 안장 불가! 백선엽은 친일분자로 분류됐다. 6·25 당시 칠곡과 왜관 방어선을 지켜 낸 그의 공적이 없었더라면 부산은 함락됐을 거다. 그러면? 일본 망명과 난민이 수백만 명 발생했을 터, 대한민국은 지구에서 사라졌을 것이다. 그런데 친일 행적이 그의 운구행렬을 가로막았다. 박원순 서울시장의 자살 이유는 명백히 밝혀지지 않았다. 다만 성추행 사건이라는 것만 알려졌다. 정권 실세들은 사망자의 행적을 들추는 것은 망자(亡者)에 대한 예의가 아니라는 이유로 성추행 사건을 덮었다. 여성단체들의 항의가 빗발쳤지만 정권의 방어벽은 두터웠다.

백선엽 장군 운구행렬을 막는 반일단체들은 내버려 두고, 서울시장의 자살원인 규명은 덮었으니 세간의 비난이 들끓었다. 어떻게 균형을 잡아야 할까? 무엇이 공정의 가치에 맞을까? 며칠 장고에 들어갔다. 시민과 국민, 그 시대적 의미를 반추하는 가운데 타협의 실마리가 보였다. 백선엽 장군이 사생결단 전투로 막아 낸 마을에서 5년 후 박원순이 태어났던 거다.

백선엽이 살던 일제강점기로 돌아가 보자.

일제 말기, 일본 문학잡지 〈문예〉에 조선문학 특집이 게재됐다. ● 일본어를 가장 잘 구사하는 세 작가가 뽑혔다. 이효석, 유진오, 김사량. 식민지 문학을 내지(內地)의 보편성으로 융화한다

● "국민의 시대, 시민의 시대", 〈중앙일보〉, 2020년 7월 20일 자.

는 의도였다. 이후 세 사람의 길이 갈라졌다. 이효석은 1942년 만주기행 직후 '황민'(皇民)이 맹위를 떨쳤던 시기에 토속을 품고 죽었다. 유진오는 제헌헌법을 기초해 남한 '국민'의 틀을 다졌다. 김사량은 해방 직후 태항산 조선의용대와 함께 귀국해 고향 평양에서 북한 '인민' 대열에 합류했다. 일제의 황민이 소멸한 공간에서 국민과 인민이 맞붙은 게 6·25전쟁이었다. 식민지 유산이자 비극이었다.

고(故) 백선엽은 황민에서 국민으로 이적했다. 그가 나온 만주 군관학교는 대륙침략을 대동아공영으로 미화한 천황주의의 위장술임을 통감한 후였다. 게다가 그는 김일성과 소련을 꿰뚫어 본 반공주의자였다. 6·25전쟁이 터졌다. 그는 수원에서 궤멸된 1사단을 수습해 대구 방어에 나섰다. 동쪽으로 영덕, 남쪽으로 마산까지 180킬로미터에 이른 낙동강 방어선에서 55일간 전투가 치러졌다. 두 전선이 가장 치열했다. 왜관 다부동전투, 영산 오봉리전투.

백선엽 준장의 신생군대는 항일연군과 팔로군에 소속됐던 노련한 무정(武亭) 군단을 다부동에서 대적했다. T-34 전차와 경기관포로 무장한 3개 사단이 정면 돌파를 시도하는 동안, 남서쪽 낙동강 돌출부 영산에서는 미 24보병사단이 분투했다. 서울을 최초 돌파해 공화국 영웅 칭호를 받은 리권무 소장의 4사단이 영산-밀양선에 화력을 집중했다. 포항은 이미 뚫렸다. 미군의 철수 소문도 나돌았다. 양안에 시체가 쌓였다. 8월 말, 북한군 13사단이 다부동 협곡으로 몰려들었다. 퇴각하는 500여 명의 병사들을 독려해 백선엽 준장이 권총을 빼들고 앞장선 것이 이때였다. 미 해병이 추가 투입된 영산전투에서 리권무는 1,200구 시체를 남기고 결국 패주했다.

백선엽은 막 탄생한 국민국가를 그렇게 건사했고 '국민의 시대'를 살았다. 국가와 개인을 잇는 정체성 연줄을 끊지 않으려면 또 하나의 정체성에 총을 쏴야 하는 역설적 순간에 부딪힌다. 일제의 '미영귀축' 명분에 속아서, 또는 강제징집된 학도병 4,385명 중 탈주한 항일투사는 장준하, 김준엽 외 백수십 명에 불과하다. 광복회 회장이 대전 현충원 앞에서 백 장군 운구행렬을 막아섰다. 에이브람스 한미연합사령관의 전쟁영웅 치사를 '내정간섭'이라고도 했다. 미군 3만 6,574명은 한국이 어떤 나라인지, 왜 죽는지도 모른 채 산천에서 죽었다. 국민국가는 흔히 이런 모순과 상처를 딛고 일어선다. 백선엽은 국민시대의 주역이었다.

영산전투 5년 후에 고(故) 박원순이 거기서 태어났다. 그는 영산중, 경기고를 거쳐 서울대로 진학했다. 1975년 5월 시위 연루로 제적을 당하자 국민이라는 획일적 날줄 사회에 시민이라는 씨줄을 만들기로 작심했다. 날줄과 씨줄로 엮은 피륙이 온전하고 질기다. 유신세대는 종적(縱的) 연대인 '국민'에 횡적(橫的) 유대인

'시민'을 짜넣는 것에 인생을 걸었다. 1987년을 기점으로 저항운동은 시민운동으로 전환했고, 박원순은 그 상징적 인물이 됐다.

백선엽 장군이 패주하는 병사를 돌이켜 세웠듯, 인권변호사 박원순은 반독재투쟁에 지친 사람들을 규합해 시민운동의 새로운 전선을 만들었다. 참여연대, 아름다운재단, 희망제작소는 운동가들의 활력소이자 시민권의 참호(塹壕)였다. 그는 최장수 시장이 됐다. 9년간 서울은 경제이권이 시민주권을 침해하지 않는 인권도시로 변화했다. 서민 중심의 시민권은 그의 소탈한 행보와 어울려 관료적 경직성을 깼다. 그는 거대담론을 싫어하는 살림꾼이었다. 생계현장이 시민정치 이정표이자 그의 삶 자체였다. 말하자면, 그는 '시민의 시대'를 개척했고 열었다.

그런데, 왜 느닷없는 작별인가. 왜 작별인사에 '시민'은 자취가 없는가. "모두 안녕"? 북악산 기슭에서 그의 주검이 발견된 이후 몇 번이고 이 말을 되뇌었다. 생명을 끊어야 했던 그 절절한 이유, 서울 야경과 북악산 밤별들이 극구 말렸을 것임에도 결행해야 했던 작별의 그 순간을 이해하고자 안간힘을 썼다.

모두 안녕. 친필 유서에 쓰인 '모두'와 '모든 분'에 '서울 시민'의 존재는 결국 흐릿했다. 그를 따르던 천만 서울시민의 마음엔 구멍이 뚫렸다. 심리적 공황상태는 지금도 여전하다.

구차한 변명으로 시민에게 혼란과 절망을 안기기가 죽기보다 싫었을 것이다. 국민성의 핵심 가치가 '나라 헌신'이고, 시민성의 요체는 집단양심을 위배하지 않는 '윤리적 코드'다. 그게 시민의 공적 성격이다. 그런데 시민에게 한마디 양해도 없이 자신의 존재를 도려냈다. 그의 비장한 결행은 시민적 공공성과는 거리가 먼 사적 결단이지 결코 공적 행위가 아니다.

친일행적을 딛고 고(故) 백선엽은 국민 약속을 지켰고, 시민시대의 상징 고(故) 박원순은 시민 약속을 어겼다. 촛불을 켠 게 엊그제, 30년 가꿔 온 '시민의 시대'가 일방적으로 퇴색됐다.

슬프고 안타깝다.

5부

/

코로나와 보낸
지옥의 시간들

특명(特命)

아, 코로나! 나노 몸통에 돌기를 두른 그놈이 그렇게 무서울 줄이야. 누군가 기사를 썼다. 합쳐서 1킬로그램도 안 되는 바이러스가 전 세계 인구를 꼼짝 못 하게 만들었다. 그것도 1년 동안. 백신 제조 일정으로 미뤄 적어도 1년은 더 갈 모양이다.

작년 1월 초순, 우한바이러스 소식이 날아들었을 때는 얼떨떨했다. 사람이 죽어 나간다고 했다. 우한이 봉쇄됐다. 2월 18일까지 한국정부는 무방비 상태였다. 다른 나라들이 문을 걸어 잠글 때에도 우리는 괜찮다는 말만 되풀이했다. 정부는 언론이 '중국!'을 지목해도 봄에 예정된 시진핑 방한에만 관심을 쏟았다. 2월 18일, 대구 신천지 교인 중 확진자가 나오자 그때야 긴장하는 모습을 보였다.

세상은 뒤집혔다. 네트워크가 끊어졌고, 물류가 중단됐으며, 일상생활이 막혔다. 역사 기록에서만 접했던 팬데믹이 100년 만에 인류사회를 덮쳤다. 선진국을 중심으로 사망자가 속출했다. 의료선진국인 미국, 영국, 독일, 프랑스, 스웨덴, 스페인, 이탈리아 등에서 확진자 수가 기하급수적으로 늘어났고, 병실과 의료 장비, 의료진 부족으로 사망자가 수백 명씩, 후에는 천 명 단위로 늘었다. 미국에서만 하루 4천 명 사망자가 나올 정도다. 2021년 1월 현재 작년 1차 유행, 여름 2차 유행 당시보다 훨씬 커진 코로나 공포가 전 지구를 휩쓸고 있다. 바이러스 공포에 갇혀 1년을 보낸 지구촌 사람들은 다시 1년을 더 예약해야 하는 상황에 처했다. 답답하고 무섭다.

마스크는 상비용품이 됐다. 작년 초에는 버겁고 어색했던 마스크 착용이 이제는 조금 익숙해진 단계지만 여전히 갑갑한 것만은 변함이 없다. 필자는 KTX로 서울과 포항을 왕복하는데, 객실에서 마스크를 쓰고 졸다가 숨이 막혀 헉! 하고 깬 적이 한두 번이 아니다. 턱 아래쪽을 살짝 들어 올려 부족한 공기를 흡입해 보지만 두려운 것은 마찬가지다. 바이러스가 공중에 떠돌다 들숨에 흘러들어 올지 모른다는 두려움 말이다.

사람을 피하게 된 것은 정말 서글픈 일이다. 사람이 사람을 피하면 사회가 형성되지 않는다. 사회가 없는 인간은 죽은 목숨과 마찬가지다. 사람을 가리키는 한자 '인간'(人間)에 '사이 간'(間) 자를 쓴 이유다. 홀로 살아가는 것이 가능한가? 외로워 죽는다. 고립은 사회가 있기에, 언제든 돌아올 수 있기에 하는 것이지 고립 운명은 사형(死刑)에 다름 아니다.

평소 같으면 나가기 싫어 그럴듯한 핑계를 생각하곤 했던 모임

290

들이 그렇게 소중한 일임을 처음 깨달았다. 그립기까지 하다. 조찬모임, 연구회의, 동창회와 동기모임, 각종 회식, 그리고 사회여러 인사들을 만나는 공식 회의들 … . 바이러스는 내가 시큰둥하게 생각했던 이런 모임들의 소중함을 일깨워 줬지만 좀처럼 물러가질 않으니 나의 반성을 실행할 기회마저 빼앗았다.

1년 내내 화상(畫像) 강의를 해야 했는데, 등하교 시간을 절약하는 장점에도 불구하고 서로의 실체감을 느끼지 못했으니 지식과 학점만 남은 셈이다. 학생들은 캠퍼스 라이프를 잃었고, 친교의 귀중함을 경험하지 못했다. 캠퍼스에서 친구를 구하지 못한 신입생은 역사상 처음일 것이다. 기업들은 재택근무를 반복했는데, 사원 연대와 팀 협력을 도모할 기회를 빼앗겼다.

1년 동안 개업과 휴업을 반복한 자영업자들, 노래방, 식당, 커피숍, 미장원, 술집, 헬스장, 학원, 숙박업소는 폐업 임계점이 지났다. 얼마 전, 헬스장 운영자가 자금난에 치여 극단적 선택을 했다. 오죽했으면 그랬을까 싶다. 임대료와 생계비에 눌린 전국 수백만 자영업자들은 죽음의 문으로 치닫고 있다. 번화가에도 휴폐업 방(榜)을 붙인 업소가 늘고 있다.

가정생활은 혁명적으로 달라졌다. 주부들은 돌밥(돌아서면 밥)에 짓눌렸고, 자녀 돌봄에 지쳤다. 자녀들도 예외는 아니어서 집안 놀이에 숨이 막힐 지경이다. 부부싸움도 늘었을 것인데, 외국의 경우 이혼율이 증가했다는 최근 통계에 비해 한국은 약간 주춤

하다니 다행이다. 혈기왕성한 청춘들은 넘치는 에너지를 제어하느라 식은땀을 흘린다. '묻지마 범죄'도 늘었는데, 길거리에서 아무에게나 침을 뱉는 사람도 출현했고, 작별을 고한 애인 집 고층 아파트를 가스배관을 타고 침입한 사례도 있으며, 폭등한 집값에 이사를 논의하다가 부인을 살해한 사건도 발생했다. 울혈(鬱血)에 못 이긴 탓인지 고층에서 뛰어내려 세상을 하직한 사람도 더러 있었다.

백신이 구세주다. 작년 12월 8일에 최초로 선을 보인 화이자, 모더나 백신은 가뭄 끝 단비였다. 백신의 대량 보급은 바이러스와의 전쟁을 당겨 끝내고 무너진 일상을 복원할 수 있다는 희망을 샘솟게 한다. K-방역이 세계적 이목을 얻자 약간 느긋해진 정부는 백신 조달에 손을 놓고 있다가 여론의 뭇매를 맞았다. 선진국이 12월 초에 접종을 시작했다는 뉴스를 접하자 당황한 정부는 서둘러 백신 확보에 뛰어들었다.

정세균 총리는 2021년 2월 하순경에야 접종을 시작할 수 있고, 11월에 가야 집단면역이 가능할 거라고 솔직히 털어놨다. 'K-방역'으로 쌓았던 정부의 신뢰 자산은 급격히 줄었다. 자만에 빠져 있다 낭비해 버린 것이다. 통찰력 없는 자만(自慢)의 결과였다.

실제로 팬데믹 조짐이 날로 확산되던 작년 2월 18일부터 3월 15일까지 정부는 낙관적 태도를 견지했다. 전문가들과 언론이 철저한 방역을 거듭 주문했지만, 확산 추이만 주시했을 뿐 비상사태에 돌입하지는 않았다. 오죽했으면 2월 27일, 필자가 '거리두기'를 요점으로 하는 '사회적 방역'을 주문했을까.● 며칠 고민한 끝에 내린 긴급제안이었는데, 역시 악성 댓글이 난무했다. '전문가도 아닌 게 뭐 안다고 ….' 그러나 깊이 고민하다 보면 다 아는 수가 있다.

네트워크를 차단하라

개학 준비를 마치고 2월 18일 밤, 포항발 서울행 KTX를 탔다. 기차는 동대구역에서 진주발 기차와 연결을 기다렸다.●● 승객들이 타고 내렸다. 어디선가 기침소리가 났다. 마스크가 떨어진 나는 목도리로 입을 가렸다. 다음 날 아침, 대구 신천지 소식을 들었다. 며칠 뒤, 포스텍에 확진자가 발생했다. 내 연구실 바로 위층 연구원, 대구가 본가다. 건물은 봉쇄됐다. 비상방역과 함께 총장 주재 대책위가 가동됐다. 나는 춘천 집필실에서 자가격리에

● 미국 질병관리청(Center for Disease Control)의 매뉴얼에는 '사회적 거리두기'(social distancing)라는 개념이 나온다. '사회적 거리'는 누군가를 소외시키고 차별하는 함의가 들어 있기에, '물리적 거리두기'가 번역어로는 더 적합하다. 필자가 '사회적 거리두기'보다 '사회적 방역'을 선호한 이유다.

●● 긴급진단, "사회적 방역, 네트워크의 한시적 차단이 시급하다", 〈중앙일보〉, 2020년 2월 27일 자.

들어갔다. 춘천에도 확진자가 있고, 산 너머 화천에는 산천어축제에 관광객들이 몰린다. 의사들이 자원해서 대구로 내려간다는 눈물겨운 소식에 도피 자괴감이 들었다.

1840년대 호열자(콜레라)가 전국을 휩쓸었다. 시신이 나뒹구는 촌락 어귀에 고양이 그림이 걸렸다. 쥐를 의심했지만, 속수무책으로 죽는 수밖에 달리 방법이 없었다. 영주와 예천에서는 강릉 피신행렬이 이어졌는데, 역귀(疫鬼)가 산을 못 넘는다고 믿었다. 군주는 종묘(宗廟)에 나가 빌었고, 남산과 서강에서 무액제(無厄祭)를 올렸다. 헛된 일이었다. 인구 750만 명 중 10만 명이 죽었다. 1월 말부터 2월 중순까지 희망 메시지를 연발하던 정부의 행태가 그와 다르지 않았다. 지금도 미숙하기는 마찬가지다. JP모건은 한국 확진자 1만 명, 사망자 200여 명을 예견했다. 한국은 허베이성(省)이 됐다. 초기단계, 최악의 사태를 방지하려면 대응책을 빨리 바꿔야 한다. 이른바 '사회적 방역'이다.

바이러스의 '사회적 본능'을 끊는 데에 집중해야 한다. 코로나바이러스는 고도의 초(超)네트워크 사회에 제대로 편승하도록 진화한 놈이다. 숙주 살해에는 그리 관심이 없다. 다른 숙주로 옮겨 자체 증식하는 것이 최고 목표다. 감염대상을 찾지 못하면 숙주를 공격한다. 생존본능이 더 큰 이놈은 숙주를 급사시키지 않으려 한다. 자멸의 길이기 때문이다. 치사율이 낮고 감염속도가 빠른 것, 코로나 균은 사회성 A⁺급이다.

내가 바이러스라면 무엇이 가장 두려울까. 이게 방역대책의 으뜸 사안, 격리와 차단이다. 1980년대 시카고 사회학자들이 AIDS 연구에 뛰어들었다. 감염경로를 찾아내 접촉을 차단했더니 AIDS 환자가 격감했다. 확진자 수를 2천 명 선으로 제어하려면 코로나19가 가장 증오하는 것, 격리와 차단정책을 '과격'하리만큼 실행해야 한다. 대통령 권한을 위임받은 '누군가'가 국민에게 급진 차단을 발령해야 하는데, 그는 누구인가? 질병관리본부장, 아니면 국무총리?

선진국에는 국민의료총감(Surgeon General)이 있다. 의료 비상사태가 발생하면 그가 모든 권한을 위임받는다. 그 휘하에 비대위가 꾸려지고, 예컨대 질병관리본부의 권고를 받아 대응책이 발령된다. 누구도 토를 달 수 없다. 정은경 본부장에게 힘을 싣는 누군가가 필요하다. 현행 체계로 봐서 국무총리다. 총리가 왜 대구에 내려갔는지 이해할 수 없다. 임금이 서강(西江)에 나가는 꼴이다. 그곳은 대구시장에게 맡기고, 총리는 전국망을 지휘해야 한다. 휘하에 전문가 그룹을 편성하고, 질본의 권고를 받아 대국민 행동수칙을 발령할 사령탑이 바로 총리이기 때문이다.

세계대전 당시 포화(砲火)를 맞으면서 지휘한 사령관은 없었다. 사령관은 전선 현황을 살펴 군대를 투입하는 사람이다. 광화문 집회를 고집하고 명단을 감추는 집단에는 국민건강권을 발동하여 강제할 사령탑이 총리다. 질병관리본부장은 경제에 해로운 결단을 내리지 못한다. 그러니 장관들도 '집단활동을 해도 좋다', '겨울에는 모기가 없다'는 웃기는 말이 나오는 것이다. 그러는 사이 사회성이 강한 이놈이 냉소하며 창궐한다.

지정병원과 응급실을 일원화해야 한다. 모든 의심환자에게 응급실을 개방하면 의료체계가 붕괴된다. 경북지역은 벌써 그렇다. 공공병원이 역부족이면 인근 대형병원을 징발해 환자를 집중관리해야 한다. 사태가 진정된 후 정산보상하면 된다. 사회성이 엄청난 이놈이 건너뛸 교량을 끊는 것, 이게 핵심이다.

한국이 진정 허베이성이 안 되려면, '확진자 1만 명' 사태를 피하려면, '관계망 한시적 차단'이라는 급진처방을 권고한다. '가족원 제외, 1일 접촉자 3명 제한' 명령을 발하는 것. 접촉자란 2미터 내 사람으로 정의한다. 27일부터 열흘간 3월 8일까지 한시적 긴급조치다. 우선 대구와 경북지역부터 '사회적 관계망'을 일시 중지할 것을 권한다. 긴급조치이기는 하지만 민주시민의 자율적 통제다. 공무원, 의료인력, 교통과 유통은 일단 제외할 수밖에 없다. 열흘간 차단비용은 두 달 정도 지속될 코로나 사태가 갉아먹을 총비용보다는 훨씬 적다. 질병관리본부장은 대책위 점검회의를 통해 현장사태를 종합하고, 그것을 바탕으로 매일 저녁 8시 현황 브리핑과 함께 국민행동수칙을 발령해야 한다. '관계망 차단명령'은 어디든 적용된다.

전쟁이다. 적은 보이지 않는다. 다만, 비말(飛沫)과 접촉을 통해 스며들 뿐이다. 의학적 구제는 병원과 의료진에게 맡기고, 우리는 사회적 전쟁의 전사(戰士)다. 우선 우리의 복잡한 사회적 관계망을 한시적으로 차단하는 것부터 시작해야 한다. '사회적 방역'이다.

교류차단과 거리두기가 사회적 방역의 요체다. 비전문가인 필자가 당시 처음으로 언론을 통해 거리두기와 한시적 차단을 강조했다. 그런데 바이러스 발원지 중국으로부터 입국자는 여전히 늘었고 개학을 맞아 중국 유학생 7만 명이 입국 예정이었다. 확진자 수는 5천 명에 근접했다. 공항을 폐쇄하라는 목소리가 높았지만 정부는 묵묵부답이었다. 중국인 입국 불허는 양국 관계와 경제에 심각한 충격을 가할 위험이 있기는 하다. 그래도 중국정부의 양해를 얻고 한시적 조치를 취할 수는 있겠다. '방역 독립선언서'가 그래서 나왔다. 며칠 후가 3·1운동 기념일이었다.

방역(防疫)독립선언서

확진자 5천 명이 코앞이다. ● 대구 의료시스템은 붕괴 직전이다. 코로나 사태는 한 번도 경험해 보지 못한 신형의 사회적 위기, 이

● "방역독립선언서", 〈중앙일보〉, 2020년 3월 2일 자.

런 때 우유부단한 정권을 감당해야 하는 것은 혹독한 심리적 고통이다. 한 달간 5,200만 국민이 체감했던 불안과 불만의 총무게는 지구를 찌그러트릴 만한 중압감을 이미 넘어섰다. 외국 공항에서 쫓겨나는 굴욕은 참는다 치자. 코로나 발원지 중국이 한인들을 억류하는 것도 일단 참자. 몇 차례 전문가 그룹의 경고가 있었다. 정부는 안심 발령을 거듭했고, 정치권은 총선 싸움에 열을 올렸다. 정부는 중국에 마스크와 방호복을 제공할 만큼 여유가 있었다. 신천지에 코로나가 잠복한 20여 일간 이웃나라 걱정에 잠을 설친 정권에 위기관리 개념은 찾아볼 수 없었다.

지난 칼럼에 달린 수백 개 댓글 중 하나, 물론 욕설도 많았다. "국민들은 세월호 안 학생처럼 움직이지 않고 있는데, 중국 바이러스가 바닷물처럼 자꾸 차올라요. 어쩌지요? 꼼짝 안 하면 되나요?"

이제는 늦었다. 세월호처럼 이미 선체가 기울었다. 한국은 우한사태 초입에 들어섰다. '중국과 한국은 운명 공동체'까지는 좋았는데 급기야 '바이러스 공동체'가 됐다. 유례없는 동지애 덕에 한국은 팬데믹의 주역으로 올라섰다. 정작 중국은 한국의 동지애를 알아주지도 않는다. 국민들이 되묻는다. 시진핑이 한국인의 생명을 보호해 주는지를. 중국인 입국 제한이 엄청난 경제충격과 외교문제를 초래한다는 것은 삼척동자도 안다. 그래서 국민 생명을 제물로 바쳤다.

위기란 삼초(三超) 현상, 즉 초(超) 희귀성, 초파괴력, 초불확실성을 말한다. 코로나는 정확히 그렇다. 너무 희귀해서 어리둥절하고 감염속도가 너무 빨라 파괴력이 높다. 이런 경우 위기관리 매뉴얼을 꺼내 들어야 한다. 경제와 생명, 양자택일 결단이 시급했다. 청와대는 뒤늦게 '심각단계'로 올렸지만 '심각'에 부합하는 정책은 없다. 확진자 2천 명을 돌파한 2월 28일, "입국금지를 하면 우리가 외국의 금지대상국이 될 수 있다"고 대통령이 말했다. 그날 70개국에서 금지명령이 떨어졌고, 오늘 확진자 4천 명에 근접했다. '우린 꼼짝 안 하면 되나요?'

당장 7만 중국 유학생이 입국 중이다. 혹여 무증상 감염자가 200~300명 대형 강의실에서 수강한다면 어떤 일이 발생할지 예측불허. 학생식당과 도서관, 카페는 어떤가. 신천지교회 수십 개가 동시다발로 가동하는 꼴이다. 필자는 중국에 호감을 갖고 있다. 그러나 이것과 한국인 생명은 별개 문제다. 일개 대학이 중국 유학생 2천 명을 관리할 능력은 없다. 서울에만 1만 5천여 명, 그럼에도 인권을 강조하는 서울시장을 이해할 수 없다. 국가 과제를 대학에, 교육과 생활현장에 짐 지우는 정부는 이제껏 없었다. '운명 공동체'는 우한코로나에 건강 주권을 할양하는 비극을 낳았다.

코로나보다 더 무서운 건 방심(放心)이다. 바이러스가 환호할 환경을 우리가 십시일반 배양하고 있다. 카페에 사람이 모이고,

개인강습소, 학원이 성업 중이다. KTX와 SRT가 달리고 대중교통이 쉴 새 없이 바이러스를 퍼 나른다. 코로나균은 사회성 A⁺급이다. 세계 최고 초(超)연결사회인 한국을 집어삼키도록 방치한 현실에서 의료진과 방역관의 눈물겨운 사투(死鬪)는 증발한다. 충격요법, '사회적 방역'이 절박한 이유다. 초연결관계망의 한시적 중단, 15일간 '사회적 셧다운'을 발령하기를 요청한다. 단기 셧다운의 비용은 장기전보다 싸다. 물류는 제외다.

만약 더 주저한다면, 5천만 국민의 결의를 모아 '방역독립선언서'를 발할 수밖에 없다. "오등(吾等)은 자(茲)에 아(我) 조선의 '방역' 독립국임과 조선인의 '방역' 자주민임을 선언하노라." 이하는 공약(公約) 5장.

1장. 중국인의 출입을 '한시적으로' 금한다. 진정 중국으로 코로나 역수출을 막는 길이다.

2장. 국가에 코로나 방역 '국가대책위'를 시급히 신설한다. 국무총리가 위원장인 대책위는 질병관리본부장의 권고를 심층 논의하여 일일 대응책을 발표한다. 감염학회, 의료 및 과학 전문가를 국가대책위에 초빙한다.

3장. 의료체계 붕괴를 막아야 한다. 공공의료 능력이 한계에 달한 지금 대형병원을 비상 지정해 운영한다. 일반환자 진료에 차질이 없도록 코로나 전문병원을 예비 지정한다.

4장. 전국에 15일간 '사회적 셧다운'을 발한다. 15일간 휴가는 공휴일, 국경일 휴일로 대체한다. 이 기간에 임시, 일용직 노동자에겐 복지비용을, 공장노동자, 영세업자, 대중교통 기사에게 역시 최소 생존경비를 지급한다.

5장. 국가대책위는 오후 8시 국민행동수칙을 매일 발표한다. 1가(家) 1인(人) 외출은 허용한다. 공무, 금융, 세금, 대출이자 등 기한은 15일 연장한다.

대구 경북부터 구출하자. 마스크는 품귀, 확진자가 집에서 떨고 있다. 대구 경북은 민족운동의 본산지였다. 국채보상운동을 일으켰고, 신흥(新興) 무관학교를 설립해 독립군 3,500명을 키워낸 독립지사의 본향이다. 1910년대엔 풍기, 안동, 상주가 참여한 조선국권회복단, 대한광복회가 무장투쟁을 감행했다. 그들은 옥사했다. 이제 빚 갚을 때다.

그 후 2주일이 지난 3월 15일에 정부는 비로소 강제적인 '사회적 거리두기'를 선언했다.

코로나가 내린 경고●

문명, 진통을 앓다

코로나(COVID-19)의 진격에 지구촌은 팬데믹 공포에 휩싸였다. 확산 초기 단계에서 타격을 입은 한국은 조금은 안정단계로 들어서고 있지만, 미국과 유럽은 한창 코로나 바이러스와 사투를 벌이는 중이며, 남미와 아프리카대륙은 확산 초입 단계에서 바짝 긴장하고 있다. 1파의 끝 무렵이라고 해야 할까, 2파와 3파가 대기 중이라는 감염병 전문가들의 경고에 지구촌은 얼어붙었다. 사스(SARS)와 메르스(MERS) 사태 때만 해도 에피데믹 수준이었기 때문에 팬데믹에 대한 전 지구적 대비책은 별로 나오지 않았고, 바이러스 확산과 공포의 '문명사적 의미'도 그리 관심을 끌지 못했다.

● 이 글은 〈조선일보〉에 실린 필자의 칼럼 "COVID-19의 진격, 현대문명 길을 잃다"(2020년 4월 10일 자)를 저본(底本)으로 하되 팬데믹의 현황과 추세를 반영해 내용을 대폭 수정 보완한 것이다.

그러나 코로나는 20세기 문명에 대한 깊은 반성과 함께 21세기 문명의 진로에 대해 심각한 의문을 던졌다. 현대문명에 암운이 드리워진 것이다. 일종의 예비적 경고라고 해도 좋을 법하다. 문명 패러다임을 바꿔야 하는가? 문명의 진로를 바꾼다면 어떤 것인가? 인류는 '문명의 대변혁'이라고 해야 할 이 질문에 답을 내놔야 할 곤경에 처했다. 무엇이 문제였던가?

문명 패러다임의 관점에서 관찰한다면, 산업화 이후 20세기까지는 '땅의 문명'이었다. 말하자면, 3차 산업혁명은 대지(大地, 땅)를 어떻게 활용할 것인지, 대지가 품은 자연자원을 어떻게 생활의 편익으로 끌어들일 것인지에 초점을 맞췄다. 3차 산업혁명의 총아인 내연기관은 생산력 혁명이었는데, 그것은 자연자원의 용도를 극대화하는 동력이었다. 대량생산, 대중소비, 교통과 물류, 교류와 교역의 최대 활성화가 목표였다. 땅 위에서 속도와 질량이 경쟁의 척도였고, 땅 표면에서 개발과 지형의 주조, 땅속 자원의 탐사와 채굴이 문명수준을 높이는 인간의 행동 표준이었다. 모든 경제활동에 생산성과 효율성 지표가 적용됐다. 그 결과는 풍요와 번영이었다. 인간은 역사상 최고의 부(富)와 안락을 누렸다. 물론 지구촌 국가 간 불평등은 예외로 하고 말이다.

프랑스 경제학자 피케티(T. Piketty)의 분석처럼, 20세기는 인류역사상 최고의 경제성장률을 구가한 기간이다. 1700년대 0%, 1800년대 1% 수준에서 1900년대 2%로 올라섰다가 전간기에 다시 하락했고, 드디어 1970년대에 최고치인 3% 수준에 도달했다. 피케티는 2000년대 중반 즈음 전 세계 잠재성장률이 0%대로 다시 하락할 것이라고 예측했는데, 그것은 자본의 운동법칙에 따른 것일 뿐 생태계를 파괴하는 성장 패러다임의 질주는 멈추지 않는다.

문제는 여기에 있다. 4차 산업혁명으로 이동해도 땅을 '착취하는' 문명의 본질은 바뀌지 않는다는 점이다. 땅은 재산이었고, 땅속 자원은 경제개발의 대상이었다. 땅에 발을 딛고, 건물을 세우고, 오물을 흘려보내고, 산업과 생활 쓰레기를 산더미처럼 생산하고, 땅을 마음껏 착취하며 살아온 200년이었다. 국민국가(nation state)는 그런 땅을 두고 전쟁을 불사했던 세기였다. 코로나는 이 '땅의 문명'이 한계에 다다랐음을 알려 준 슬프고 뼈아픈 계기다. 성장 일변도의 각축전과 풍요를 향한 무지의 질주가 낳은 대가가 무엇인지를 각인시켜 준 중대한 경고장이다. 그 경고장의 제목은 '문명의 그늘'이다.

문명의 그늘

'문명'은 그리스어 'civilitas'의 변용이다. 시민적인 것, 세련된 것, 예절을 뜻한 이 말이 역사적 과정을 거쳐 '문명'(civilization)으로 변화했다. 예절바름(civil) 개념이 우아, 세련, 풍족, 안락 관념을 흡수하면서 현대 물질문명의 본질로 정착한 것이다. 독일적 개념인 문화(Kulture)가 물질문명의 본질과 방향에 의문을 제기하고 정신적 순화를 시도했지만 문명의 질주를 막지는 못했다. 오히려 독일적 문화 개념이 이데올로기와 결합해 20세기 최대의 '공공의 적' 나치즘을 창출하기도 했다. 결국 문명은 물질문명과 정신문화를 포괄하는 방식으로 진화했고, 첨단과학을 내세워 자원 활용과 착취를 극대화하는 무적(無敵)의 행진을 지속했다.

땅의 문명은 번영과 성장의 배후에서 그것을 파괴하는 두 가지 힘이 자라나고 있음을 인지하지 못했다. 인지했더라도 그것은 먼 훗날의 숙제, 과학이 풀 수 없는 미지의 과제로 치부되었다. '공간'과 '미립자'의 세계다. 공간은 매크로 영역, 미립자는 마이크로 영역이다. 모두 비가시적 세계(invisible world)라는 점에서 공통이고, 비가시적이기 때문에 인간의 관심 외부에 머물러 있었다. 아니 탐욕적 시선으로 취급했던 대가를 치를 예정이다.

예를 들면, 비행기, 우주탐험은 모두 땅의 문명에 속한다. 땅의 문명으로 공간을 점령하고자 한 전형적 시도다. 비행기는 이륙(離陸)과 착륙(着陸), 즉 땅의 거리를 좁히는 발명품이고, 우주선은 또 다른 행성(땅)을 정복하고자 하는 욕망이다. 지구를 둘러싼 대기(大氣)가 하루 수만 회 비행에 의해 급속히 오염되는 실정은 누구의 관심거리도 아니고, 우주에 버려진 수십만 톤의 쓰레기는 가시권 외부에 있다.

한편, 인간은 바이러스와 세균을 살상무기로 만들었다. 잠자는 미립자를 살짝 깨운 것에 불과한 인간의 탐구능력이 우선 정복 욕망에 활용되었는데, 바이러스의 변종 본능이 인간세계에 일으킬 대재앙은 일단 미래의 일로 치부되었다. 그것을 대적할 인간 능력이 제로라는 사실은 알고 있기에 그렇다. 그리하여, '땅의 문명'이 치를 대가는 공간 영역에서 '기후변화', 미립자 영역에서 '바이러스와 세균'이다.

기후변화, 즉 이산화탄소 배출 위험에 대해서는 2000년대 초반 전 세계적 관심을 잠시 끌었으나 곧 일상적 현상으로 파묻혔다. 자원전쟁과 산업전쟁의 소용돌이 속에서 통제 가능성은 희박했고, 통제할 주체도 미약했다. 국제기구가 결성돼 인류세계에 각성을 자주 촉구했으나 '공간'의 문제는 흔하디흔한 공기처럼 여전히 먼 훗날의 대상으로 밀려났다. 농축된 이산화탄소가 지구 대기권을 짙게 감싸면 어떤 일이 벌어질까. 독자들은 더러 들었을 것이다. '온난화로 인하여 극지의 빙하가 녹아내리고 해수면이 상승한다', '태양의 자외선을 흡수하지 못해 식물생태계가 파괴된다', '지구상에 존재하는 동식물 종류가 반감된다' 등.

최근 논픽션 작가의 또 다른 경고가 나왔다. 웰즈(D. W. Wells)가 쓴 《2050 거주불능 지구(*The Uninhabitable Earth*)》란 책이다. 웰즈는 우주 행성에 인류가 알 수 없는 문명이 번성했을 것인데, 이는 어떤 재앙으로 멸망했을 것으로 추측한다. 추론에 불과할지라도 최근 이산화탄소 농도의 급속한 증가에 대입하면 멸망 스토리는 곧 우리의 비극으로 바뀐다. 비극의 스토리는 이렇다. 2억 5천만 년 전 지구 생명체의 대멸종(大滅種)이 5도 정도의 기온 상승에 의한 것이라면, 우리의 경쟁적 활동인 이산화탄소 배출도 2100년에 이르면 평균기온 4도 상승효과를 가져온다는 경고다. 세계 주요 도시가 홍수에 잠기고, 수십억 명이 살인적 더위에 노출되고, 열사병이 인류사회를 강타한다. 공간의 역습, 버려둔 매크로 세계의 역습이다. 팬데믹은 최악의 경우 인류의 절반을 죽음으로 몰고 가지만, 공간의 역습은 곧 전멸(全滅)을 의미한다.

'지구의 날' 50주년을 맞은 2020년 4월 22일, 안토니오 구테흐스 유엔 사무총장은 '포스트-팬데믹' 기후변화 대응조치 여섯 가지를 제안했다. 대부분 공간생태 재생조치로서 '친환경 일자리 창출', '친환경 경제체제로의 전환', '기후재생 프로젝트를 위한 공적 지원과 국제 협력' 등이었다.

전 유엔 사무총장이자 국가기후환경회의 반기문 위원장도 한국을 포함한 전 세계의 각성을 촉구했다. 특단의 조치가 없으면 코로나보다 더 무서운 공간의 공습이 예상되는 시점이다. 세계가 '기후 악당'으로 부르는 한국의 오명(汚名)을 환기하며 반 위원장은 말했다. "자연과의 타협은 없으며, 기후변화에 플랜 B는 없다."

공간의 역습은 마이크로 세계를 깨운다. 인간의 면역체계를 아무렴지도 않게 교란하는 바이러스가 오랜 잠에서 깨어나 인체를 위협한다. 미립자 바이러스는 땅의 문명이 번성했던 경로를 따라 전파된다. 교류망, 접촉선, 교역 네트워크가 마이크로 바이러스가 지극히 좋아하는 보이지 않는 선(線)이다. 의(醫) 과학자, 물리학자, 생물학자들이 미립자 세계를 본격적으로 탐험한 것은 불과 한 세기 정도다. 고작 외양만 보았을 뿐, 변종과 변이의 내부 역학 규명은 우주공간에 유영하는 작은 우주선의 막막함과 다를 바 없다.

하버드 의대 학장은 입학식 축사에서 이런 말을 하곤 했다. "인류는 겨우 40여 가지 질병만을 정복했을 뿐입니다. 우리는 아직 감기도 정복하지 못했습니다."

1960년대였기에 지금은 정복된 질병 리스트가 조금 길어졌을지 모른다. 알렉산더 플레밍이 항생제를 발견한 것이 고작 1928년, 치료에 사용한 때는 1940년대였다. 천연두의 종식은 1977년, 결핵, 콜레라, 장티푸스를 이제 겨우 통제할 수 있는 수준에 이르렀다(홍윤철,《팬데믹》). 사스와 메르스도 다시 강력한 변종으로 출현해 인류의 미래를 사정없이 흔들어 댈 것이다.

문명의 내부에서 번식하는 마이크로 월드는 여전히 미궁이다. 빌딩이 올라가고 도시가 팽창할수록 미립자 세계는 번식력을 스스로 증대하고, 교역, 인구밀집, 인구이동의 역학과 동선을 따라 과학적 탐사의 망을 벗어난 독자적인 제국을 형성한다. 마이크로 월드는 과학의 힘으론 도저히 따를 수 없는 변형과 변이의 위력을 발휘한다. 진화는 변이(變異)이고, 변이는 균형을 깨는 과정이다.

문명이 호모 사피엔스의 번성을 위해 자연과의 '위태로운 균형'을 깨면 깰수록 비가시적인 것들은 더욱 두려운 형태로 우리 앞에 나타날 것이다. 팬데믹의 일상화, 코로나는 하나의 경고일 뿐이다. 그 하찮은 미립자는 현대문명이, 문명적 안락이 무엇을 희생시켰는지를 일깨웠다. 우리가 추구한 문명적 가치가 과연 정상적인 것인지를 물었다. 불과 몇 달, 코로나의 성취는 경이롭고 두렵다.

'보이지 않는 적'의 충격

문명은 '보이는 적'과의 전쟁에서 취득한 전리품이다. 자연과 싸웠고, 국가와 싸웠다. 미국 무적함대의 상징인 루스벨트함이 무기력하게 운항을 중단했다. 한 발의 미사일 위협도 없었다. '보이지 않는 적'에 당한 무장해제, 이제 세계는 보이지 않는 적과의 전쟁에 돌입하는 현실과 맞닥뜨렸다. 그 전쟁의 비용은 상상을 초월한다. 100년 전 스페인 독감으로 5억 명 감염에 5천만 명이 죽었다. 노동력 감소로 식량난이 발생했고 산업이 주저앉았지만 국민국가의 역량 내에서 힘겹게 수습해 냈다.

그런데 지금의 팬데믹 충격은 국력 문제가 아니다. 생산과 소비의 세계적 분업 네트워크를 여지없이 망가뜨렸기에 강대국조차 감당하기가 어렵다. 세계 최고의 자동차기업이 산소호흡기를 못 만들고, 최고의 패션업체가 마스크 제조에 쩔쩔맨다. 부품, 식량, 자원을 조달받지 못하는 부자국가가 속출한다. 생산의 연쇄고리가 끊기면 부국이든 빈국이든 기업 파산과 실업자 양산을 피할 수 없다. 불과 2달간 미국에서 실업자 2천만 명이 발생했고, 중국에서는 2억 명이 직장을 잃었다. 유엔 세계식량계획(WFP) 데이비드 비즐리 사무총장은 올해 벌써 2억 6,500만 명이 기아로 고통받을 것임을 예견했다. 30개 개발도상국가에서 대규모 기근이 발생할 것인데 이미 100만 명은 심각한 기아상태로 내몰렸다고 지적했다. 1919년 스페인 독감도 식량부족과 기근상태를 몰고 왔다. 부품과 자원을 세계에 의존하는 한국은 초비상이다. 아마 여름쯤이면 공포의 한계선인 실업자 200만 명을 돌파할지 모른다.

키신저가 지적했듯 글로벌 공급망의 본국 회귀와 성곽도시(walled city)로의 전환 위협에 모든 국가가 대비책을 세워야 할 상황에 직면했다. 현대문명이 오만하게 올라앉았던 '위태로운 균형'은 깨졌다. '국제공조'의 소중함을 알지만 일단 한번 깨진 균형을 원상복귀하기란 쉽지 않다. 충격의 여파는 세계적이고, 기존 질서의 심각한 변형을 몰고 온다. 몇 가지만 관찰해 보자.

첫째, 탈세계화(deglobalization). 이번 사태로 인하여 세계의 물류, 생산, 수요와 공급망은 완전히 중단됐다. 교류의 주역인 항공, 조선, 운송기업은 적자상태에 처했고, 지구촌에 확장됐던 생산체인(production chain)은 여지없이 망가졌다. 타격을 입지 않은 것은 인터넷 정보망과 모바일(mobile)이다. 모든 국가가 국경을 닫았다. 보더리스 이코노미(borderless economy)는 보더드 이코노미(bordered economy)로 잠시 이동해 글로벌라이제이션 이전 상태로 회귀했다. 이에 반해 코로나는 교역망을 타고 국경을 쉽게 넘었다.

물론 코로나 사태가 끝난 후 재개될 것이지만, '국경 없는 경제'의 원상태 복귀는 어려울 것이다. 그 취약성이 코로나 사태 앞에서 여지없이 드러났기 때문이다. 일부 구조조정이 불가피하다. 국경을 봉쇄한 상태에서 각국은 세계분업에서 조달해 왔던 상품의 갑작스런 품귀현상을 목격했다. 별것도 아닌 상품의 품귀로 폭동이 발생할 수도 있는 위험을 감지했다. 생필품은 국가안보로 직결됐다. 과거처럼 부품과 조립, 자원조달은 어느 정도 지속되겠지만, 비상시 생필품에 관한 국가의 관심은 극도로 높아졌다. 식량과 석유는 물론, 휴지와 의약품과 같은 것들 말이다.

대비 첫 단계는 고립된 국민의 생존에 필수적인 상품들의 자국 생산체제를 갖추는 일이다. 기존에는 외국에 의존했던 생필품 생산을 자국으로 불러들일 가능성이 높아졌다. 미국은 벌써 해외에 기지를 둔 생필품기업의 국내 소환을 발령했다.

경제지리학자인 장 폴 로드리그(J. P. Rodrigue)는 이를 생산의 단층현상(fault line)이라 지칭했다. 기술력이 낮은 분야는 국산화, 첨단분야는 글로벌화로 이분되는 구조다. 첨단분야의 글로벌 네트워크도 국가안보와 국가 간 친소유형에 따라 분절(分節)될 가능성이 높다. 신뢰도가 낮은 중국에서 기업탈출 러시가 대규모로 이뤄질 수도 있다. 글로벌 공급체인이 지역적 경제블록화로 분절될 개연성이 급증했다.

둘째, 위험의 불평등(inequality of risk). 코로나 사태는 독일 사회학자 울리히 벡(Ulrich Beck)의 '위험사회'에 정확히 부합한다. 산업화와 근대화가 몰고 온 폐해 중 가장 위험한 요인이 비가시적 공포인 바이러스다. 더욱이, 위험사회의 본질이 그러하듯, 위험의 분산은 불평등하다. 빈곤계층과 취약계층에 더욱 집중된다. 작업장 환경, 주거 밀도, 취약한 의료보건, 열악한 건강상태, 그리고 희소한 방역기회가 위험의 불평등을 극대화한다. 세계국가가 취한 일정 기간 '사회 셧다운' 조치는 취약계층과 빈곤계층에 일격을 가했다. 직장을 잃었고, 식량부족과 활동공간의 제약으로 유례없는 고통을 겪는 중이다. 빈곤계층은 바이러스보다 배고픔을 참지 못한다. 바이러스로 죽으나 기아로 죽으나 마찬가지라는 자포자기 심정과 의지 상실을 낳는다.

이는 글로벌 경제가 요구했던 '작은 정부'를 '거대 정부'로 전환해야 하는 구조적 변동이다. 정치와 시장, 국민생계와 건강, 일자리와 복지를 모두 책임지는 '거대 정부'를 소환하고 있는 것이다. 시장에 대한 믿음도 '신자유주의'에서 '사민주의'(social democracy)로 이동할 개연성이 커졌다.

셋째, 거대 정부의 요청이 민주주의에 대한 위협요인으로 작용한다는 것은 일종의 역설(逆說)이다. 코로나가 국가와 사회의 개방성, 연결성, 활동성과 연동해 확산속도를 증가했기 때문인데, 민주주의 발전수준이 높을수록 코로나 확산에 취약하다는 것을 어떻게 설명해야 할까. 방역체계의 효율성은 국가와 사회의 개방성 정도와 역비례한다. 셧다운이 손쉬운 국가, 동시에 시민 행동을 면밀히 파악하는 감시망이 갖춰진 사회에서 방역 효율성은 당연히 높아진다. 셧다운, 격리, 봉쇄가 손쉽기 때문이다. 중국이 감시사회의 전형이다. 그러나 감시사회는 민주주의의 적이라는 점에서 딜레마에 봉착한다.

전문가들은 민주성, 개방성, 투명성을 기준으로 전 세계 국가의 방역체계를 일단 3가지 유형으로 구분했다. 중국, 한국, 그리고 미국과 유럽 국가군. 사태가 진정되면 방역체계 유형과 특성에 관한 더 세련된 연구가 나오겠지만, 아무튼 중국은 전면적 봉쇄와 정보망 검열을 통해서 대규모 확산을 막았다. 감시사회의 전형으로 'IT 전체주의'라 할 만하다. 시민의 일거수일투족은 베이징 정부가 쥐었다. 토머스 홉스(T. Hobbes)가 말한 거인권력 리바이어던(Leviathan)을 실제로 목격했다. 한국은 그와 대비되는 민주유형이다. 감시와 정보망을 동시에 가동하면서도 사생활과 개인주권 침해수준을 최소화하는 노력이 병행됐다. 미국과 유럽에서는 감시망과 정보망의 공적 활용에 제동이 걸렸다. 이 국가군에서 민주주의와 개인인권에 대한 오랜 믿음은 불행히도 코로나 확산에 촉진제로 작용했다.

미국 하버드대 경제사학자인 니얼 퍼거슨(N. Ferguson)은 코로나와의 전투에서 'IT 전체주의'의 위력이 확인되었으며 이는 민주주의에 대한 심각한 위협이라고 지적했다. '코로나는 민주주의를 훼손한다', 코로나 역설(逆說)이다.

이와는 사뭇 다른 관점에서, 재난구제의 효율적 제도가 요청되고, 취약계층에 대한 신속한 대응과 의료보건체계의 공공성 개선이 다시금 새롭게 조명되고 있다. 1960년대 국민국가 시대의 총아였던 복지국가(welfare state)와 개입국가에의 요청이 급등하는 중이다. 이는 곧 거대정부의 소환이다. 거대정부는 세계화와 신자유주의에 밀려 지난 세기와 함께 소멸되는 듯했지만, 예기치 않은 코로나 사태가 퇴역 중인 거대정부의 향수를 일깨웠다. 한국은 그런 파동에 재빨리 응답하는 듯 보인다.

한국형 방역모델

앞서 언급했듯, 정부는 3월 15일 비로소 '사회적 거리두기'(social distancing) 개념을 꺼내 들었고, 이른바 '사회적 방역'을 실행하기 시작했다. 정부가 초기에 머뭇거린 이유는 여럿이다. 중국과의 정치적 관계 배려, 셧다운의 경제비용, 국제적 이미지 손상 등이었는데, 무엇보다 코로나에 대한 과학적 무지(無知)가 낙관적 자세를 지탱한 근본 이유였다.

정부의 초기 무능, 무지가 전문가 불신에서 비롯됐음은 이미 알고 있는 바다. 다행히 정부의 태도는 전면 방역으로 바뀌었다. 늦었지만 다행이었다. 정부 정책선회와 의료진의 사투 · 헌신, 그리고 시민들의 주체적 방역자세, 한국이 급기야 방역 선진국이 된 것은 이 3가지 요인 덕분이다. 방역 효율성을 높이는 인프라도 한몫했다. 촘촘한 정보망, 택배시스템, 편의점, 선진적 의료보험과 양질의 서비스, 광범위한 검역과 신속한 대응조치 등. 외국의 부러움을 살 만한 우리의 자산인 것은 분명하다. 확진자, 자가격리자 동선 파악도 건강보험평가원이 개발한 진료 및 약 처방 · 조제 전산망(DUR, Drug Utilization Review)과 같은 의료시스템과 정보통신기업의 전산망이 없었으면 불가능했을 것이다.

프라이버시 침해와 같은 예민한 쟁점을 일단 유보한다면, 코로나가 번성할 환경, 고(高)밀집, 고(高)밀접, 고(高)밀폐의 3중

위험을 적시의 정부개입과 의료 인력·자원의 자발적 동원력이 막아 냈다. 그런데 한국형 방역모델에 대한 은근한 자부심의 배경에서 예기치 못한 위협이 자라고 있을 것이다. 몇 달간 고군분투로 의료진은 지쳤다. 경제는 파손됐다. 더욱이, 팬데믹 과정에서 코로나 바이러스의 변이가 무쌍하게 진행되어 벌써 3가지 변종이 발견되었다고 외신이 확인했으며, 세계 전문가들도 올 가을과 겨울에 또 한 차례 팬데믹이 발생할 것임을 경고하고 나섰다.

'만주감모(感冒)'로 불린 1919년 스페인 독감은 3파였다. 한국에서만 750만 명이 감염됐고, 14만 명이 죽었다. 2파가 훨씬 강력했다. 당시에도 대구·경북에서만 2만 명이 사망했는데 지역 중 가장 높은 수치였다. 왜 대구·경북이 가장 타격이 컸는지에 대한 원인은 규명되지 않았다. ● 초기에 만약 확진자가 2만 명에 달했다면 한국의 의료체계는 붕괴했을 것이다. 의료진의 탈진은 말할 것도 없고, '한국형 방역모델'은 모범이 아니라 반면교사로

● 필자의 추론은 이렇다. 1918년 당시 독립운동 비밀결사가 대구에 많았다. 대한광복회, 풍기광복단, 조선국권회복단이 전형적이다. 지도자인 서상일과 박상진은 상하이, 만주, 블라디보스토크를 자주 왕래했다. 다른 활동가들도 만주와 연해주에서 활동하는 독립지사들과의 접촉이 잦았다. 신흥무관학교에 청년들을 연결했고, 자금과 정보를 조달하는 위험천만한 임무를 수행했다. 그들과의 잦은 접촉을 통해 만주감모가 국내로 반입되었을 거라는 추론이다.

운위됐을 것이다. 민간부문의 신속한 대응력과 헌신이 1파를 통제한 일등공신이다. 희생이 만만치 않다. 발 벗고 나섰던 대구동산병원, 경북대의료원, 그 외 공공·민간병원들이 심각한 재정적자에 직면했다.

뜻밖의 소득도 있다. 원격진료의 가능성이 열렸다. 감염 비상사태로 인하여 일반 환자를 돌보기 어렵다면 언택트(untact) 진료의 문을 열어야 한다. 원격진료다. 그 밖에 점검해야 할 사안이 한두 가지가 아니다. 민관조직의 긴밀하고 신속한 대응, 공공·민영 의료기관의 공동대응, 의료진과 간호인력, 방역요원의 원활한 공급과 보상 방안, 백신과 진단키트 개발, 사회적 셧다운과 같은 대규모 비상조치를 포함한 사회적 방역대책 고안과 실행 등 대비책 리스트는 길다.

앞에서 '적시의 정부개입'이라 했지만, 갈팡질팡한 게 한두 번이 아니다. '물리적 거리두기'도 지역감염 후에야 선언했고, 마스크 분배정책은 낙제점이었다. 의료진과 의료기구, 병실과 의약품을 제때에 조달할 수 있는가? 낙관할 때가 아니다. 이번 사태에 지자체의 역할은 돋보였다. 질본과 방역대책본부는 박수를 받을 만하다.

방역 거버넌스는 견고한가? 대통령주치의는 있어도 국민주치의가 없는 나라가 한국이다. 차제에 국립감염전문병원을 만들고 국가보건실(NHC, National Health Council)을 신설할 것을 권한다. 전문가가 전선에 나서고, 정부는 행동지침과 지원대책을 책임지고, 시민이 협력하는 체제가 최선이다.

헝가리 경제사학자 칼 폴라니(K. Polanyi)가 《대변혁(*The Great Transformation*)》을 쓴 것이 1944년이었다. 대공황이 휩쓸고 간 세계경제와 세계정치의 판도가 통째로 바뀌고 있음을 알린 경종(警鐘)이었다. 국민국가(nation-state)가 주역으로 등장했고, 정치와 경제 영역에서 국경이 높아졌다. 본격적인 '개입국가'가 탄생해서 1990년대 초반까지 위용을 떨쳤다. 포스트-코로나 체제가 다시 이런 상태로의 복귀를 의미할까? 반드시 그것과 상동구조는 아니겠지만, 착취당한 공간(space)과 바이러스(virus)의 역습에 '땅의 문명'은 그 진로를 바꿔야 할 기로에 처했다. 코로나는 인류사회에 그 공포를 살짝 맛보인 것에 불과하다.

K-방역에 편승한
코로나 정치

2020년 3월 하순에 누적 확진자 수가 1만 명 정점을 찍으면서 줄어들더니 4월 초 신규 확진자 수가 100명 이하로 떨어지기 시작했다. 대구·경북도 곧 안정 추세로 접어들었다. 그러자 방역에 성공했다는 평가가 조심스럽게 흘러나왔다. 두 달간의 사투였다. 세계 국가들은 한국의 방역사례를 앞다퉈 취재하기 시작했고, 선진 모델의 장점을 배우기 위해 'K-방역'이란 명칭을 부여했다. 한국은 초기의 부실대응이란 오명을 씻고 방역 선진국으로 밀어 올려졌다. 무엇이 한국을 방역 선진국으로 만들었는가? 국가와 시민의 협력 작품, 무엇보다 시민의 힘이었다. 여기에는 사회적 포용의 수준이 높다는 한국사회의 구조적 환경이 크게 작용했다.

'사회적 포용' 수준●

의문이 생긴다. 왜 선진국으로 분류되는 유럽과 미국에서 확진자
와 희생자가 그렇게 많이 나오는가? 발병 기원국인 중국과 뒤늦
게 확진자 급증에 당면한 러시아는 그렇다 치더라도, 왜 유럽과
미국이 코로나에 그렇게 취약한 모습을 보였을까?●● 주요 국가 10
여 개국만 관찰해 보면 다음과 같은 가설이 성립할 수 있다고 생
각한다. "코로나의 감염과 사망 수준은 '사회적 포용 수준'(the
degree of social inclusion)에 반비례한다." 다시 말해, 사회적 포
용은 코로나 감염과 그로 인한 사망 방지에 기여한다. '사회적 포
용'은 그 자체 코로나 방역과 동의어라는 뜻이다.

'사회적 포용'이란 공적 서비스와 제도에 대한 사회집단들의 접
근가능성을 지칭한다. 모든 유형의 사회집단들이 공적 서비스를
수혜할 기회가 평등하게 열려 있을 경우 사회적 포용수준은 높다
고 할 수 있다. 반면에 인종, 계급, 지역, 종교에 의해 구분된 집

● 이 글은 송호근 편, 《코로나 ing: 우리는 어떤 뉴딜이 필요한가?》(나남,
2020)에 실린 필자의 글에서 따와 전제했다. 24~31쪽.

●● 2020년 5월 21일 현재 1일 확진자 수에서 러시아가 2위로 올라섰다. 확진자
308,705명, 사망자 2,972명이며, 2위 브라질은 확진자 291,579명, 사망자
18,859명을 기록했다. 그래도 러시아는 확진자 대비 사망자 비율인 사망률이
2.1로 낮은 편이며, 브라질은 8.9로 높은 편에 속한다. 2021년 1월에는 전
세계 확진자 수가 9천만 명을 돌파했다.

단들이 공적 서비스에 접근하고자 할 때 어떤 차별이 존재하는 경우, 그리고 각 집단들이 국가적 위기 메시지에 대응하는 수준이 그에 따라 격차가 발생할 경우, 사회적 포용수준은 낮아진다. 사회 내부에 많은 유형의 칸막이가 쳐져 있는 꼴이다. '칸막이 사회'다. 가설적 수준에서 유럽과 미국, 일본, 한국의 발생률과 사망률, 그리고 사회적 포용과의 인과관계를 비교 관찰하면 다음과 같다.

전 세계 확진자 수가 1천만 명을 넘은 2020년 7월 4일, 세계보건기구(WHO)가 발표한 국가별 확진자 분포를 살펴보자. 우선, 미국, 브라질, 인도에서 코로나가 맹위를 떨치고 있는 모습이 선명히 보이며, 그 다음으로는 중남미, 러시아, 중동 지역에서 확산세가 심하다(2021년 1월에도 발생 분포는 유사하다). 유럽, 호주, 아프리카, 중국, 일본, 한국이 안정세로 돌아섰지만 여전히 종식된 것은 아니다. 7월 현재, WHO는 '2차 팬데믹'을 경고한 상태다. 한국 역시 대도시를 중심으로 코로나 감염이 산발적으로 발생하고 감염경로를 추적할 수 없는 '깜깜이 감염'이 거의 10%에 근접하고 있기에 결코 마음을 놓을 수 없는 상황이다.

이런 상황을 일단 미뤄 두고 이 글의 관심은 왜 선진국 유럽이 코로나에 그토록 무방비 상태였는가를 분석하는 일이다. 일단 유럽에 초점을 맞춰 발생률과 사망률을 간략히 비교해 보자.

발생률●의 경우, 스페인, 미국, 이탈리아, 영국이 1그룹, 프랑스, 독일, 러시아가 2그룹, 한국과 일본이 3그룹에 속한다. 우리의 가설로 설명한다면, 1그룹에 속하는 스페인, 미국, 이탈리아, 영국이 사회적 포용 수준이 낮다는 것을 시사한다. 프랑스, 독일, 러시아가 그 뒤를 잇고, 한국과 일본은 훨씬 다르다.

　러시아를 제외하고 대부분의 유럽 국가들은 '사회적 포용' 가치를 중시해서 외국 이민과 난민을 적극적으로 받아들였는데, 그 결과 사회 내부에 '격차'와 '차별'이 온존하는 상황을 창출했다고 말할 수 있겠다. 이념적으로는 정의로운 기치였음에도 불구하고 정체성이 다른 여러 인종과 민족 집단이 사회 내부로 동화되기는 어려웠고, 결국 여러 층으로 분절된 사회를 만들어 냈음을 시사한다. '칸막이 사회'인 것이다. 그것은 공존(共存)이 아니라 병존(竝存)이었다.

　공존사회라면 공적 서비스와 국가 정체성을 평등하게 향유하고 소유한다. 병존사회에서는 단지 이질적 집단들이 평등하게 존재할 뿐, 국가로부터의 보호와 사회보장 혜택을 골고루 누리지 못한다. 영국에서 귀족사회의 오랜 전통에 부르주아지가 쉽게 동화되지 못하는 것과 마찬가지다.

　프랑스 사회학자 피에르 부르디외(P. Bourdieu)는 계급적, 신

●　발생률은 〈중앙일보〉, 2020년 5월 21일 자 인구 10만 명당 확진자 수.

분적 생활양식의 구분(distinction)이 유럽사회의 기저를 이룬다
고 설파했다. 구분은 곧 차별이며, 차별은 다시 공적 서비스에
대한 접근 가능성을 차단한다. 또는 사회적, 국가적 위기의식을
솔선하는 정도의 차이를 좌우한다. 평소에 국가적, 공적 혜택을
받지 못하는 사람이 국가 위기 혹은 팬데믹 위기에 공적 정책에
맞춰 적극적, 자발적으로 대응하는 것은 상상하기 어렵다. 칸막
이로 분절된 사회는 내부에 수많은 유형의 '정치적 부족'(political
tribes)을 만들어 낸다.

하버드대 에이미 추아(A. Chua) 교수는 전 세계적으로 발생하
는 내전, 미국과 유럽 내부의 사회적 갈등과 대립 양상을 '정치적
부족주의'로 설명했다. 이는 정체성을 달리하는 소수집단, 인종
집단, 종교집단, 심지어 계급적 분절마저 초집단적 정체성(super
group identity)에 동화되지 못한 채 폐쇄적, 징벌적, 파벌적 행위
양식을 발전시키는 현상을 말한다. ● 유럽의 경우, 인종과 종교가
다른 소수집단들이 외견상 병존하는 듯 보이지만, 국가 정체성과
사회보장 접근성에서 천차만별임이 코로나 사태로 드러났다.

다시 말하면, 인권과 평등을 중시해 온 유럽 국가들의 속살이
드러났다고 할 수 있겠다. 국가의 공적 위기상황과 정책 메시지
에 대응하는 태도의 적극성과 진정성은 인종, 계급, 민족, 종교

● 에이미 추아(김승진 역), 《정치적 부족주의》, 부키, 2020.

집단의 분절선(分節線)에 의해 막히거나 왜곡된 것이다. 코로나 바이러스는 분절선의 진공 영역에서 번성하고 증식한다. 의료제도와 의(醫)과학이 발전했다고 해도 분절선의 비무장지대에서 증식하는 코로나 바이러스를 효과적으로 방역하지 못한다.

사망률●의 경우, 프랑스, 영국, 이탈리아, 스페인이 1그룹, 미국, 중국, 일본, 독일이 2그룹, 한국이 3그룹이다. ●● 사망률 역시 분절선에 의해 일차적 영향을 받는다. 유럽은 공공의료가 발달한 대륙이고 미국은 의과학과 의료수준이 가장 높은 나라지만, 유럽의 내부 분절선이 곧 공공의료에 대한 접근 가능성의 격차를 낳았고, 미국은 아예 계급과 인종별 접근 방어벽이 견고하게 쳐져 있다.

유럽의 공공의료는 이념적으로 접근 가능성과 수혜 평등성을 높이고자 했지만, 현실적으로 발생하는 천문학적 비용 때문에 진단과 치료 효율성을 희생해야 하는 역설에 부딪혔다. 미국은 아예 의료제도가 자본시장에 종속되어 있기에 빈곤층의 접근은 거의 차단됐다고 해도 과언이 아니다. 돈이 없으면 의료 혜택을 받을 수 없다는 것은 곧 공공의료 수준이 지극히 낮다는 것을 의미

● 사망률은 확진자 대비 사망자 비율.
●● 2021년 1월에는 미국이 사망률 1위를 기록했다.

한다. 팬데믹은 공공의료가 취약한 곳에서 더욱 창궐한다.

　이렇게 보면, 스페인, 이탈리아, 영국, 프랑스, 미국은 선진 국이지만 사회적 포용은 지극히 낮은 국가로 분류돼야 마땅하다. 독일, 러시아, 일본은 그 중간 정도에 위치한다. 이에 비하면, 한국은 '사회적 포용'과 '의료제도의 발전'에서 단연 돋보이는 국가다. 사회적 동질성이 높다는 뜻이다. 농부나 어부가 코로나 확진자가 돼도 공공의료 서비스를 무료로 향유하고, 그것도 가장 빠른 시간 내에 수준 높은 의료진의 치료를 받을 수 있는 유일한 국가다. 집단, 계급, 종교의 차별이 없는 나라, 사회적 동질성이 지극히 높아 공적 서비스에서 소외된 집단이 거의 없는 나라다. 가령, 노숙자가 확진자로 판별되면 한국은 곧장 음압진료실로 이송되어 진료를 받지만, 유럽이나 미국의 경우 과연 그럴 수 있을까? 진단과 치료 혜택은 계급, 인종, 민족, 종교별로 천차만별이다. 한국에는 그런 분절선이 없다.

　암을 위시한 중질환 치료에서 미국이 세계 제일이라 가정하면, 팬데믹 예방과 치료에서는 한국이 세계 제일이다. 그 이유는 사회적 분절선이 가장 약하고 사회적 동질성이 가장 높기 때문이다. 조금 비약해서 말한다면, '건강권의 평등'에서 한국은 선진국을 능가한다. 물론, 시민권의 발전 수준을 고려하지 않는다면 그러하다. 가설적 수준의 관찰인데 객관적 자료 분석을 통해 여러 측면에서 검증할 필요가 있다.

코로나가 총선을 삼켰다

그러는 사이, 총선이 다가왔다. 정부는 자신감을 회복했다. 코로나가 잠시 뜸해진 2020년 4월 15일, 총선이 조심스럽게 치러졌다. ● 사실 나는 우리 지역구에 어떤 사람이 출마했는지 몰랐다. 무책임하다. 아니 관심을 끌지 못했다. 신경이 온통 코로나 사태에 꽂혀 있었다. 가족, 친지, 직장동료와 국민이 코로나 습격에 정말 안전한지 불안한 판에 정치 소식이 귀에 들어올 리 없었다. 확진자 정보가 뜨면 그곳을 피해 다녔다. 지하철, 버스도 불안했다. 식당과 편의점까지 기피대상이 됐다. 대부분 앱쇼핑, 택배기사가 눈물겹게 고마웠다. 손소독제를 갖고 다녔다. 정치권의 언쟁은 시정(市井)의 비명소리에 비하면 한가하고 한심했다. 비례정당 37개는 너무 벅차 분간하기도 싫었다.

급기야 이런 생각도 들었다. 투표장에서 줄 서다 감염되지는 않을지. 좁은 투표장에 들어서서 용지를 받고 기표소를 나올 때까지 괜찮을까 하는 근심 말이다. 신경과민 탓이라 해도 투표권과 건강권 중 어느 것이 더 중요한지를 더 따져봐야 했던 것은 아닐까. 정은경 본부장은 자칫 선거정국에 영향을 미칠까 조심스러워 했는데, '조용한 전파시기'란 말이 훨씬 섬뜩하게 다가왔다.

● "코로나 정국, 눈물겨운 표심", 〈중앙일보〉, 2020년 4월 20일 자.

영국은 지방선거를 1년 연기했고, 폴란드도 우편투표를 결정했다고 외신이 전했다. 스마트폰 왕국인 우리는 앱투표도 가능할 텐데.

아예 이른 아침 사전선거에 나섰다. 중무장을 한 유권자들의 행렬은 백여 미터 정도. 2미터 간격, 체온을 재고 비닐장갑을 끼자 근심은 조금 잦아들었다. 민주시민의 행렬에 벚꽃잎이 휘날렸다. 코로나 위협을 뚫고 저 뒤틀린 정치를 어쨌든 추슬러 보겠다는 시민적 의지에 대한 봄의 위로였다.

그 순간, 시민이 위대하다는 생각이 스쳤다. 뒤처진 아이에 더 마음이 쓰이는 부모의 심정이 그런 것일까. 문화한류는 세계인을 매혹하고, 경제는 글로벌 무대를 뛰어다니고, 시민사회는 부쩍 성숙했는데, 성질부리고 발목 잡느라 제구실 못 하는 발육부진 정치가 못내 안타까웠던 거다. 시민이 외려 보살펴야 할 적자입정(赤子入井) 정치 한국. 아기가 우물에 빠질까 보살피는 부모의 마음을 표현한 게 적자입정이다. 정치권은 이런 눈물겨운 표심을 알기나 할까.

1987년 민주화 이후 치러진 8번 총선, 그런데 이번처럼 이슈가 통째로 실종된 선거는 처음이다. 코로나가 총선을 삼켰다. 대체로 총선은 정권의 중간평가 형태를 띤다. 실정, 악정, 무능에 대한 응징이 그 자그마한 투표용지에 각인된다. 공수(攻守)에 나선 전사(戰士)들 간 설전 수위가 높아지고 악성 제보가 난무해도 정권 심판은 그런대로 이뤄졌다. 유권자의 표심은 놀랍도록 공평하다. 황금분할이거나 독점견제였다. 이슈가 살아있었다.

그런데 이번 총선에는 그런 역학이 사라졌다. 정권이 코로나 뒤로 숨었다. 아니 코로나가 정권의 얼굴에 가면(假面)을 씌워줬다. 출범 후 2년간 시행된 '적폐청소'와 경제실책은 더 이상 심판대 메뉴가 아니다. 지난해 8월 이후 코로나 발발 직전까지 6개월은 정말 허송세월 난장(亂場)이었다. 공수처와 연동형 비례대표제를 끝내 밀어붙였다. 공수처는 정권의 사후대비 철조망이고, 연동형 비례제는 민주주의 허점을 극대 활용한 독점장치다.

여기에 윤석열 검찰총장이 정권사수의 희생양으로 떠올려졌다. 윤 총장의 정의감과 강단을 극찬해 현 정권의 최종병기로 기용한 것이 불과 열 달 전 일인데 도대체 무슨 일이 일어났는가? 윤 총장이 충복(忠僕)이었다면 과연 이랬을까? 검찰총장이 충견(忠犬)이기를 바라는가. 시민적 정의의 관점에서 검찰의 정치예속화 강요가 오히려 법치국가의 적이다. 민주화 이후 33년간 쌓아 올린 국민의 공덕(公德)은 허망하다.

투표용지에 후보는 잘 분간되지 않았다. 격려투표 아니면 견제투표? 그래, 미래 비전에 힘을 실어 도장을 꾹 눌렀다. 가까운 미래의 최대 위협은 아무래도 경제폭풍이다. 크리스탈리나 게오르기에바(K. Georgieva) IMF 총재가 2020년 4월 9일 폭탄선언을 했다. 1930년대 대공황 이후 최악의 상황이 몰려온다고. 189개국 중 170개국이 마이너스 성장에 빠질 것임을 구체적 수치를 들어 경고했다.

전 세계를 강타한 대재앙에 한국경제가 견딜 수 있을까. 한국은 이미 경제역병(疫病)에 걸려 있다. 그것은 존재감 없는 청와대 경제팀, 외골수 정의사도(正義使徒), 이념 기갈증이 든 정권 후방군단의 합작이었다. 정권이 목을 맨 소득주도성장은 경제활력을 무작정 제거한 표백제였다. 쓰러지는 자영업자와 소상공인들은 코로나의 최후 일격을 받고 주저앉았다. 그들에게 베푼 재난지원금, 대출금, 세금 감면, 부가 혜택 등은 사실상 경제악정으로 잃어버린 소득의 회수에 불과하다. 회수치고는 초라하다. 보은(報恩) 투표? 시달린 데 대한 위로금일 뿐이다.

메르스는 3파에서 종식됐다. 코로나는 경제역병과 더불어 5천만 인구를 강타할 것이다. 경제역병은 이념에 뒤틀린 시장과 기업적대 시장에서 창궐한다. 재정살포에도 미래 기획이 필요하다. 현 정권의 실력으로 경제역병을 막을까. 총선 직후, 청와대와 여당이 흘러간 옛 노래를 부른다면 한국은 분명 지옥행 급행 티켓을 예약했다고 보면 된다. 그런 절박한 심정을 아는지 투표장을 나오는 사람들 머리 위로 벚꽃잎이 하릴없이 떨어졌다.

거대여당의 탄생

그리하여, 거대여당이 탄생했다. 코로나 덕이다.● 보수의 참패, 진보의 압승. 역대 총선에서 이런 구도는 처음이다. 소선거구제의 장점을 활용해 짝퉁 정당을 내놨고, 보수 유명인사들이 진보 신진들에게 줄줄이 패했다. 견제와 심판의 집중포화를 맞은 쪽은 야당이었다. 보수의 빈약한 공적(功績)은 표심을 돌려세우지 못했다. 불안했다. 보수 중진이 검증도 안 된 정치신인들에게 줄줄이 낙마한 것은 '묻고 더블로' 가자는 유권자의 기대 투표였다. 태극기 집회의 열혈당원이었던 70대 어느 유권자는 SNS에 이렇게 썼다. "이제야 내려놓네. 우리 가치관과 우리가 주역이었던 시대는 가고 새로운 세상이 열렸네. 말 없이 떠나갈 때!"

정치스타가 나와도 권력이동을 막을 수 없다. 민주화 30년 동안 한국의 정치권력은 좌측으로 꾸준하고 느리게 이동해 이제 대세를 굳혔다. 좌파가 잘해서가 아니다. 최종적 동력은 세계화의 누적된 모순에서 나왔다. 미국과 구소련이 1989년 몰타섬에서 선언한 '신질서', 그 후 전 세계가 동참했던 세계화 행진의 화려한 구호는 이제 누더기가 됐다. 부국과 빈국의 동반성장과 번영의 약속을 불평등과 양극화가 채웠다. 젊은 세대는 취업전쟁을 치르

● "코로나가 권력을 좌측으로 밀었다", 〈중앙일보〉, 2020년 4월 27일 자.

고, 기성세대도 조기퇴직과 노후불안정에 전전긍긍했다. 세계화 주도그룹이 '4차 산업혁명'이란 대형 크루즈선을 띄웠지만, 생애 설계는 불가능해졌고 모두가 리스크를 안고 살았다. 세계화의 덫, 보수정당들이 열렬히 환영해 마지않던 세계화의 한계가 목까지 차오르던 중이었다.

세계화의 치부가 코로나 팬데믹으로 적나라하게 드러날지 아무도 몰랐다. 많은 것들이 이미 망가져 있었다. 공공의료 선도국들이 코로나에 쩔쩔매는 장면은 상상 밖의 일이었다. 민영의료보험으로 악명 높은 미국은 차치하고라도 국민보건서비스(NHS)를 자랑하던 영국, 스웨덴, 프랑스가 병상, 의료장비, 의료진 부족에 악몽을 겪는다. 확진자와 사망자가 거리에 넘쳤다. 하루 평균 5명꼴로 진료하던 그들의 관행은 하루 100여 명을 너끈히 돌본 한국 의사들의 실력을 따라잡지 못했다. 민간 병·의원이 골목마다 지키는 한국과는 달리 중질환 진료 대기자가 갈수록 늘어난 게 그들의 현실이었다. 한국이 갈 길이 아님을 일찍 알았다.

세계화가 그토록 강조한 안전망(safety nets) 역시 허술하기 짝이 없었다. 미국 백인 중산층이 구호점심을 기다리는 딱한 모습을 어떻게 이해할 수 있는가? 기업파산과 조업중단으로 실직자가 쏟아졌다. 미국 실직자들은 파산 외에 방법이 없고, 중국은 귀촌 (歸村)으로 숨통을 튼다. 유럽은 1980년대 사민주의 전성기 매뉴얼을 꺼내들 것이다. 개도국의 참상은 이루 말할 수 없다. 일용노동에 가족 생계가 달린 빈곤층의 필살기는 무용지물이 됐다. 코로나에 쓰러진 난민들은 국제구호단체의 손길을 기다릴 뿐이다.

코로나 기습으로 글로벌 네트워크가 거의 망가졌다. 우리도 마스크 대란(大亂)을 겪었지만 선진국의 생필품 대란은 부끄러운 현실이었다. 휴지 사재기, 달걀, 우유, 의약품 사재기라니? 부국에서 치즈와 식빵난(亂)으로 폭동이 일어난다면 누가 믿겠는가? 글로벌 분업과 해외 의존 100%가 낳은 허망한 결과다.

얼마 전 현대자동차가 일본 토요타를 타도할 호기(好機)를 놓치지 말자고 결의했는데 빈말이 아니다. 일본 자동차 기업들은 부품은 해외 조달, 완성차는 국내 조립하는 이원구조다. 부품 사슬이 끊기면 생산라인은 중단된다. 현대자동차는 '함대형 선단(船團) 생산체계'를 구사해서 완성차 공장과 수십 개 협력업체가 동반 진출한다. 코로나 역경에도 불구하고 현대차 가동률이 세계 최고(64.7%)를 유지하는 비결이다. 닛산과 혼다는 30%대, 벤츠와 GM은 10%대로 내려앉은 상태다. 반도체? 반도체 협업생태계는 국내에 집적돼 있다.

한국은 선진국! 난생처음 개도국 열등감에서 벗어난 것은 일대 사건이었다. 진단키트! 씨젠을 비롯, 여러 바이오벤처가 코로나 팬데믹을 미리 읽었고 사운을 건 생산전환에 돌입했다. 한국은 생필품 생산은 물론 제조업 포트폴리오를 가장 적정비율로 발전시킨 나라다. 세계 최고 수준인 정보통신과 모바일 산업은 코로나가 닿지 않는 언택트(untact) 문명을 주도할 충분한 역량을 갖췄다.

정책능력 제로로 비난받던 정부는 왠지 코로나 대응조치에서는 기대 이상이었다. 재난 구제금, 세금·공과금 감면, 긴급대출은 부족하나마 실직자, 빈곤층과 자영업자에겐 단비가 될 것이다. 표를 겨냥했을 것이다. '표를 사는' 데 현금살포보다 좋은 게 없다.

아무튼 포스트-코로나 시대에 세계 국가들은 '탈세계화' 내지 '적정 세계화'로 유턴할 채비를 차릴 것이다. 큰 정부와 좌파정권에 기회의 창이 열렸다. 여기에 '한국형 좌파모델'이 정말 제대로 화답할까? 의료·안전에 민간-공공 적정 믹스(mix), 시장경제와 생계·소득보장의 적정 혼합, 고용체계의 유연안정성이 관건이다. 세계가 거론하는 '한국형 방역'은 민공(民公) 합작이었다. 지난 3년, 정치조작과 적폐청산 같은 낡은 메뉴 말고 '생애 리스크 방역'에 정관민(政官民) 협치 코러스로 실력을 보여 주기를 기대했다.

의사를 때리다

총선 압승으로 태어난 거대여당이 가만있을 리 없었다. 공약 리스트를 꺼내 착착 실행에 돌입했다. 공공의료 확충이 눈에 띄었다. 팬데믹 상황이 '의료정책 4안'의 입법을 위한 호기임을 감지했던 거다. 2020년 8월 중순, 국회는 의료정책 4안을 상정하고자 했다. 그러자 의료계의 반발을 샀다. 전국의 의학전공 학생들이 들고 일어섰다. 지리한 장마가 끝나지 않는 가운데 정국은 다시 소용돌이에 휘말렸다.

전공의협의회 회장의 공지문이 발송됐다. 의료계 7개 단체가 국회·의료계 협상안을 두고 밤샘토론을 벌였다. 정부발(發) '정책 4안'을 원점으로 돌리고 코로나 진정 후 논의를 다시 시작한다는 국회의 협상안을 의료계가 전면 거부한 것이다. 의료계는 정책 4안이 외려 개악을 낳기에 원천적 철회를 하지 않으면 파업을 중단할 수 없다고 버텼다. 코로나 2차 유행의 조짐이 커지는 상황에서 의료파업은 부도덕의 극치라는 비난이 비등했다. 국민은 허허벌판에서 코로나를 맞는 상황이 됐다.

정부와 여당의 의료계 때리기가 한층 가열되고 여론도 악화될 것이다. 그러나 문제의 발단이 무엇이고, 책임소재가 누구인지 정확히 짚어야 근본적 해결책이 나온다.● 이 정부의 악습인 '고집(固執) 정치'와 '고소(告訴) 정치'가 사태를 오히려 키웠다. 민주당 전당대회에서 대통령이 강조한 '촛불정신과 합의정치'에 이제

● "코로나를 악용한 건 정부였다", 〈중앙일보〉, 2020년 8월 31일 자.

고개를 끄덕일 사람은 없다. 본성은 변하지 않는다!

일방적 '의료정책 4안'을 강행하고도 '면허정지'로 겁박한 주체가 정부였고, '바이러스 3종 세트'(김경협 의원), '강제동원법'을 서슴없이 내민 게 국회였다. 국회가 협상안을 내밀기 하루 전엔 전공의 10명을 고발했다. 죄목은 행정명령 불이행. 의료계의 자식뻘인 수련의와 학생을 징벌하는 정부의 냉혈은 부모의 자애(慈愛)가 아니었다.

경찰에 체포된 그들은 K-방역의 전사(戰士)다. 지난 봄 그들은 현장에서 땀을 흘렸다. 고글 자국이 선명한 간호사, 복도에 쓰러져 토막잠을 청하는 의료진의 모습을 우리는 잊지 못한다. 그런 의료진이 2차 웨이브 앞에서 파렴치한이 됐을까? 국민 안전을 던지고 제 밥 챙기는 '악성 바이러스'가 됐을까? 미래의 의료전사들이 돌아선 데는 필시 곡절이 있는 거다.

감염병 전문병원이라면 몰라도 '정책 4안'은 그리 시급한 문제가 아니었다. '코로나 진압 우선'이란 의료계 호소는 꼼수로 몰렸다. 의료계 때리기가 시작되고 대통령이 정점을 찍었다. '전시에 군인이 전장(戰場)을 이탈하는 격!' 이러니 가슴이 멜 수밖에.

K-방역의 공신은 왜 전장을 이탈해야 했을까? 한국의 수재집단이 어느 날 정신이 나갔을까? 세계관이 바뀌었나? 아니다. 정권이 전장에 나선 그들의 사기를 꺾었다. 뒤통수를 후려갈겼다. 코로나 호기(好機)를 틈타 '공약 4안'을 들이댄 것이다. 틈새전략

에 능숙한 정권의 공세, 코로나 사태를 악용한 건 의사가 아니라 정부였다. 그런데 그것은 헛돈 쓰는 하책(下策)이다. 정의와 공정 명분에 낭비한 세금이 얼마인가. 제도정비 없이 무작정 시행하면 부작용이 훨씬 더 커진다. 이 정부의 다른 정책들도 대체로 그랬다.

우선, • '의사 증원'이 지역격차를 해소할까? 의무복무 10년 후 지방근무 의사들은 도시로 몰려올 거다. 미국 대통령 트럼프처럼 방벽을 세울 수도 없다. • 의사 수가 부족하다는 OECD 통계? OECD 의사들은 하루 평균 10명을 돌보고, 한국 의사들은 100명을 진료한다. 수가가 싸서 그렇다. 동네 어귀마다 의사가 환자를 애타게 기다리는 국가가 한국이다. • '공공병원'? 시세엔 맞지만 민영과 공공병원의 진료비 차이는 거의 없다. 저수가 보험하에서 모두 공공병원이다. 환자들이 왜 공공병원을 외면할까? 시설과 인력 보강, 처우 개선이 더 시급하다. • '첩약 급여'? 한 첩에 몇십만 원 보약에 보험혜택을 준다? 비과학적이고 공정하지도 않다. • '원격진료'는 시행할 필요가 있지만 상급 종합병원의 독점, 환자와 병세 확인, 진단과 처방의 정확성 등에 첨단설비와 안전망을 갖춰야 한다.

그래도 여전히 의구심이 든다. 이 시국에 계속 파업? 기득권 집단의 이기주의 아닌가? 맞다. 의사들이 밥그릇 지키기를 포기하면 병·의원은 쇠락한다. 그 결과는 의료 서비스 질 악화, 국민적 재앙이다. 군인은 국가가 배양하지만, 의사는 오로지 개인 몫이다. 공공재는 물론 아니거니와, 파업 권리도 갖는다. 파업 맹장 민노총에는 유순한 정부가 왜 유독 의료파업엔 공공성을 내세우나? 의사 양성에 정부가 투자했나? 병·의원 개원에 공적자금을 투입했나?

영국처럼 의사가 청진기만 들고 부임한다면 공공의료다. 한국의 의사는 개인 재산과 재능을 국가 통제의 재단에 바친 사람들이다. 영국의 건보율은 약 15%, 한국은 6.67%임에도 우리의 서비스가 몇 배 우수하다. 저(低) 수가를 의사가 몸으로 때운 결과다. '행위별 수가제'에서 명품진료에 웃돈은 없다. 수가 인상 없는 증원은 하루 진료횟수를 150명으로 늘려야 하는 잔인한 현실을 예고한다. 의료체계는 더불어 붕괴한다. 여론 악화를 무릅쓰고 학생과 전공의가 나선 이유다.

문제의 발단은 공상적 정책 마인드에 매몰된 현 정권, 책임소재는 몰아붙이기에 이골 난 청와대와 복지부, 그리고 적(敵) 과 적수(敵手)를 구분 못 하고 막말을 쏟아 내는 국회 흥행단, 이 3종 세트가 화를 키웠다. 언제 한 번 자책(自責)을 인정한 적이 있는가? 정부의 무결(無缺), 무오류, 무적(無敵) 행진을 비웃는 건 다름 아닌 코로나 바이러스다.

심리적 방역

의료분쟁만이 아니었다. 거대여당으로 등극한 정권의 전방위적 개혁은 국회 상임위원회 독점, 검찰개혁, 집값전쟁으로 다기화 됐다. 그럴수록 시끄러웠다. 여당은 상임위를 독차지했다. 그런 게 독재라고 반박하는 야당을 향해 국민이 독점권을 부여했다고 맞받았다. 전통적으로 야당의 몫이었던 법사위마저 여당이 장악 했다. 추미애 법무부 장관은 채널A 사건을 왜 넌지시 숨겼냐고 윤석열 검찰총장을 압박했고, 윤 총장은 옵티머스, 라임펀드 횡 령사건을 파헤치는 데에 집중했다.

추 장관과 윤 총장이 다시 격돌했다. 김현미 국토부 장관이 주 택정책을 다시 내놓았다. 기존 정책의 약발이 떨어지자 땜질식 보완정책을 하나씩 꺼내 들었는데, 그럴 때마다 아파트 가격은 고공행진을 했다. 코로나는 3차 유행의 조짐을 보였다. 사람들은 지쳐 갔다. 사회적 방역에 더해 심리적 방역이 절실해졌다. 넌덜 머리 나는 정치, 사회로부터 물러나 사람들은 내면을 파고들었 다. 그도 그럴 것이 만남과 접촉 횟수가 현격히 줄고 홀로 지내야 하는 시간이 늘었다. 내면과의 대화가 시작됐다. 그곳은 의외로 낯설었다.

마스크 너머 여름

미국의 사회심리학자 찰스 쿨리(C. Cooley)는 일찍이 영상자아 (looking-glass self) 개념을 내놨다. 자신의 마음에 비친 '타인의 평가'에 의해 진정한 자아가 형성된다는 이론이다. 접촉과 체험이 전제다. 지난 녁 달 동안 사람들은 '스크린 속 사회', '스크린 속 타인'과 현실을 추체험(追體驗)했다. 간접 접촉으로 전달된 언어와 이미지는 영상자아의 질료가 결코 못 된다. 말하자면, 성찰자원이 유달리 부족한 기간이었다.

자아가 여문 성인들은 편견이 더욱 단단해졌고, 청소년과 청년들은 마음속 빈집을 지켰을 뿐이다. 초등학생에게 소중한 담임선생의 말투, 몸짓, 교장의 근엄한 표정, 친구들 재잘대는 소리는 체험 리스트에서 사라졌다. 대학 신입생들도 늙어서 추억할 첫 등교의 두근거림을 영원히 빼앗겼다.

필자가 자진격리 중이던 2020년 이른 봄, 돌밥에 지쳐 반찬 앱을 찾아 주문했다. ● 결제와 동시에 메시지가 떴다. '내일 낮 12시

● "마스크 너머 여름", 〈중앙일보〉, 2020년 7월 6일 자.

에 배달 예정입니다.' 시내에서 30킬로미터 떨어진 산촌인데? 궁금했다. 다음 날 이른 점심을 먹고 동구 밖을 주시했다. 멀리 배송차가 나타난 것은 정확히 12시 5분. 10분 뒤 툇마루에 배달반찬이 얌전히 하역됐다. 비바 코리아!

최근 정부 부처 중 보폭이 가장 넓은 중소벤처기업부 박영선 장관이 당연하지만 흥미로운 발언을 했다. 올해 1분기 코스닥 상장기업 중 비대면 분야 기업의 성장세가 두드러진다고. 매출액 상승률 2배, 영업이익 상승률 15배, 고용창출 3배, 시가총액 상승률 1.5배, 해서 코로나가 몰고 온 경제충격을 비대면 기업이 제대로 방어했다고 말이다(중소벤처기업부 5월 28일 보도자료).

코로나의 습격을 겪은 글로벌 시장에서 천지개벽을 이끌 주역은 분명 전통 기업이 아니라 비대면 기업이다. '스마트' 자(字)가 붙는 온갖 유형의 서비스, 온라인 교육, 전자 상거래, 게임과 엔터테인먼트, 물류 플랫폼, 빅데이터와 클라우드 서비스가 그것이다. 세계적 스타 BTS가 유튜브로 방구석에 고립된 영혼을 달랬다.

넉 달간 사회체험을 '스크린 속 사회'(society in screen)라고 하자. 어떤 일이 벌어졌는가? 서울대 수학과 교수는 작년 대비 학생들 평균 학력이 떨어졌다고 했다. 동영상에 나타난 학생들에게 방정식만 건너갔을 뿐 감성은 스크린에 흡수됐다. 서울대 의대, 생물학은 차이가 없었으나 해부학은 학력이 저하됐다.

나의 강의에 출현한 학생들도 사회현실에 대한 세대 고민을 전달하려고 애를 썼는데 줌(ZOOM)의 냉랭한 스크린에 부딪혀 흩어졌다. 나는 '일타 교수'가 되고자 속도를 높였다. 농담에 반응하는 1초가 길었다. 선호도는 엇갈렸다. 학생들은 온라인 강의를 선호하고 교수들은 강의실로 돌아가고 싶다.

　마스크를 쓴 채 여름을 맞는다. 봄 향기는 기억에 없다. 사람들의 눈빛이 아름답다는 사실을 깨달은 것은 큰 소득이었다. 봄 향기와 눈빛을 맞바꿨다. 그런데 눈빛에 사회에 대한 경계가 서려 있었다. 정처를 모르는 바이러스 경계심이 무작정 타인에게 들러붙었다. 타인의 눈빛을 수용할 영상자아는 반사적 경계빛을 역으로 발하느라 얼룩덜룩해졌다. 마스크 안 쓴 사람과 마음속에서 시비가 붙었다. 마스크 너머 풍경은 근거 없는 두려움이었다.

　어느 날 거리에서 한 무더기 사람들을 피해 멀리 우회하는 나를 발견했다. 나, 사회학자?

　행복심리학자 최인철 교수가 얼마 전 흥미로운 글을 썼다. "내성적인 사람이 온다"(〈중앙일보〉, 7월 1일 자). 사회적 거리두기로 외향성의 제국이 붕괴되고, 내성적인 사람들에게 유리한 환경이 조성되었다는 것이다. 내면에 쌓아 둔 양식, 내면과의 대화로 버틸 여력이 풍부한 내성적 사람에게서 행복 하락도가 더 낮게 나타난다고 했다. 단기적으론 그럴 법하다. 그런데 마스크 너머 사회가 경계대상이자 두려움이라면, 그것도 오래 지속된다면, 얘기는 달라진다. 경계심의 내면화, 고갈된 체험창고로의 불가피한 도피가 발생한다. 후각, 감각, 촉각이 빠진 경계적 체험은 공감(sympathy)과 동정(compassion)을 생산하지 못한다. 오래전 애덤 스미스가 그토록 강조한 '도덕감정'의 두 줄기가 소멸되는 것이다.

경제는 생업 현장이자 인생을 제조하는 직기(織機)다. 포스트 코로나 시대 경제를 주도할 비대면 기업이 아무리 번성하더라도 인생을 직조하는 현장 스토리를 리얼하게 만들어 낼지 의문이다. 배송차가 날라 온 그 신선한 봄나물이 재래시장 할머니가 건넨 것만 못했다. 그럼에도 마스크가 고맙다는 느낌이 가끔 든다. 불길한 외부 현실의 틈입을 차단해 주리라는 허망한 기대감일 거다. 화적 떼처럼 출몰하는 집값폭등, 여당의 질주와 징징대는 야당, 시정잡배보다 못한 평양당국은 차단 1호다. 포퓰리즘 확산을 주시해 온 스탠퍼드대 래리 다이아몬드 교수가 11개 주범을 꼽았다. '야당은 악마', '사법부 장악'이 민주국가 공적 1, 2호다.

여름엔 그런 것들을 몽땅 걸러 낸 마스크를 벗고 봉숭아꽃과 수국이 어우러진 화단에서 산발하는 냄새를 맡고 싶다.

한글날 트로트를

트로트가 있었다. 내가 트로트를 흥얼거릴 줄은 상상도 못 했다.● 눈물 짜는 노래, 못다 한 사랑을 달래는 즉흥적 가락, 트로트. 가공하지 않은 감정의 찌꺼기를 그냥 흘려보내는 뽕짝은 팝송으로 단련된 세대에겐 먼 곳의 북소리였을 뿐이다. 고령층을 제외하곤 지금의 5060은 청춘스타 클리프 리처드, 애상의 연인 스키터 데이비스의 노래로 음악세계의 문을 열었다. 가끔은 피터 폴 앤 메리의 반전(反戰) 노래를 따라 부르다 사이먼 앤 가펑클의 절창에 흠뻑 젖기도 했다. 길거리 선술집에서 터져 나오는 〈번지 없는 주막〉은 소음, 또는 기껏해야 취기에 얹는 부모세대의 인생 넋두리였다.

그런데 트로트를 흥얼거리다니, 연식(年式)이 좀 된 탓만은 아니었다. 콘택트(contact)의 시간이 막을 내리던 지난 2월, TV조선이 야심차게 기획한 트로트 프로에 그만 걸리고 말았다. 설움과 탄식이 뒤범벅된 가락이 아니었다. 때로는 경쾌하게, 때로는 눙치는 청년들의 음조는 인생의 질퍽임을 가볍게 증발시켰고, 애끓는 한탄을 짐짓 모른 척했다. 1970년대 팝송과 1980년대 운동가요 시대를 싹둑 잘라내고 남진, 주현미, 설운도, 김연자의 색

● "언택트 시대의 놀이터, 트로트", 〈중앙일보〉, 2020년 10월 12일 자.

바랜 정조를 21세기 풍으로 접속한 절창(絶唱)이었다. 주막집 먹태를 올리브유로 발효시켰다고 할까.

내친 김에 먼 곳의 북소리를 불러들였다. 트로트 원조들의 목소리가 가슴을 파고들었다. '계속 들으시겠습니까?' 휴대폰 음악앱이 가끔 지쳐 물으면 '물론!'을 꾹 눌렀다. 트로트는 급기야 내마음의 놀이터가 됐다. 언택트 시대의 놀이터, 트로트가 없었다면 지난 10개월을 어떻게 건너왔을까 의구심이 들 정도다.

코로나가 창궐하기 전 놀이터는 밖에 있었다. 크고 작은 광장들, 골목길, 커피숍, 식당에서 빚어 낸 콘택트 스토리가 감정의 질료였고 행동의 보고(寶庫)였다. 비대면 행동은 사회구성의 요소가 아니고 따라서 사회과학의 분석대상도 아니었다. 자아는 물론 인격과 품성도 모두 대면 접촉에 의해 형성되고, 제도와 규범이 사회행위를 빚어낸다는 명제 위에 사회과학이 구축됐다. 그런데 미물에 불과한 코로나가 20세기 대명제를 간단히 물리쳤다.

대면행위가 생명을 위협하는 상황에서 사람들은 모두 내면세계로 몰려들었다. 그 공간은 우선 낯설었고 보잘것없었다. 위축된 대면접촉에서 수혈되지 않는 자아(自我)의 재고가 날이 갈수록 고갈됐다. 행복과 충만을 자가 발전해야 했다. 마음의 놀이터가 필요했는데 여기에 트로트가 화답했다.

트로트는 서양가곡, 아리아와는 달리 준비운동 없이 듣고 부를 수 있는 범속한 노래다. 격조 높은 수양과 성찰 없이도 서민의 심신을 아무렇게나 달래 준다. 비록 사랑과 출세, 만남과 작별에 관한 싸구려 감흥이 주를 이뤄도 대면접촉의 추체험 지평을 열어 주고 감정이입(感情移入) 끝에 웃음과 눈물을 솟게 한다. 여기에 '다 함께 차차차'로 몸까지 들썩이면 코로나에 대적할 언택트 시대의 저항 에너지로는 손색이 없다. 내 마음의 풍차(風車)가 따로 없다.

그런데 "제 뜻을 실어 펴지 못하는 백성을 어여삐 여겨 스물여덟 자를 만든" 세종대왕은 한글날 차벽에 갇힌 채 나홀로 놀이터에서 트로트를 독창하는 백성을 굽어보고 있다. 〈보릿고개〉를 열창하는 14세 소년 정동원은 초근목피(草根木皮)가 무슨 뜻인지 모르나 발음이 전해 준 조부(祖父) 세대의 정서를 어렴풋이 느낀다. 한글 가락이 세대의 감흥을 탑재했기 때문이다. 영탁이 〈막걸리 한잔〉을 외치면 한잔 걸친 듯 취기가 오른다. 언택트 시대여서 감흥은 곱절이다. 트로트는 모든 방송사로 번졌다. 마치 속요가 창가로, 창가가 포고문으로 진화하였듯, 트로트로 분출되는 내면의 용암은 어디로 향할까.

세종대왕은 눈치채셨을지 모른다. 서민적 에너지를 가득 실은 합주(合奏)가 광장을 막아선 차벽과 전경에 밀어닥치고, 나홀로 논리에 젖은 실세의 비답(批答)을 밀어제칠 징후를 말이다.

한자는 논리 언어, 훈민정음은 감성 언어다. 백성의 성(聲)이 조화를 이뤄 흥겨운 곡조를 이룬 것, 치세지음(治世之音)이 훈민정음 창제의 최고 목표였다. 비록 한자의 발음기호로 출발했지만, 감성을 채집한 문자는 창가와 판소리로, 심지어는 포고문으로 진화해 지금의 광화문광장을 이뤘다.

논리는 오류를 품지만, 감성은 흘러넘친다. 감흥보다 원성이 높은 논리는 분명 오류다. 외로운 세종대왕상, 광화문광장이 텅 빈 한글날의 풍경은 성(聲)과 운(韻)에 충실했던 촛불혁명이 불과 3년 만에 퇴색하고 있음을 알리는 불길한 신호. 그래서 사람들은 노(老)가수 나훈아에게 몰려갔다. 인심에서 나온 음(音)을 서민적 가락에 실어 예나 지금이나 변함없는 감동을 전하는 한 예인(藝人)의 열창에서 초심을 읽은 것은 행복이었다.

정의의 강은 천천히 흐른다

이것이 시대진단의 시말서다. 촛불이 배신당했다고 느끼는 이유다. 누차 얘기했지만 필자는 우파가 아니다. 필자는 우파를 진즉에 파면했다. 문제는 필자가 해고한 좌파가 진정한 좌파가 아니라는 점이다. 좌파연(然) 하는 정당과 정권이 있을 뿐이다. 좌파는 그런 옹색한 정치를 하지 않는다. 한풀이 정치, 분노의 정치를 하지 않는다. '운동권 정치'라 표현했던 그런 정치, 청년시절의 꿈을, 이념으로 그린 세상을 현실에 옮겨 보려는 정치를 했다. 이념의 힘을 너무 믿었다. 그것으로 혁명을 일궈 냈다고 자부했으니까.

그런데 현실의 힘이 이념보다 셌다. 이념의 종이 위에 선명하게 그은 인과관계가 전혀 통하지 않는 현실임을 집권 5년 차에 조금은 깨달았을까. 그러더라도 너무 늦었다. 정치는 마치 시험을 보는 것처럼 답안지를 검토할 여유를 주지 않는다. 정권 교체인지 재창출인지를 결정할 투쟁의 시간이 코앞에 닥쳐오기 때문이다. 겨우 1년 남았다. 무엇을 할 수 있을까? 이제는 유권자의 눈치를 조금 볼까? 소통과 화합의 제스처를 쓸까? 유권자 개개인이 던지는 주권은 종이 돌(paper stone)이라 맞아도 아프진 않지만 그것이 뭉쳐지면 바윗돌이 된다.

진보라 해서 이 정권은 그러지 않을 줄 알았다. 진보는 미래 구상에 과거를 녹여 넣는다. 제도보다 인간을 더 믿는다. 현 정권은 한국정치의 '구조적 덫'이라 해야 할 몹쓸 함정에 아주 요란하게 걸어 들어갔다. 적폐청산! 어감도 좀 으스스한 이 슬로건이 한국 민주주의 발전에 얼마나 못난 걸림돌이 되어 왔는지를 필자를 포함해 여러 정치학자들이 목소리 높여 외쳤건만 아예 듣지 않았다.

군부청산을 도맡았던 김영삼 정권은 의당 그래야 했다. 김대중 정권은 외환위기를 탈출하느라 적폐를 청산할 겨를이 없었지만 군부 전직 대통령을 사면해 줄 정도로 포용력이 있었다. 외환위기를 자초한 원죄 때문에 한국당은 아예 엎드려 있어야 했다.

노무현 정권이 적폐청산의 닻을 올렸다. 4대 악법 청산! 그중 사학법 개혁은 종교단체의 저항에 막혔고, 국가보안법 철폐는 안보세력의 장벽에 걸려 좌초됐다. 과거사 진상규명? 친일(親日)을 어떻게 정의하고 가를 것인지가 문제였는데, 누구보다 앞장섰던 두 국회의원의 조상이 친일임이 드러나자 바로 중단됐다.

이명박 정권은 노무현 정권을 쳤고, 박근혜 정권은 친이(親李) 계를 쫓아냈다. 주요한 정책들도 모두 뒤집었다. 기존 정권의 정당성을 부정하는 것으로 현 정권의 정당성을 구축하는 통치양식은 민주화 여섯 차례 정권에 관철되는 일종의 법칙이다. 김대중 정권이 조금 달랐을 뿐이다. 이를 '정당성 부정을 통한 정당화' (legitimization by delegitimization)라 할 것이다. 용서는 없다. 이런 통치양식에서 현 정권은 으뜸이다. 적폐청산에 4년 세월이 흘렀고, 아직도 진행 중이다.

모름지기 정통 좌파는 '고용, 분배, 복지'에 모든 정치적 역량을 쏟는다. 좌파집권 시기에 고용과 복지가 향상된다는 것은 유럽의 현대정치사가 입증한다. 좌파는 돈을 쓰고 우파는 돈을 번다. 좌파가 확대한 고용과 복지를 우파가 경제성장을 통해 수습한다. 그런 식으로 유럽의 복지국가가 운영되어 왔다. 본문에서 밝힌바, 황금삼각형의 선순환을 신중하게 관리하는 것이 좌파의 최대 과제다.

좌파의 정체성은 불평등 완화와 고용증대! 이 두 지표로 집약된다. 경제성장은 마이너스 상태만 면해도 용인된다. 간단히 물어보자. 문재인 정권은 소득격차를 해소했는가? 과거 정권에 비해 하층 50% 총소득 대비 상층 10%의 총량이 훨씬 더 늘었다. 집값, 자산 가치를 더하면 최악이다.

고용증대? 마찬가지로 최악의 실패다. 코로나 충격을 제외해도 하층의 고용은 급격히 줄었고 고용의 질도 하락했다. 코로나 때문에 더욱 악화됐다. 노동시장 정책의 실패가 주 원인이다. 코로나 탓하지 말라. 코로나 이전에도 악화일로에 있었다. 비정규직은 2년, 3년마다 다음 직장을 훨씬 더 걱정해야 할 상황이다. 좌파 정권인가? 아니다. 좌파연했을 뿐이다.

복지는 확실히 개선됐다. 문제는 복지가 생산성 향상으로 연결되는지 여부다. 복지는 사회적 임금(social wage)이다. 고용주 대신 정부가 주는 임금이다. 사회적 임금을 제공하는 이유는 기업과 공장에서 임금인상을 자제하라는 당부다. 당부라기보다 도덕적 자제, 윤리적 의무다. 국가에서 받고, 기업에서 더 달라고 하면 재정은 어디서 나는가? 고용주는 복지를 위해 세금을 더 낸다. 증세된 몫이 복지 형태로 임금생활자에게 돌아가는 것이다. 즉, 사회적 임금은 임금인상 요구를 낮추는 기능을 발휘해서 고용유지에 도움이 된다. 고용주는 복지세금을 내는 대신 인건비를 줄여 주기를 기대하는 것이다.

현 정권이 과도한 임금인상을 요구하는 강성노조를 설득한 적이 있는가? 복지를 늘렸으니 임금인상을 자제하라고 공언한 바가 있는가? 증세에 최저임금 인상, 해고 금지령을 내렸을 뿐이다. 하기야 임금생활자들에게도 골고루 세금 부담을 늘렸으니 할 말은 없다. 진정한 좌파가 아니다.

　우파보다 좌파가 우위를 차지하는 것은 도덕성이다. 우파는 '공동체의 연대'를 내걸고, 좌파는 도덕성에 생명을 건다. 이른바 양심정치다. 도덕성 결핍의 관점에서 한국의 좌파나 우파는 서로 견줄 바가 못 된다. 양자 모두 결핍증을 앓는다. 문재인 정권이 정의와 공정을 내세운 게 좀 밑지는 장사였을지 모른다. 아무튼 정의와 공정 밑천을 모조리 까먹었다는 데에 토를 달 사람은 별로 없을 듯하다. 사건이 일어났을 때 시민사회와 야당의 이의제기를 수용하고 도려냈으면 어땠을까 하는 생각이 들기는 하는데, 부질없기는 하다. 자신의 정당성과 도덕성을 과신하는 것에서 문재인 정권을 능가할 정권은 일찍이 없었다.

　소통? 광화문 시대를 늠름하게 공언했을 때 필자는 그런 시대가 열릴 것을 희망했다. 그 흔한 기자회견도 불통정권으로 낙인 찍힌 박근혜보다 횟수가 적다면 뭐라 변명할 수 있을까. 탁현민의 탁월한 연출에 주연으로 배역된 경우는 더러 있었다. 아무리 못난 야당이라도 가끔은 주고받는 정치를 보여야 소통이다. 죄인이라 내치고, 거대여당이라 독식하고, 국가정책을 상의 없이 일방적으로 실행하면서 소통이 중요하다고 말하는 정권을 뭐라 불러야 할까?

청문회를 곱게 통과한 장관은 거의 없었다. 야당의 몽니도 그렇지만 약간이라도 주고받았다면 야당이 몽니로 일관했을까? 오물을 뒤집어쓴 사람을 청와대로 불러 임명장을 줬다. 부처에서 권위가 섰을까?

24번의 주택정책에 대한 사회적 비판이 비등했다. 시내 부동산소개소를 운영하는 30여 명만 모아도 그런 하급정책은 나오지 않았을 거다. 국토부 장관은 누구와 상의했을까? 누구의 아이디어일까? 정책입안자들이 현장은 좀 아는 사람들일까? 소통은 정책구상과 기획 과정에서 정말 중요한 요소로 작동한다. 현장감각, 현장에서 뛰고, 생활전선을 지키는 사람들과의 교감이 없는 정책은 실패하기 마련이다. 부작용이 훨씬 커진다.

탈원전, 소득주도성장은? 광화문광장에 국민신문고를 만들었다고 소통이 개선되는 것은 아니다. 대통령의 언어, 말 하나하나에서 느껴지는 감성과 정서가 서민들의 가슴에 와 닿아야 소통이라 할 수 있다.

오래전 "혁명세대의 독주"라는 필자의 칼럼에 옛 친구 시인이 문자를 보냈다. "그런데 문 정권이 이런 말들 듣기나 할는지?" 짧은 답신을 보냈다. "흐린 날 아침 커피는 그런대로 흐뭇한데 마음엔 찬바람 불고." 얼마 전 유명을 달리한 그 시인은 보수가 아니었다. 시민사회에서 일어나는 일상적 대화의 한 단면일 뿐이다.

진정한 좌파는 융합 통치술을 발휘한다. 융합문명의 시대에 정치가 할 일이 융합인데, 그것은 인정과 타협에서 시작된다. 상대를 인정하는 심태(心態)다. IT기업들, 청년벤처, BTS를 위시해 일반시민들은 융합의 지혜를 기르고 있는데 유독 정치만 나홀로 독창(獨唱)을 불렀다.

한국의 정치는 정통성이 우선이다. 적통 혹은 정통성. 누가 정통성을 확보하는지가 관건이다. 정통성 논쟁은 상대방을 부정하는 것으로 시작한다. 경쟁자를 내치는 것이다. 이는 조선의 유구한 정치적 전통에서 비롯되었는지 모른다. 학풍과 학리가 정치판을 갈랐다. 주리론(主理論)과 주기론(主氣論)은 원수지간이었고, 이기(理氣) 우선순위를 두고 다퉜다. 승리한 자는 권력에 등극했고, 패한 자는 유배를 갔다. 이른바 조선의 관념론 정치가 21세기 한국의 정치에도 영향을 미치고 있는지 잘 살펴볼 일이다.

민주화 34년, 이제 독주하는 정치를 폐기해야 할 때가 됐다. 무엇보다 국민이 지치고 한국의 창의적 에너지가 소모된다. 지난 4년간 많이 지쳤지만 우리 역사에 내장된 불굴의 의지가 다시 지펴질 것을 믿는다. 그것은 흐르는 강물이다. 강물은 정의와 불의를 다 담고 흐른다. 사랑과 분노를 담아 하나의 물줄기로 흐른다. 분노가 사랑이 되고, 사랑이 큰 폭의 여울로 휘감아 도는 강물을 가끔 바라보는 이유다.

저자소개

송호근

포스텍 석좌교수. 한국의 대표적인 사회학자. 정치와 경제를 포함, 사회 현상과 사회 정책에 관한 정교한 분석으로 널리 알려진 학자이자 칼럼니스트로, 2020년까지 〈중앙일보〉에 기명칼럼을 만 17년 동안 썼다.

1956년 경북 영주 출생으로 서울대 사회학과를 졸업하고 동대학원에서 석사 과정을 마쳤으며, 1989년 미국 하버드대에서 박사 학위를 받았다. 춘천 한림대 조교수와 부교수를 거쳐 1994년 서울대 사회학과에 임용되어 학과장과 사회발전연구소 소장, 1998년 스탠퍼드대 방문교수, 2005년 캘리포니아대(샌디에이고) 초빙교수, 2018년 서울대 석좌교수를 지냈고, 현재 포스텍 인문사회학부에 재직 중이다.

대표작으로 20세기 한국인의 기원을 탐구한 탄생 3부작, 《인민의 탄생》(2011), 《시민의 탄생》(2013), 《국민의 탄생》(2020)을 펴냈다. 1990년대에 민주화와 노동 문제를 분석한 《한국의 노동정치와 시장》(1991)을 시작으로, 《열린 시장, 닫힌 정치》(1994), 《시장과 복지정치》(1997), 《정치 없는 정치시대》(1999) 등을 펴냈다. 이후 IMF 초기 외환위기를 맞은 사회학자의 비통한 심정을 담은 《또 하나의 기적을 향한 짧은 시련》(1998)을 냈으며, 현장 르포 《가 보지 않은 길》(2017)과 《혁신의 용광로》(2018), 소설 《강화도》(2017)와 《다시, 빛 속으로》(2018) 등을 출간했다.

다시 광장에서

사회학자 송호근의 시대 읽기

송호근(포스텍 석좌교수) 지음

**우리 사회를 날카롭게 파헤쳐 온 논객,
통렬한 비판에서 희망을 발견하다**

대북 지원과 북한 미사일 개발, 노무현 대통령 탄핵기도와
언론 개혁, 기업 구조조정과 노사갈등에 이르기까지, 새로
운 세기를 맞이하던 대한민국은 첨예한 갈등 속에 휘말려
있었다. 이 책은 이러한 변혁과 충돌의 시기를 예리하게 분
석해 온 저자의 통찰을 108편의 칼럼을 통해 담아낸다. 이
념과 이슈를 대담하게 넘나들며 사회를 진단하는 저자의
목소리는 한국사회의 성숙을 위해 한층 열린 안목을 제공
할 것이다.

크라운 변형 | 368면 | 값 12,000원

나남 www.nanam.net | 031-955-4601